本书受浙江省哲学社会科学规划项目(21NDJC062YB)、
浙江理工大学哲学社会科学科研繁荣计划出版资助

庞琛 著

多重异质性、企业空间离散化与产业集聚

ZHEJIANG UNIVERSITY PRESS
浙江大学出版社

图书在版编目(CIP)数据

多重异质性、企业空间离散化与产业集聚 / 庞琛著
. —杭州：浙江大学出版社，2022.2
ISBN 978-7-308-21581-7

Ⅰ. ①多… Ⅱ. ①庞… Ⅲ. ①企业发展—研究 Ⅳ.
①F272.1

中国版本图书馆 CIP 数据核字(2021)第 136049 号

多重异质性、企业空间离散化与产业集聚

庞 琛 著

策划编辑	吴伟伟	
责任编辑	陈逸行	
责任校对	郭琳琳	
封面设计	周 灵	
出版发行	浙江大学出版社	
	(杭州市天目山路 148 号 邮政编码 310007)	
	(网址：http://www.zjupress.com)	
排 版	杭州星云光电图文制作有限公司	
印 刷	广东虎彩云印刷有限公司绍兴分公司	
开 本	710mm×1000mm 1/16	
印 张	13.5	
字 数	260 千	
版 印 次	2022 年 2 月第 1 版 2022 年 2 月第 1 次印刷	
书 号	ISBN 978-7-308-21581-7	
定 价	58.00 元	

前　言

　　制造业对我国经济发展具有基础性作用,改革开放至今已40余载,中国的制造业也在经历了较长一段时期的快速发展后,积累了相当大数量的、具有一定规模和技术优势的企业。在需求结构变化和要素成本上升等制约条件下,越来越多的企业开始突破原有的地域限制,采取跨区域发展的战略,不同功能部门在空间上呈现出离散化特征。当此现象逐渐成为一种趋势后,这一空间行为不仅直接关系到企业成长,也是新的现实背景下产业集聚与产业转移的重要微观基础。特别是当寻求跨区域发展的企业是某一产业集群的成员时,这会带来要素、资源的跨区域流动,产业链的空间离散和地区间集群分工的形成,进而对地区的要素配置和经济增长产生深刻的影响。此外,对于复杂而重要的劳动力要素而言,企业空间离散化过程中生产和研发这两类不同的分工环节在区位偏好上的差异性也蕴含了劳动力区位偏好与城市分化的匹配,以及城市化对要素、产业集聚与地区经济增长的作用。因此,探究企业空间离散与异质性劳动力集聚,有助于理解新的历史背景下产业集聚与转移的新特点和新格局,为如何利用城市化与新型工业化的互动与协调发展,从而促进地区间协调发展提供微观视角与参考。

　　我们将企业跨区域发展这一微观行为作为切入点,结合近年来新经济地理学中产业集聚机制研究的微观异质性的转向,关注微观主体社会人的属性,进而对运输成本进行拓展。在理论研究上,对新经济地理学下的产业集聚机制进行了梳理、分析与拓展,从产业集聚的经济关联与知识关联两个维度,将新经济地理学中的核心内容——运输成本,从单一地关注地理邻近扩展到更为广泛的企业间技术邻近。从多重异质性(企业、区位、劳动力)的视角,探讨了制造业上市企业跨区域发展中的空间集聚特征、成因与效应。主要解释了企业异质性与区位因素会如何影响企业跨区域的空间决策,地理邻近与技术邻近哪一个的影响更大,两者是否存在关联;企业空间行为成为趋势后,形成产业链在空间上的离散化,不同分工环节和异质性劳动力是否在空间集聚上双向性和关联性并存,如何解释其形成机制;异质性劳动力的空间分布是否存在分割性,及其对地区经济增长的空间效应又如何;最后总结了企业跨区域发展"动力—行为—效应"的内在机制。

在实证分析中,本研究综合了中国工业企业数据库与制造业上市企业年报,建立了制造业上市企业数据库,数据库中包含3406家制造业企业及其子公司的企业微观数据,涉及15个行业,涵盖31个省(区、市)、277个地级及以上城市。首先,运用多种产业集聚指标测算和分析了制造业企业与不同子公司(研发型和生产型)的空间集聚度与特征;其次,运用条件Logit回归模型考察了企业特性、要素、市场容量、距离、服务业发展水平和政府相关支出对企业空间离散决策的影响,尤其是地理邻近与技术邻近的作用;再次,运用Moran's I指数与局部空间自相关的G_i指数测算了制造业企业空间集聚的双向性,并以长三角地区为例,采用多变量空间自相关方法分析研发设计环节与生产加工环节的空间集聚的关联性;最后,运用修正EG产业同构系数测算异质性劳动力要素在区域间的分割程度,并建立计量模型,在长三角城市群范围内考察了异质性劳动力的空间分布与城市区位条件的空间相关性,以及对地区经济增长的空间溢出效应。

通过理论和实证分析,主要得出以下研究结论:

首先,微观层面上,跨区域发展的企业在行业特征、企业异质性与区位影响因素上具有一定的规律性。一是总体空间集聚特征。从行业类型来看,与劳动密集型产业和资源依赖型产业相比,属于技术密集型产业的企业,在跨区域发展时,其分工环节在空间离散时更会遵循地理邻近原则。二是企业异质性。选择跨区域发展的企业具有一定的异质性:规模较大、要素成本压力较大、知识型劳动力比例较高的企业更倾向于采取空间离散化的策略。三是感知知识溢出风险。研发投入高的企业未必会选择空间离散,体现了企业在跨区域发展决策时存在对技术知识溢出风险的担忧。四是区位因素。企业跨区域发展的决策具有一定的市场导向、要素导向和制度导向,倾向于寻求较大市场、要素优势和制度支持。在众多影响因素中,劳动力要素对不同分工环节的空间离散决策的影响尤为显著。五是生产加工与研发设计子公司的比较。相较于生产环节,研发设计环节更倾向选址于总部附近、服务业发展水平较高、知识劳动力更为充沛的地区,对空间距离更为敏感。而劳动力成本和土地价格则对生产环节的影响更甚。六是两种接近性的作用。地理接近性的影响更大,且可以促进技术接近性发挥作用,知识外部性是具有一定地理边界的。

其次,从产业链看,制造业的不同分工环节在空间上呈现出明显的"双向集聚":一方面,一般劳动力(生产环节)更多地在边缘地区集聚,而知识劳动力(研发环节)仍集聚在核心地区,地域间产业分工显著;另一方面,在一定地理范围内(如长三角地区),研发和生产又具有显著的空间关联性。知识性活动与知识劳动力的空间分布具有更明显的空间约束性,"生产分散、研发集中"的模式凸显,也从产业角度证实了知识共享与转移的地理界限。在长三角城市群中,产业链上的不同分工环节(研发与生产)在空间上互相耦合在一起,呈现出 X型。从产业链地域分工与联系的视角,本研究将长三角城市群划分为四类产业空间:先行区、耦合区、边缘区与交界区。这也在一定程度上体现了产业集聚的空间离散与关联的并存。

再次,企业跨区域下的要素空间分割与效应。企业跨区域发展背景下,异质性劳动力要素的地区分割程度会随着地理空间的扩大而加剧。劳动力空间配置水平与城市区位条件息息相关,且知识劳动力(高级人力资本)的存量水平对地区经济增长具有显著的空间溢出效应。人才的流失会对边缘地区的经济增长产生显著的消极作用,但一般劳动力的流入对次级地区产业转型的影响可能甚微,双向集聚可能会加剧地区间经济差异。

最后,在研究结论的基础上,提出了以人为本、以企业为主导、"企业—人—产业—空间"相互统一的、新型工业化与城市化相匹配的政策建议,有助于制造业的转型升级和区域经济的协调发展。

目　录

第一章 绪 论

第一节 研究背景

一、现实背景

20世纪90年代以来,随着经济社会的发展和宏观经济环境的变化,我国产业集群所面临的要素成本上升、外部冲击,以及集群锁定、衰退等诸多风险逐渐加大。在此背景下,一方面,为了对冲上述成本压力与风险,或为了拓展市场,以此来提升竞争优势,越来越多的企业突破原有的行政区域限制,开始采取分散化经营的跨区域发展战略,从而在空间上企业内各经营实体呈现出一定的离散性。另一方面,制造业空间分布的非均衡性和地区经济发展的差异性进一步拉大,核心—边缘结构日趋明显。上述现象的现实背景和意义具体体现在以下三个方面。

第一,制造业企业打破空间一体化,跨区域发展成为趋势。

随着运输成本的下降,越来越多初具规模的制造业企业在原驻地发展到一定阶段、形成一定的规模与优势后,便倾向于打破空间一体化的模式,采取跨区域发展的战略,以充分利用不同地区的区位优势和资源优势,进行跨区域发展。现今的企业跨区域发展也呈现出更为丰富的形式,其中一个引人注目的现象是,企业在地理扩散时并不像以往那样单纯地为了追求低成本的劳动力而单一地向"边缘地区"迁移,将生产工厂从原驻地迁移出去或在外地新设立生产工厂。除了这种广泛被研究者所关注的"单向转移"现象,越来越多的制造业企业开始沿着自身所处的产业链进行空间布局,将研发、设计等高附加值环节从原驻地迁移出去。一些知名的制造业上市企业,如浙江宁波的苏泊尔、绍兴的京新药业,山东潍坊的孚日,福建泉州的七匹狼,等等,纷纷在上海或北京设立研发中心,或在新设立的子公司开展研发活动。那么,究竟什么样的企业会选择跨区域发展的空间策略? 又是哪些因素决定了企业是否选择多区位发展? 生产离散或研发离散的决定因素有何不同? 企业的跨区域发展行为是微观决策主体的一种区位决策,具有更为复杂的特征,除了企业自身的异质性,以及劳动力成本、土地价格、运输成本等"显性成本"外,机会成本中还包含较难衡量的隐性成本。运输成本是新经济地理学下产业集聚的核心变量。广义运输成本,不仅包括企业为克服空间距离的障碍而支付的有形运输成本,还包括其他不确定因素所引起的跨区域发展的风险成本,当然也包括由企业间技术水平差异、区位知识活动水平所造成的企业对于知识溢出的风险感知。

第二,产业空间的离散化与集聚呈现出"双向集聚"的趋势。

当上述企业微观上的空间离散行为成为一种趋势并形成循环累积效应后,产业链中不同功能部门在区位选择上的差异性,就可能会促进产业集群间的地区分工,产业链在空间上也呈现出一定的离散化,不同分工环节对区位的不同偏好形成了一定的规律性。从一国之内的产业空间来看,以往大量研究者也较多地关注从核心沿海地区向边缘内陆地区的产业转移。现实中,一方面,技术密集型的产业与高附加值的环节同样会从中西部地区向东部地区转移;另一方面,企业的地理扩散通常会遵循由近及远的地理空间序列扩张规律。这使得双向集聚和核心—边缘结构的地理界限更具有层级性,不仅仅是发生在东部与中西部,也可能是特定的经济区(如长三角、珠三角等),抑或一省之内。从 2000 年的西部大开发战略,到 2004 年政府工作报告中提出的"中部崛起战略",中西部地区开发战略的实施已经 10 年有余,国家从政策、资金、基础设施建设等方面给予了中西部地区大力支持,旨在重振制造业,实现区域转型升级,缩小东部、中部、西部地区间的发展差异。的确,一系列的政策措施使得中西部地区的经济增速加快,但本地制造业产业链较短且以劳动密集型产业为主、企业和地区的人力资本提升缓慢、技术进步对经济增长的贡献较小等问题凸显。上述问题在次级区域,如一省之内也很明显。那么,在企业跨区域发展这一背景下,产业的双向集聚又有何表现呢?

以浙江省嵊州市的传统纺织服装产业为例。嵊州是浙江纺织服装产业集聚地之一,纺织服装产业产值占地区生产总值的比重在 70% 以上,是当地名副其实的支柱产业。从地理位置来看,嵊州离杭州、上海分别只有 2 小时和 3 小时的车程,离绍兴轻纺城也很近,具有良好的产业基础、交通区位优势和相关产业优势。然而,因常年采用外向型发展模式,技术相对落后、创新设计能力薄弱、缺少强势品牌企业、高端人才稀缺等劣势凸显。在前期的田野调查中,地方龙头企业的总经理都表现出了对产业转型中人才问题的苦恼,单纯依靠引进人才,却留不住人才。例如,当地没有综合型的高等院校,当地的大学生在外地接受完高等教育后又很少选择回本地工作,尤其是研发、设计人才。当地率先推进品牌建设并且取得成功的一家童装企业,已经将总部和研发设计部门迁移到上海,而将低附加值的加工生产环节留在嵊州。在低运输成本下,这种产业的地区间分工和双向集聚,在拥挤效应尚未达到足够大时,具有一定的锁定效应。在产业转型的初期,可以优化产业链的空间布局,长期来看,也可能会带来地区间要素分割,使得边缘地区产业转型升级滞缓。

第三,地区经济发展的核心—边缘结构和劳动力要素空间分割趋于明显。

在我国,经济发展的非均衡性是一个典型的现象。企业与产业的转移与劳动要素的流动常常是相伴的。具有一定市场势力、技术优势的企业或集群成员就会将其研发、设计等知识创新活动部分或全部地转移到其他地区,对本地和转入地的产业发展、要素禀赋与经济发展都会产生一定影响,也可能会加剧核心—边缘结构和劳动力、资本要素市场的分割。自 20 世纪 90 年代中国实施财政分权改革以来,地区间的竞争加剧,各地政府相继出台了一系列招商引资政策,在带来经济飞速发展的同时,要素价格不均衡变化的加剧也随之而来,各地区的劳动力工资水平差距逐渐拉大。根据 2019 年中国城市统计年鉴的数据,以 2018 年为例,上海全市的平均工资为 142983 元,与其地理上毗邻、经济发展水平同样较高的苏州和嘉兴,全市平均工资分别为 94421 元和 90342 元,差距不小。长三角地区另外两个省会城市南京和杭州的平均工资则分别为 111071 元和 106709 元。再看同处于长三角地区的苏北地区,宿迁、盐城等地的平均工资都在 75000 元以下。而在更广范围中,中西部地区、东北地区的收入与长三角地区相比又存在较大的差距,使得江苏和浙江的很多企业不远万里将工厂从周边次级地区搬迁到东北地区。而收入差距加大又与城市规模、城市化水平分化息息相关。在后工业时期,从企业跨区域发展这一背景来解读企业、要素与地区经济、城市发展之间的关系,具有一定的现实意义。

企业或产业的转移总是伴随着要素的流动。企业内部实现要素的跨区域流动和企业内的地域间分工,既回避了市场风险,又获得了要素在更大区域内配置的收益增量。在众多要素中,劳动力无疑是最为复杂的要素之一。在同质性假设下,劳动力在区位偏好上的差异性会被忽略或简单化。笔者对浙江省次级地区的传统劳动密集型产业(如纺织服装业、通用设备制造业等)中的一些企业进行了田野调查,发现一些劳动密集型产业,即使是当地的传统支柱产业,升级需求迫切,政府与行业机构给予了大量的政策支持,人才匮乏问题仍然非常突出,升级之路常半途而废或停滞不前。一些次级地区的龙头企业为了提升设计能力和研发能力,甚至不惜高薪挖来国内知名品牌的整个设计和研发团队,帮助企业培训技术人员与管理人才,但由于品牌建设与结构调整通常是长期的行为,短期内留不住人才。同样,有一些企业想利用"互联网+"来重构商业模式,控制库存,实现转型升级,但长期与国内市场脱节,短期上同样面临相关人才匮乏的问题。

上述现象中,尽管一些企业用高薪引进研发人才与团队,但长期以来"引人不留人"的问题凸显,成为企业转型升级的瓶颈。究其原因,很多研发设计人才和管理人才,更倾向于生活在舒适、便利、资讯发达的地区。大城市开放性强,多样化环境和本地网络也有利于知识劳动力通过沟通进行知识创新,因此他们比一般体力劳动者更倾向于在沿海大城市集聚。有一些"90后"受访者甚至把是否有回家的高铁和回家的时间作为考量是否在一个城市工作的标准。另一个更为典型的例子是,我国中西部地区的一些城市,如武汉、西安等,集聚了相当数量的知名大学,可谓是储备各类人才的"人才池",但这些城市的区位条件对人才的吸引力却远不及东部沿海的中心城市。上述现象体现了异质性劳动力、企业个性化与城市个性化的匹配问题。

因此,在企业跨区域发展这一现实背景下,识别企业空间离散化决策的动因,以劳动分工和异质性劳动的区位偏好与流动性研究为视角,对我国具有一定市场势力的制造业企业的多区位选择、产业集聚与分工的特征进行描述,并分析微观企业的空间决策、产业链不同分工环节的离散与关联、产业集聚的内在机制、地区间竞争力与差异形成机理,是亟待解决的现实问题。从微观视角出发,有助于理解新的历史背景下产业集聚与转移的新特点和新格局,也对如何利用城市化与新型工业化的互动与协调发展,促进地区产业升级与地区间协调发展具有切实可行的实践意义。

二、理论背景

企业区位选择与产业集聚一直是学术研究较为关注的课题。"集聚"和"分散"是辩证统一的,企业跨区域发展与空间上的离散化,对于转入地与转出地来说,亦是促进产业集聚与分散的重要微观因素。古往今来,众多经济学理论,从古典区位理论、空间系统理论到循环累积因果理论和新经济地理学(new economic geography,NEG)等,都从不同视角关注了经济活动空间分布和产业集聚、经济增长规律之间的联系,为在各种新的现实背景下研究企业区位选择与产业集聚提供了更为丰富的视角。

以往对产业集聚机制的研究,大致可以分为两类:一是从规模经济出发,主要关注经济关联或知识关联,来分析产业集聚的经济性质与内生机制;二是聚焦空间因素,即经济活动的地理尺度,以研究运输成本为核心展开研究,新经济地理学下,区域间的运输成本就是产业集聚的重要参数。而近年来,新经济地理学开始从关注宏观异质性转向关注微观异质性,来解释不同类型和水平的异质性是如何影响集聚经济的存在和强度的,以分析产业集聚的动力机制(如 Baldwin,Okubo,2006;Saito,Gopinath,2009;余珮,孙永平,2011;Iulia et al.,2013)。这类研究大多基于企业空间一体化的假设展开,对企业异质性的考量也大多集中在企业规模与所处行业异质性上。随着运输成本的降低,当不同分工环节在不同地区通过垂直专业化所带来的收益能够弥补或抵消跨区域所产生的费用时,一部分企业从空间一体化向空间离散化的形态发展,在解释企业区位选择时,对于异质性问题的考量是否也需要拓展?另外,即使是传统的劳动密集型产业,也可能存在附加值较高的环节,在企业跨区域发展的背景下,是否要考虑不同分工环节的区位选择偏好?只考虑行业异质性很容易忽略掉这些属于劳动密集型产业但附加值较高的子公司与环节。[①] 此外,企业在跨区域发展的决策过程中,除了会考虑劳动力和原材料的成本、土地价格,以及由距离所产生的运输成本等"显性成本"和空间因素外,当考虑决策过程中的机会成本时,企业异质性不仅涉及企业本身的特征,还应考虑企业所处的网络,也就是企业要"和谁集聚"的问题。同样,在新经济地理学领域,对异质性劳动力流动性的分析也偏重基于经济人的假设,而在一定程度上忽略了企业、劳动力的社会性,以及企业作为决策主体的自我选择效应。近年来,国内外的诸多研究已经开始注意到企业和劳动力的选择效应对其空间决策的影响(Melitz,2003;Combes et al.,2012;宁光杰,2014),但尚未与产业集聚问题做具体的联结,缺乏系统的研究。在企业跨区域发展背景下,讨论产业集聚的形成机制问题,尤其是当嵌入在社会网络中的决策主体与要素流动性变得尤为重要时,就存在一些理论缺陷,主要表现在以下四个方面。

---

① 根据 2017 年制造业上市企业研究报告,以我国 A 股制造业上市企业为例,研发总支出 3125 亿元,占全部上市企业研发支出的 72%,这也从一方面说明了制造业企业中有相当一部分环节是具有一定的研发实力的。

第一,假设企业、劳动力是理性人与独立的个体,存在一定的缺陷。企业的区位选择通常伴随着要素的流动,而劳动力就是企业生产体系里最为重要且复杂的要素之一。对于人的行为,如人的趋利行为的研究通常是基于劳动力是追求最高工资的理性人的假设(刘文超,2015),同样,企业也常被理解为是追求利润最大化的独立个体。即使是新经济地理学的核心—边缘模型,劳动力和企业也被假设为是具有短视特征的行为主体,不会以长远的眼光去考虑收益问题。这些假设局限了研究者对企业区位选择影响机制的考量。

第二,对运输成本的研究不足。以往对企业跨区域发展的研究大多基于跨国企业展开,企业为克服空间距离的障碍而支付有形运输成本与跨国投资带来贸易壁垒等问题是显而易见的。在生产外包的相关研究中,经常会考虑生产成本和地理距离以外的因素。然而,经济地理学中一国之内的企业组织内的跨区域决策所面临的运输成本常被简单化为由地理上的疏离所引起的,而其他一些由跨区域发展所引起的隐形成本很容易被忽略,如由于企业间技术水平差异所造成的企业决策者对于知识溢出风险的感知,以及人才、信息、知识获取的商务成本等。这也就引发了本书对企业间、企业与地区间关系的关注。广义运输成本的引入可以拓展对这一问题的理解。目前经济地理学"关系转向"研究范式提供了一定的理论基础(李小建,罗庆,2007;马海涛,2012;李琳,雒道政,2013;党兴华,弓志刚,2013;Boggs,Rantisi,2003;Broekel,Boschma,2012;Healy,Morgan,2012),但主要应用在技术创新领域,并未深入分析多种接近性对企业区位选择与产业集聚的作用。同时,在新经济地理学下对广义运输成本进行量化,比如对知识溢出的风险、企业间的技术关系的衡量还存在一定的难度,将关系邻近问题与 NEG 中的广义运输成本结合起来,也是一个有趣的理论尝试。

第三,经济学与社会学融合下的研究较为缺乏。古往今来,经济学的研究始终离不开对人类行为的研究,人类行为在一定的历史发展过程中与社会经济环境下,具有一个相对较为稳定与持久的行为规范与模式。研究异质性劳动力,首要的问题是理解人的生活状态和行为特征。而要理解不同劳动力的生活状态和行为特征,不能仅仅依靠传统的经济学范式去进行逻辑上的理性推演,而在很大程度上需要借助社会学和心理学的研究方法或研究成果。具体来说,在研究劳动力要素的流动性时,如果不能深切了解中国不同类型劳动力的精神需求和生活状态,就很难了解为什么不同的人会选择不同的区位,有一些劳动力甚至会产生一定的区位黏性,进而对产业区位和地区经济产生影响。中国社会具有很强的代际特点,劳动力的需求结构也在不断变化,这也需要研究者在分析要素流动与区位偏好时与时俱进。

第四,微观视角下,对异质性企业的研究对不同分工环节的考量欠缺。以往对地区的专业化生产的关注,大多集中在对不同产业的空间集聚现象的比较上,即较多关注产业异质性,而较少关注同一产业中不同分工环节的差异性。特别是在传统制造业中的劳动密集型产业,其盈利空间较大的研发、设计环节从企业原驻地被分离出去的现象就较易被忽略。从一国之内的产业转移来看,以往大量研究者也较多地关注劳动密集型产业从核心沿海地区向边缘内陆地区的产业转移,忽略了同一产业中的企业异质性,传统制造业中也存在大量具有一定技术优势的、跨区域发展的企业,对其区位选择行为的研究就显得尤为重要。

综上所述,当要素成本升高、产业结构调整的知识型要素短缺等问题凸显,企业跨区域发展和产业链空间离散成为一种普遍现象时,在社会人假设下,企业进行区位决策时不能仅仅考虑显性的要素成本与运输成本。探究异质性企业的空间行为、知识关联对产业集聚与分工的影响机制与效应,将为解释企业跨区域发展、产业双向集聚与地区经济增长差异等一系列问题提供一种全新的视角,从而在理论上补充和丰富新经济地理学下产业集聚研究的微观基础和对广义运输成本的进一步考量。

第二节 研究目的与内容

本研究的目的是通过分析我国制造业企业跨区域发展与产业链空间离散这一普遍而又引人注意的现象,从产业集聚的经济关联与知识关联两个维度进行研究,将新经济地理学中对运输成本的关注从地理邻近扩展到更为广泛的企业间技术邻近,从多重异质性的视角探讨企业跨区域发展的空间特征、行为,及其所形成的产业链分工环节的空间离散与关联,以及产业集聚的内在机制与空间效应,从微观、中观和宏观三个层面,对以下四个问题进行研究。

一、微观视角

问题一 企业空间离散的空间特征研究:在中国具有一定优势的制造业企业跨区域发展时的空间分布特征是什么?

具体来说,在制造业企业的跨区域发展过程中,不同产业、不同分工环节会呈现出怎样的空间特征?在揭示空间经济活动产生的原因与机制之前,产业空间研究中的一项重要内容是描绘经济现象。在研究企业空间离散化的影响因素与产业集聚形成的内在机制之前,有必要对中国制造业企业的空间分布特征做一个形象的描述,尤其是当跨区域空间决策这一课题的研究对象大多是跨国企业,而对经济活动空间的描述又大多基于汇总后的行业数据时。通过对企业不同功能部门(总部、研发部门、生产部门)的区位选择的地理分布状况进行特征分析与描述,识别不同功能部门的集聚程度与产业特征、地区分布差异,为后续更全面的实证研究提供坚实的事实性描述。由于关于企业跨区域发展的行为、企业特征以及不同子公司(分工环节)的选址信息数据在可得性上具有较大的限制,本研究主要以将工业企业数据库与制造业上市企业年报相结合的方式来研究企业跨区域行为。尽管基于上市企业数据的特征性事实的描述并不是全景式的描绘,但由于上市企业的规模与成熟度,其作为样本的研究还是具有一定的先验性。对近年来制造业上市企业及其子公司的区位选择的分析能在一定程度上探明中国制造业企业多区位发展的趋势。[①]

问题二 什么样的企业率先采取跨区域的战略?影响不同分工环节选址的因素是否存在差异?地理接近性与技术关系接近性这两种接近性的作用如何?

针对跨国企业的相关研究表明,跨国企业往往是那些规模较大、技术和知识水平较高的企业,这些企业更有实力支付企业跨区域的成本。高技术水平下的高利润使得跨国企业进入新市场时的抗风险能力也更强。那么,这一结论是否也适用于在一国之内企业将不同分工环节在地理上分散经营的情形?当我们假设企业不完全是短视的经济主体,会通过当下企业间关系考量未来跨区域所产生的风险与成本时,规模与技术水平是否还能充分解释企业是否选择跨区域发展的不同战略——空间一体化或离散化、生产跨区域或研发跨区域?我们试图在广义运输成本下,建立起企业区位选择的经济关联与知识关联,考虑毗邻效应与嵌入效应,构建包含要素、距离、市场和制度的企业区位选择的分析框架,并把对影响企业区位选择的因素扩展到不同的分工环节,识别不同分工环

---

① 截至 2017 年 6 月 30 日,A 股有制造业上市企业 2121 家,实现净利润 0.40 万亿元,同比增长幅度达 38.96%,高于整个 A 股水平,保持了一个比较好的发展态势。

节与总部的地理关系,以及研发环节与生产环节区位选择上影响因素的差异性。①

　　针对以上问题,在第五章中,拟从企业、空间、要素多重异质性的视角来探索企业跨区域发展行为的影响因素,以及地理接近性与技术关系接近性这两种接近性在企业空间离散中发挥的作用和多维接近性视角下两种接近性的融合。

二、中观视角

　　问题三　在企业跨区域发展的背景下,我国制造业不同部门(分工环节)是否存在双向集聚?而在一定地理范围内,是否又存在一定的空间关联性?

　　大量事实证明,企业为了充分利用不同区位的优势,会实施跨区域发展战略,使其不同的分工环节在空间上呈现不同的偏好。而当这一微观行为或者说区位选择上的偏好成为一种群体行为并具有一定的规律性时,企业内部不同分工环节在地理上的离散化从产业层面来看会促使产业链上的分工环节在不同的区位集聚,形成地域分工。这种产业链空间上的离散化是否在制造业存在?

　　以往研究通常较多地关注企业为了节约成本、追求利润最大化,将低附加值的生产环节转移到国内生产成本更低的中西部、东北地区,或者国外的东南亚等周边低成本地区,而对高附加值的研发、设计环节的区位黏性问题的研究往往趋于简单化。在企业跨区域发展的现实背景下,这两种空间行为发生在企业内部,也就是说产业链在空间上的离散体现了地区间的差异,在企业内部组织上的统一则强调了企业作为决策主体,对产业链各环节进行自发的协调,这比通过宏观政策调控来协调产业发展与产业结构调整,具有更强的自主性与活力。

　　劳动力要素的流动通常与产业转移相伴而行,劳动分工的深化产生了异质性的劳动力。我们试图在第六章分析,在企业空间离散的背景下,基于社会人与双重预期效用的假设,充分考虑一般体力劳动力与知识劳动力在预期效用、流动性和区位黏性上的差异性。尝试性地对这一"差异之谜"进行解释有助于揭示中国制造业企业双向集聚现象产生的原因,进而分析异质性劳动力要素流动与产业集聚的内在机制。本研究将运用探索性空间数据分析的方法,探究我国制造业要素流动与产业转移的阶段,在省级层面和城市层面是否存在双向集

---

　　①　从研发的组织形式来看,研发环节可以分为独立研究机构与研发型公司。前者属于生产服务业,多以技术服务、协同开发等方式嵌入产业链。后者则是指内嵌于制造业企业中的研发子公司或以研究开发为主要活动和竞争优势的制造业企业。根据研究主题,本书主要考察后一种研发环节。

聚的现象,并进一步地使用双变量空间自相关模型,以长三角地区为例,分析产业链中不同分工环节之间的空间关联性。

三、宏观视角

问题四　产业链空间离散下异质性劳动力要素的空间分割现象是否存在?劳动力要素的空间分割对经济增长是否存在空间溢出效应?

知识创造的均衡过程会逐渐收敛于生产率较高的地区,而劳动力也会被分割为较小的、更合适的一定规模的群体,经济活动与人们之间频繁的互动只会在较小范围、一定规模的群域中发生(Fujita,2007)。由此可以看到,知识性活动的集聚,如知识共享、知识创造等很有可能具有一定的地理约束。这种群体规模的大小通常受到群体内互动主体的差异性的影响。群体的专业化程度越高,其群体规模就可能比多样化的群体规模更小,其空间锁定效应也会更明显。因此,当企业跨区域行为具有一定规律性时,产业链在不同地区的分工形成,分工提高了地区生产的专业化程度,也可能强化了集群的锁定效应。在低运输成本条件下,拥挤效应尚未达到足够大时,异质性劳动力要素和不同分工环节的双向集聚倘若存在,是否也具有一定的锁定效应?虽然从长期来看,这种锁定会带来地区间要素分割,使得边缘地区产业转型升级滞缓。但在产业转型的初期,优化产业链的空间布局,合理利用区域间的差异进行协同发展,是制造业升级,尤其是次级地区产业转型升级的关键,对地区经济增长起到了一定的正面作用。我们将在第七章从要素空间分割的视角,按"动力—行为—效应"的分析框架,进一步总结企业跨区域发展下产业集聚与地区经济增长差异形成之间的内在机制,并以长三角地区25个城市为研究的地理单元,进一步分析我国异质性劳动力要素在地区间的地理分割现象,以及劳动力要素空间分割对经济增长的空间溢出效应。

第三节　研究思路、框架结构与研究创新

一、研究思路

本书的基本研究思路是在企业跨区域发展和产业链空间离散的现实背景下,将在地理上分散经营的决策主体——企业,作为研究的主要对象,融合

经典区位理论、新经济地理学、劳动经济学和社会网络理论,从多重异质性(企业、空间、要素)的视角,构建企业空间离散决策与要素流动、产业集聚与地区经济增长的分析框架。本书分析了企业跨区域发展的特征、影响机制,对新经济地理学中的运输成本进行了扩展,应用到对产业集聚中毗邻效应(地理接近性)与嵌入效应(技术关系接近性)的分析与讨论中。通过对我国制造业上市企业的数据进行统计和计量分析,描绘我国跨区域发展企业的空间特征(现象),并运用条件 Logit 模型、多元回归与空间计量方法,研究跨区域发展的企业特性与不同分工环节区位选择的影响因素(成因),进一步证实知识性活动与知识劳动力的区位黏性、异质性劳动力双向集聚与地区分割,以及劳动力集聚与城市区位条件的空间关联性及其对地区经济增长差异的空间溢出效应(效应),形成企业空间离散、产业集聚、城市发展与区域经济协调的分析范式。

二、框架结构

本书的框架结构如下:第二章回顾了产业集聚与新经济地理学下的产业集聚机制的经典模型与相关文献;第三章建立了多重异质性与地理—技术关系二重性下企业空间离散化与产业集聚、地区经济差异性形成机制的一个理论框架;第四章描绘了中国制造业跨区域发展的企业空间布局的特征性事实,包括行业间与地区间的差异;第五章从微观层面,用条件 Logit 回归模型识别不同跨区域决策中的企业异质性,解释了要素、距离、市场容量、服务业发展水平与制度因素对企业不同分工环节空间离散决策的影响;第六章从中观层面,对第五章中证实的对企业跨区域决策具有重要作用的异质性劳动力的流动性与区位偏好进行进一步探讨,并实证检验了产业链上不同分工环节的双向集聚存在空间离散与关联;第七章对企业跨区域发展的"动力—行为—效应"进行分析,通过对第五章、第六章的总结与进一步分析,以及探索性空间分析,解释了异质性劳动力要素空间分割及其对地区经济增长的空间效应;第八章是全书的总结、政策建议与对未来研究的展望。本书的技术路线如图1.1所示。

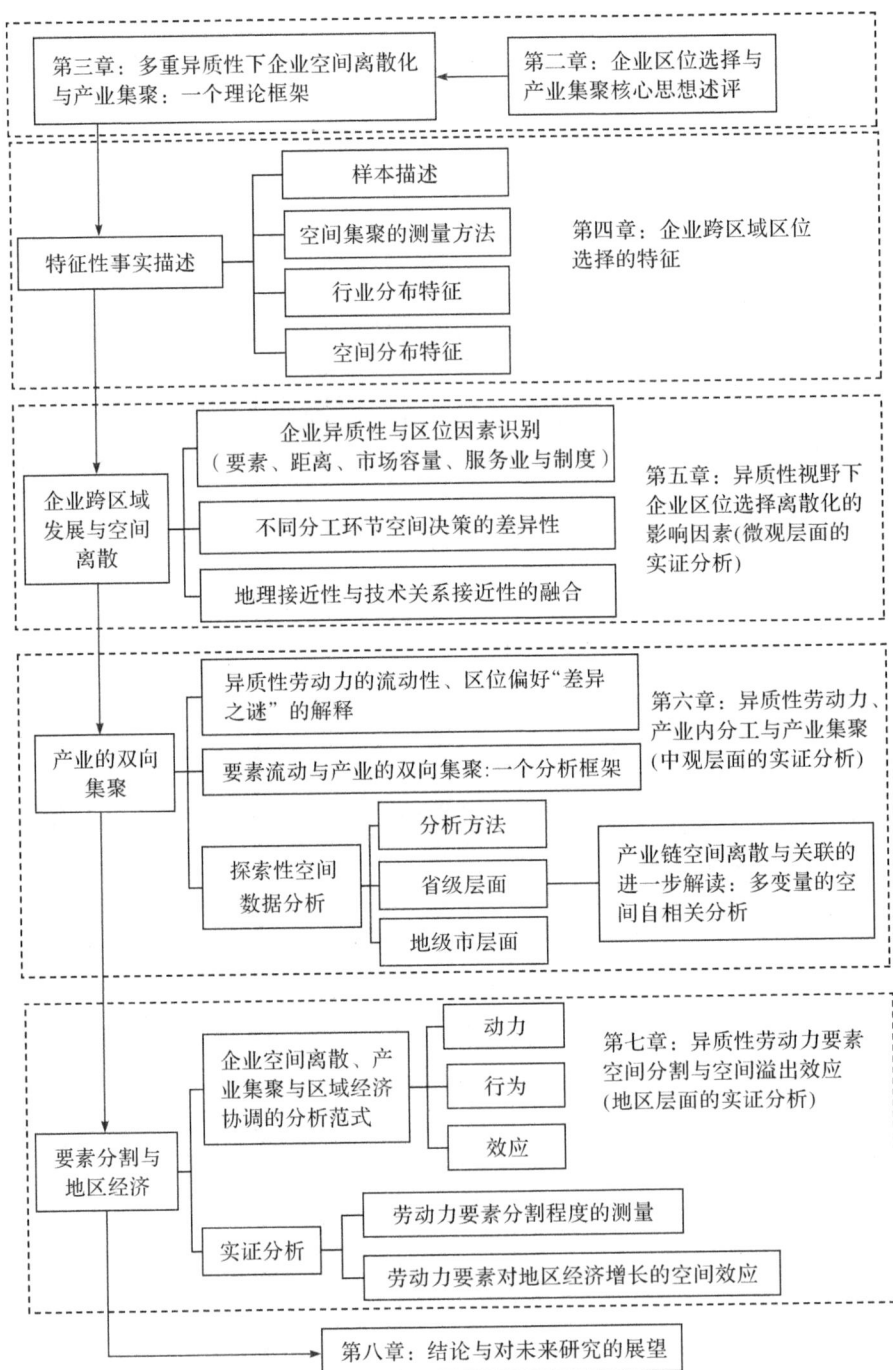

图 1.1　本书的技术路线

第四节 可能的创新

在研究内容与研究方法上,与以往的研究相比,主要做出了如下三点改进。

第一,对空间一体化分析框架进行了改进。

围绕"企业跨区域发展的空间特征是什么—什么样的企业会选择跨区域发展、为什么会跨区域—企业跨区域发展会给产业链与地区经济带来什么影响"的逻辑思路展开研究,在理论上从新的视角揭示了产业集聚形成的微观基础,阐述了一国之内企业跨区域发展的"动力—行为—效应"循环机制,对以往空间一体化下的分析框架进行了更为现实、形象、本土化的补充。从企业跨区域发展这一普遍的现象出发,研究这种微观主体区位选择行为的动力,发现劳动力要素流动对企业空间离散,以及不同分工环节集聚行为的重要作用,进而又对地区要素配置与经济增长的效应进行研究,是对产业集聚形成研究从微观到宏观,再到微观的一次尝试。

第二,异质性企业、异质性劳动力的假设,与地理—技术关系二维性的融合,强调了决策主体的自我选择效应与社会性。

新经济地理学近年来对产业集聚的研究视角已从对宏观异质性转向微观异质性,异质性企业的研究逐渐成为学术界产业集聚研究关注的焦点,但基于主流经济学对劳动力理性人和短视特征的假设,对于异质性劳动力在流动性与区位偏好差异性的分析较少进入产业集聚分析框架中。

无论是企业还是劳动力,在以往产业集聚的研究中通常被认为是独立的个体,尽管社会网络关系的相关研究对个体的社会性已有较多阐述,但新经济地理学下的产业集聚模型较难体现这一特性。本书通过引入广义运输成本,把与地理距离接近性相关的运输成本,扩展到与技术关系接近性、知识溢出感知风险相关的交易成本,加强了原有分析框架中的社会性,更充分地考虑了产业集聚中的经济关联与知识关联二重性。这也使得在以运输成本为核心的新经济地理学的框架下研究企业跨区域行为的动力机制等问题时,兼备了毗邻效应与嵌入效应。

第三,直接使用微观数据和城市加总数据,加强了在实证上对产业集聚和中宏观空间结构问题的微观佐证。

　　国内现有的对产业集聚的实证分析所使用的数据主要来源于各类统计年鉴中省级层面的行业数据,这使得通过微观企业行为来研究产业集聚失去了微观数据上的支持,研究很难深入与具体。上市企业的数据与信息较为详尽,尽管在样本的普遍性上略显不足,但就企业跨区域发展这一主题而言,使用上市企业的微观数据,具有一定的适用性。制造业上市企业代表了中国具有较好发展前景的制造业企业,且基于前人对跨国企业区位选择的研究,跨区域战略也会首先在这类有能力支付跨区域成本的企业中展开,它们的行为特性与决策的驱动力对制造业的空间分布与我国产业集聚未来趋势的表征也具有一定的先验性。采用这些微观数据在城市层面上的加总比采用省级数据更能说明在一定区域内产业分工的空间差异与关联。

第二章　企业区位选择与产业集聚核心思想述评

第一节　问题的提出

自新古典经济学、古典区位理论时代起,关于产业区位选择和产业集聚问题的相关研究就在不同阶段、不同学派呈现出了各自不同又有所联系的观点,这些观点都或多或少地涉及了空间问题。企业区位选择与产业集聚通常被认为是一个问题的不同层面:前者更多地从微观的视角去研究单家企业的空间扩张行为对企业利润最大化的影响;后者则更多地从中观、宏观层面去研究产业集聚的空间过程,更多地关注于企业空间迁移对产业分工、区域经济整合的作用机制的分析。因此,梳理和分析产业集聚的核心思想,对更系统地理解和分析影响企业空间离散化的因素、探究企业跨区域发展这一新的背景下的产业集聚机制大有裨益。

目前,关于企业跨区域空间区位的研究,主要是以跨国企业的区位选择为研究对象。这些关于跨国企业的研究大多将东道国的固定属性看作是吸引FDI(外国直接投资)流入的外生性因素。这一类理论分析也同样反映在关于中国跨国企业区位选择的研究中。早期已涌现出一些从微观层面出发研究企业区位选择的实证研究(如 Buckley et al. , 2007; Duanmu, Guney, 2009)。Buckley等(2007)考察了地区特征(国家或地区的政治风险、地理距离和市场规模等因素)对中国在不同时期 FDI 的区位选择的影响。Duanmu 和 Guney(2009)通过比较中国与印度 FDI 的区位选择的驱动力,提炼出了先前的贸易关系、汇率、制度环境等宏观影响因素。这类研究大多以 Melitz(2003)的异质性贸易理论为基础,这些对异质性跨国企业的差异化区位选择的研究为在一国范围内的企业跨区域发展研究提供了重要的宏观视野,但仍基于国家或地区层面的宏观数据,在解释产业集聚的微观主体——企业——的区位决策过程上,仅使用汇总的宏观数据显然是不够的。

近年来国内外的研究逐渐关注到,企业的集聚行为与区位选择会根据企业异质性(如生产率、规模等)的不同而不同(如 Baldwin,Okubo,2006;Saito,Gopinath,2009;余珮,孙永平,2011;Duanmu,2012;Iulia et al,2013;Forslid,Okubo,2015;梁琦,陈强远,王如玉,2016)。这类研究大多考虑了企业的规模、企业所处行业等企业异质性因素,企业仍是独立的决策主体,并未将企业看作是"嵌入在企业所处的网络中的一员",一定程度上忽略了企业在空间决策中的社会性。因此,企业多维度异质性的考量对异质性企业区位理论的研究,以及更为生动形象地刻画企业区位选择和产业集聚的机制至关重要。

本章回顾了以往区位选择与产业集聚理论的渊源,在空间视角下梳理与分析了前人在产业集聚理论研究上的代表性成果,以及新经济地理学理论的核心思想与发展趋势,特别是对新经济地理学中的典型模型进行了总结,尤其对"新"新经济地理学中开始关注个体与厂商间的"微观异质性"这一趋势进行述评,重点分析了影响产业集聚的集聚力与分散力。同时,在总结产业集聚机制的经典理论模型时,注重理论与实际研究问题的结合,尤其是在国内企业跨区域发展过程中和区域经济发展不平衡的现实背景下,试图对已有研究进行多维度异质性上的延伸,以企业为空间决策的微观主体,除传统意义上与经济关联的投入—产出效率外,引入影响企业知识创新绩效的知识关联(知识生产规模经济),以更为广阔的视角去研究企业区位选择与产业集聚的内在机制。最后,联系本书的研究主题,综合理论综述和近年来具有代表性的国内外实证研究,分析与总结企业跨区域发展的模式、影响因素和效应,从而为本书理论框架的构建和后续实证研究奠定坚实的理论基础。图 2.1 表明了在异质性视角下企业空间区位选择与产业集聚研究的文献综述脉络。

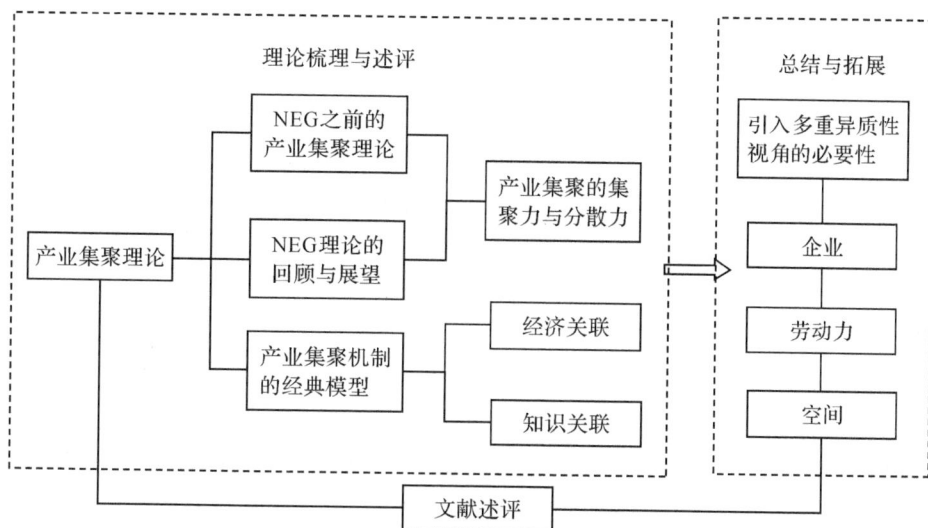

图 2.1 文献综述的脉络

第二节 相关概念的界定与评述

由于本书的理论渊源在产业集聚理论的基础上融合了多个研究领域,因此有必要对以下概念进行界定与评述。

一、产业集聚理论的相关概念

产业集聚现象俨然已成为众多学科的研究对象,加上产业集聚现象的多样化,因此常常出现一些与"产业集聚"(industrial agglomeration)较相近的概念,如"产业区"(industrial district)、"企业集聚"(enterprises agglomeration)、"产业集中"(industrial concentration)、"产业集群"(industrial cluster)、"集聚经济(agglomeration economy)"、"企业网络"(firm network)和"新产业区"(new industrial district)等。

(一)产业区、企业集聚

对产业集聚这一基本范畴的描述,最初可以追溯到马歇尔的产业区理论,其在所著的《经济学原理》一书中对"集中于特定地方的工业"现象进行了描述，进而也对产生这一现象的原因进行了较为全面的阐述。不过马歇尔仅仅是对地方性工业的原始形态与起源进行了描述，而且只使用了一些零散的例子，并没有形成严密的逻辑概念。随后韦伯在其《工业区位论》一书中再次提出了"产业区"的概念，他认为集聚是一种"优势"，并着眼于对最优工业区位的求解。与马歇尔从外部性来解释特定产业的地理集中不同，韦伯更多强调包含多个工业企业的"工业综合体"的集中，因此韦伯强调的是更为广泛的集中现象。一般来说，企业集聚是指一定数量的企业在地理上表现出集中现象，并不包括企业以外的支撑机构，因此从范围上讲涵盖于产业集聚之中。马歇尔对企业"空间扎堆"（产业区）现象与成因的阐述，以及韦伯对最佳工业区位的求解，为产业集聚概念的提出描绘了一幅最初的景象。可见，研究者总是试图解开产业集聚现象背后的成因，其中空间分布始终是研究者关注的焦点。

（二）产业集聚

本书所关注的产业集聚的内涵比较宽泛，既包括产业在特定的区域内部的地理集中和自然成长现象，也涵盖通过跨区域转移而在地理上集中的状态与形成机制。通过文献梳理可以发现，集聚大体上包括以下三个特点：一是空间上的多层次性。从集聚的空间层面上来看，有微观企业间地理上的毗邻，也有城市、省级行政区、国家甚至更大区域的产业集中。二是静态性与动态性兼具。产业集聚既可以表示产业在空间上集中分布的现象，是一种静态状态，又可以表示产业在空间上集中或成长的动态过程。三是集聚过程的辩证统一性。通常认为，经济活动的空间形态是集聚力和分散力这两个相反的力量相互作用的结果，具有辩证统一性。例如，在中国沿海发达地区的某些产业中的低附加值环节有向中西部地区转移的现象，这对发达地区而言是产业分散，对转入的中西部地区而言则是产业集聚。因此，本研究对集聚的描述也包含了分散的含义。而对产业集聚机制的研究，也就是研究推动产业集聚的动力系统，即研究集聚力和分散力两种力量的制衡以什么方式推动着产业的集聚，所呈现出的空间形态又是如何。产业集聚的研究对象不仅仅是企业在空间上的集中，其他利益相关者也包含在这一合作与竞争的关系网络中。

（三）产业集群

产业集群概念的起源最早可以追溯到19世纪末，但直到1990年迈克尔·

波特在其《国家竞争优势》一书中才将产业集群作为一种产业组织的专业术语提出。波特认为,产业集群是指在某一特定的领域中,有交互关联性的企业、专业化供应商以及其他支撑机构在地理上的集聚。因此从本质上看,产业集群是企业在特定区域"集聚"成群的结果,而经济自立性是企业集聚在一起的主要原因。杨小凯(2001)运用超边际分析法进行研究,认为产业集群形成的原因是由专业化分工产生的报酬递增。

后来 NEG 的代表人物克鲁格曼认为,外部性的存在产生了产业集群,而这种外部性来自规模报酬递增。地理上的集聚和专业化产生了规模经济,规模经济又会吸引更多的企业集聚于此,久而久之就形成了产业集群。除此之外,竞争力、竞争优势与产业集群也有着密切的关系:产业集群之所以能够产生、发展并影响地区的竞争优势,很大程度上源于集群内的合作与竞争,以及群体协同效应,这使得产业集群具有一般企业群无法比拟的竞争力。这种竞争力可以体现在诸多方面,除了市场占有率、生产效率等规模经济度量指标,也体现在交易成本的降低、克服市场壁垒、从知识共享中获益,以及应对市场冲击的能力增强等方面。通常这些优势来源于产业集群内企业间、企业与支撑机构间的相互作用。

(四)企业网络

尽管"网络"这一概念并非源于经济学,而是被更广泛地应用于多种社会科学和自然科学领域,但是韦伯早在 1909 年研究集聚经济时就指出,企业的壮大产生了集聚优势,独立的企业的成长是产业集聚的初始阶段。而高级阶段则是各家企业通过互动而逐渐形成地方工业化。这也从另一层面说明了企业间的互动关系是产业集聚发生的重要条件。狭义上,企业网络是在市场和企业之间产生的一种中间产物,广义观点则把企业网络看作是企业经济活动中持久联系所构成的相互依赖关系,或者说企业网络本身就是一种"关系"的描述。总体而言,企业网络是企业为了寻求利润最大化的交易,而与其他行为主体构成的具有嵌入式结构的网络关系,并具有利益排他性与成员依赖性的双重属性,同时在空间上、时间上都具有一定的多维性。企业网络包括经常交流、沟通和合作的企业,企业与企业之间也存在一定程度上的相互依赖性,这种依赖性不一定是发生在相关产业间的,也可能并不存在地理上的接近性(Staber et al.,1996)。

产业区、产业集聚、产业集群与企业网络的含义既有区别,又有一定的联系

（见表2.1）。从这一角度上讲，产业集群是一种在空间上相对高度集中，又具有灵活专业化特性的企业与机构的集合。同时，产业集群的研究对象也同样广泛，不仅仅包括企业，还包括了其他支撑机构，如公共管理组织、中介机构等。总体而言，近年来对于厂商地理、区位决策行为的研究日益受到关注，也使得企业作为区域经济中行为主体的角色日益突出。正如上述对企业网络特征的描述，企业网络的跨地理界限的性质，一方面，与现今日益高效的交通与通信设施环境下运输成本不断下降的趋势相吻合；另一方面，由于信息在网络中的流动性增强，越来越多的地方性厂商通过网络进入新的产业空间，从社会网络关系的视角来研究经济地理学也就成为近年来的一大热点（Boschma，2005）。

表2.1 产业集聚相关概念的比较

概念	对象	研究重点	空间特点	产业界限
产业区	工业企业综合体	外部经济	地理集中	单个产业
产业集聚	企业和支撑机构	集聚力与分散力的制衡	地理集中	单个或多个产业
产业集群	企业和支撑机构	专业化分工与规模经济	地理集中	单个产业
企业网络	企业和支撑机构	企业间的互动关系	跨地理界限	单个或多个产业

二、外部性的相关概念

早在马歇尔时，其就从外部性来解释单个特定产业的地理集中，认为外部性是解释产业集聚的重要因素。马歇尔的外部性理论也成为后来研究产业集聚机制的基础。外部性一般可分为货币外部性和技术外部性。

货币外部性（pecuniary externalities），也称为金钱外部性，主要是通过市场相互作用产生的价格效应，这种价格效应包括了中间投入品、劳动力，主要来源于劳动分工。技术外部性（technological externalities），或称为溢出效应，是指产业内总产出的增加对各家企业的技术关系产生影响，如果产生了正向的技术（知识）溢出，那么对单家企业来说，知识流入增加了企业的知识存量，会促进企业的产出增加。迄今为止，大多数的新经济地理学模型在分析产业集聚的力量时，都较多地关注基于市场关联的货币外部性，而较少关注知识溢出等其他因素作为集聚力和分散力的来源的可能性。如在新经济地理学中，市场规模效应就是一种货币外部性。技术外部性、知识外部性的存在，使得传统上新经济地理学框架下由货币外部性驱动的产业集聚机制发生了改变。在现实中，产业集聚的力量也往往来自货币外部性与技术外部性的双重作用。

第三节　产业集聚理论演进:空间视角

无论是 20 世纪 90 年代兴起的新经济地理学理论,还是历史上对人们认识产业集聚机制有着重要影响的古典区位理论、现代区位理论和经济地理学等,无论是杜能的"农业区位论"、韦伯的最优工业区位的求解,还是二战后兴起的以艾萨德、阿隆索和亨德森等人为代表的空间系统理论,以及关注经济活动空间分布和经济增长规律之间联系的循环累积因果理论,都或多或少地涉及了空间问题。

一、新经济地理学之前关于区位问题与产业集聚的理论

新经济地理学产生之前的诸多理论已经开始从不同角度来讨论产业集聚的形成机制这一问题。现代经济学之父亚当·斯密在其著作《国富论》中对劳动分工的描述,为集聚思想提供了最初的来源。在随后 200 多年的经济理论发展史中,与产业集聚相关的研究文献不胜枚举,各学派关于集聚形成的理论,以及对集聚力与分散力的来源的解释有所不同,但都部分地涉及了产业区位问题,并试图将空间问题纳入他们的分析范式,形成了一些对人们认识产业集聚机制有着重要影响的观点与理论,也为以克鲁格曼为代表的新经济地理学的产生提供了一些启示。

(一)早期产业集聚机制与空间问题讨论

1.新古典经济学、古典区位理论的相关研究

马歇尔在 1890 年出版的《经济学原理》一书中将工业地区分布,尤其是工业集中于某些特定的地区的成因概括为一种或多种专业化,无论是地区专业化、本地技能专业化、辅助行业的专业化,还是高度专业化的机器的使用。马歇尔对产业集聚的原因的研究尽管只占据了其著作的很小一部分,但仍然对随后的研究产生了深远的影响。他把产业集聚初步描述为是一种具有区位黏性的工业,这种区位黏性使得从事这个行业的、具有相关技能的人,在空间上保持一种接近性,并且从这种地理上的邻近中获得利益。通过集聚、学习新的技能与

思想、沟通和知识共享,每个人的意见与技能不断地与他人的思想融合,不断碰撞出新的思想,这些人也就不知不觉地学习到了很多关于行业的技能与奥秘,这种互动也是创新的源泉之一。这一描述仿佛就是克鲁格曼后来所提出的知识溢出这一集聚因素的雏形。同样,辅助行业的产生与高度专业化机械的使用作为劳动分工的一种体现,也会产生规模经济。当然,时代的局限性也使得马歇尔对于产业集聚的讨论并未形成逻辑体系,仅见于一些零散的例子。

古典区位理论中,较具代表性的理论有杜能的"农业区位论"、韦伯的"工业区位理论"和廖什的"市场区位理论"等。其中杜能开创的"农业区位论"提出,在均质空间的基础上,不同地区的农产品的纯收益的大小是其与核心市场距离的函数,农民在进行区位决策时会权衡纯收益。尽管杜能对于农业空间模型的假设过于简单和理论化,与现实并不符合,但从其所提出的理论中已经可以看到距离对农产品生产集中程度的影响。杜能在其著作中更是对区位与距离、时间、租金、市场,甚至劳动力的流动性等因素的关系进行了阐述。不得不承认,杜能的诸多观点不仅使其成为区位理论的开山鼻祖之一,也为其他学派,如经济地理学和城市经济学等的理论研究提供了一定的借鉴。而韦伯则在对最优工业区位的求解中,考虑了运输成本、劳动力成本和集聚因素。这三者的顺序也体现了韦伯对这三个因素重要性的认识。韦伯的论证基本围绕着运输成本进行,因此他特别强调运输成本对于工业区位的作用。韦伯在论证中虽然也考虑了集聚因素,但他强调工厂规模的扩大会带来规模经济,成本最小化的目标使得更多的厂商愿意集聚在某一地以获得规模效应,但以此带来的好处必须大于迁移带来的运输成本。只有这一条件满足了,微观层面上的工厂迁移才会发生,并形成工业集聚。当然,随着信息技术、交通设施的进步,以及产业的变革,运输成本可能存在一定的下降。但是,韦伯对运输成本进行了强调,首先提出"集聚因素"的概念,而且考虑了由工厂集聚产生的诸多的分散因素,如地租的上涨,在当时无疑具有一定的开创性。随后,在杜能、韦伯等人的研究基础上,廖什的"市场区位论"强调了市场因素、运输成本、劳动力成本以外的其他经济因素,非经济因素也是他关注的重点(殷广卫,2009)。因此,廖什认为,最优区位应该出现在利润最大的地点,而并非一定是成本最小的地点。更值得注意的是,由于廖什的研究引入了动态的观点,因此他也强调了厂商个体的区位选择行为会影响到其他竞争者、供应商和消费者。这一进步体现在了区位选择这一领域中,对空间决策主体的社会性和互动给予了一定程度上的关注。因此,廖什从不完全竞争角度,采用瓦兰斯的一般均衡经济学来分析,不同力量如何把区位引向平衡状态。廖什的基本观点是在经济现实背后,存在一些规律性的空间分布,并分析了形成这些空间分布结构的原因。尽管他的研究涉及了经济空间问题,但仍然忽略了空间的异质性。当然,他的市场区位理论在诸如利润最大化、厂商间的动态相互关系、一般均衡的分析方法,以及产业集聚机制上,为后续的研究提供了较大的启示。

2.古典区位理论之后的相关理论

古典区位理论开启了对经济活动在空间上的集聚现象的研究。在此之后,众多经济学家、各学派或理论可谓是百花齐放,或在古典区位理论的基础上深入,或另辟蹊径,关注经济问题的空间维度,涌现出现代区位论、城市经济学、新贸易理论、经济地理学、区域经济理论等多学科。如熊彼得的创新理论从创新的角度阐述了一些产业集聚的影响因素。他指出,创新并不是通过个体行为来实现的,无论是个人还是企业,知识活动需要个人和企业的聚集来实现,创新与产业集聚之间存在相互影响的关系。他认为技术创新及其扩散促使企业形成集群,因为在这些企业内存在具有一定产业关联性的部门,因此创新并不会在时间上均质分布,而是趋于集群。

其中,较具有借鉴性的研究是美国空间经济学家胡佛对集聚成因的分析,其还对运输费用的含义进行了拓展。他在1937年开创性地将集聚经济分解为内部规模经济、局部化经济(本地化经济)和城市化经济,并认为这三点是集聚的主要成因。他对这三个主要成因的表述为:一个更大的市场所产生的规模经济,使得单个厂商的效率得以提高,也就是获得了内部的报酬递增;然后,高水平的本地工人使得相关产业群体的其他成员获得了局部化经济,也就是本地化经济,其所产生的外部经济如若对所有的本地厂商均有效,则为城市化经济。他还修正与拓展了韦伯的理论,提出了终点区位论和转运点区位论,更为细致地考察了运输费用的组成部分。他阐述了隐藏在经济活动复杂模式下的三块基石:自然资源相对优势、空间集中的经济性、运输和通信成本。随后,他通过进一步分析,将这三大基石进一步解释为生产要素的不完全流动性、不完全可分性和产品与服务的不完全流动性。他通过多个视角来衡量运输成本,不单单是显性的运输费用,还有运输过程中的交易成本。此外,胡佛也指明,空间经济的多个层次,不仅仅是微观上的空间偏好和决策,也涉及整个产业间的竞争与依赖关系,甚至是城市和地区的层次。

(二)空间结构理论:空间系统与循环累积因果理论

在新古典经济学和古典区位理论的基础上涌现出来的空间结构理论,建立了相对更为综合的产业集聚形成的逻辑框架,其中以空间系统理论与循环累积因果理论为代表。

空间系统理论主要产生于二战后,最早由艾萨德提出,他认为厂商的区位选择问题可以看作是运输成本与生产成本之间的一种权衡。这一思想也为后来克鲁格曼的新经济地理学提供了一定的思想来源。随后在学术界研究产业区位和城市空间结构与特征的过程中,又出现了一系列将城市作为产业集聚载体的研究。例如,阿隆索将杜能的农业区位论扩展到了城市内部,主要讨论从城市中心到外围的活动与地租分布的关系。尽管阿隆索的研究中对单个中心商务区的假设与现实中诸多城市,尤其是大城市的实际情况不尽相同,但其将城市作为产业集聚的研究对象进行研究,在当时引起了众多学者的关注,由此也出现了一些对城市最佳规模的讨论。其中,亨德森把整个经济看成是一个城市体系,因此与阿隆索的研究的一大显著差异就是,他的研究对象是多城市的问题。亨德森认为,外部经济的产生促使了生产集聚,外部经济往往发生于特定的产业,而拥挤与土地成本等引起外部不经济的因素促使生产分散,两种力量的平衡产生了城市的最佳规模(也是生产的最佳规模)。亨德森首创性地将这一问题模型化,并指出产业专业化倾向于产生在城市,而外部经济较强的产业则倾向于聚集在大城市。

对亨德森的研究进行总结,尤其是对其观点与新经济地理学的区别和联系进行梳理,有助于对产业集聚机制这一问题的理解。尽管后来学术界在对产业集聚机制的研究中,越来越倾向于从微观角度出发,如藤田昌久从报酬递增和垄断竞争的非贸易投入品出发,来分析外部性的形成。只是亨德森的外部性是基于市场联系的货币外部性,而藤田昌久的外部性是基于溢出效应的技术外部性。总体来说,亨德森对城市经济理论的研究与新经济地理学对区域经济问题的研究之间存在一些显著的差异:首先,亨德森的模型建立在完全竞争市场的假设下,而新经济地理学则是在垄断竞争的市场中展开讨论的;其次,尽管亨德森的研究对象是城市体系,但仍以城市体系内部结构为主要研究对象,新经济地理学由于对运输成本的强调,更注重区域间的结构。但不同的研究侧重点也为研究者提供了对产业集聚机制这一问题进行更为全面的考察的可能性。

在循环累积因果理论被提出来的前几年,佩鲁所提出的增长极理论已经开始关注空间问题与产业集聚的结合,以及这种结合对整个宏观经济的影响。佩鲁的增长极理论表述的是一种在地理空间上经济增长不均衡的现象。从最初在少数地区首先出现一些增长点,再逐渐向外扩散,从而对整个经济产生影响。这里的增长点可能是经济活动的集聚地,也可能是一些企业和机构所组成的企业网络或经济中心,并且这一网络或经济中心具有自我强化的特点。但是他同时也认为,这些企业网络或经济中心的形成是有条件的,其中创新的重要性尤为突出。由于受到熊彼特的影响,佩鲁强调了有创新能力的企业和企业家群体的重要性。其次,外部环境也是形成经济中心的必要条件。此外,佩鲁还提出了"经济空间"的概念,他认为经济空间是各种不同经济要素之间的关系的集合。如果说佩鲁的增长极理论还是一种较为抽象的理论,那么他的学生布代维尔在 1966 年则进一步将增长极理解为相关产业的空间集聚,即存在于都市内的相关产业的集聚,对周边产生影响并促使区域经济活动的发展。

在此之后,循环累积因果理论在 1957 年由缪尔达尔明确提出,他充分阐述了数量微小的优势如何扩展。他指出,一开始地区间的经济发展水平是大致相同的,一旦受到其他外部因素的冲击,新的工业被配置于某个区位并发展起来,则此地区的经济增长就会快于其他地区(Harris,2011)。这种差异会引起该地区居民收入提高,劳动力就业机会增加,更多的外来劳动力迁入。需求和供给的双重多样化带来了财政收入与公共品供给的增加,也就会吸引更多的工业企业,不断循环下去,使得地区间的差异进一步拉大。而且缪尔达尔的循环累积因果理论很好地弥补了佩鲁的增长极理论对增长极负面效应的忽略,指出存在着另一种使自身形势加剧恶化的循环累积因果关系。这与新古典理论的区域均衡发展理论也截然不同,后者认为,倘若经济过程偏离了均衡状态,此过程会内生地重新回到初始状态附近。循环累积因果理论认为,最初的偏离所产生的结果会不断被强化,又会加剧这种偏离。于是,更发达的地区不断积累有利的因素,而更落后的地区则不断积累不利的因素,地区差距不断扩大。1958 年,赫希曼在此基础上提出了极化效应和涓滴效应。与缪尔达尔的理论不同的是,该理论认为经济增长的不平衡是不可避免的。与缪尔达尔的富国越富、穷国越穷的消极观点有所不同,赫希曼认为在经济发展的初期,极化效应会占据主导地位,但从长期来看,涓滴效应还是会促使地区差异缩小。极化理论还提及了政治、文化、社会等因素,虽然这些因素较难被严格地纳入模型中,但仍为后者探讨产业集聚机制提供了更为广阔的视野。

在缪尔达尔之后有不少学者对循环累积因果理论进行了进一步的解释、模型化、拓展和实证研究（如 Kaldor，1957；Kaldor，1970；Dixon，Thirlwall，1975；Harris，Lau，1998；León-Ledesma，2002；Cheshire，Malecki，2004；Roberts，2007；McCombie，Roberts，2007）。在随后的研究中，众多学者也对循环累积因果理论与新经济地理学进行了比较（如 Aditya，2010；Thirlwall，2013）。Aditya(2010)指出，卡尔多将不同类型的规模经济集合在一起是不恰当的，因此也就很难以一个令人满意的方式来解释制造业活动的扩散，并且从机制、模型构建、效应与政策建议等方面阐述了卡尔多的观点与新经济地理学的相似之处，进而也指明了卡尔多的研究对实证问题的忽略，而 NEG 弥补了方法论上的缺失。

　　古典区位理论将在此之前所忽略的空间问题带到了经济学中，它关注于市场经济条件下的资源空间配置问题和基本规律。尽管古典区位理论大多建立在理想的假设条件下，与现实存在一定的出入，且并未涉及空间结构形成与产业集聚的内在机制的模型化，但是，由于古典区位理论所强调的区位问题一直被之前的古典经济学家所忽略，如生产要素的流动性、运输成本、经济活动在空间上的同质性等问题，区位理论运用经济学知识去分析经济空间问题，为后续的研究提供了重要的启示。古典区位理论之后的相关理论则进一步从不同视角对产业在空间上的集聚现象与内在机制问题进行分析与解释，尤其是胡佛的研究从广义上来理解运输的含义：运输不仅包括有形货物的运输，也包括服务和信息等无形物的转移。胡佛还运用特定的产业来阐述这一含义，诸多结论对后续的理论研究产生了深远的影响。

　　从产业集聚的机制来讲，循环累积因果理论比以往其他理论都更为生动地刻画了集聚的过程，而新经济地理学在很大程度上是用数学建模的方法实现了这种循环过程。因此对循环累积因果过程的理解，可以很好地帮助我们对产业集聚的循环累积因果过程进行认识，包括经济活动空间分布和经济增长规律之间的联系。虽然极化—涓滴效应理论在本质上是一种不平衡增长理论，较少涉及产业集聚机制的阐述，但仍很清晰地刻画了产业空间分布的动态变化。而且赫希曼在阐述他的极化—涓滴效应理论时，引入了诸如制度、文化、历史、科技、社会等因素。虽然在现今的时代背景下，尤其是企业在区位选择的过程中可能会面临行政壁垒、文化壁垒和其他制度、社会因素引起的较高的进入成本，这时这一理论的一些观点可能会发挥比过往更重要的作用，但鉴于新经济地理学在建模上的需要，这些因素很难被纳入新经济地理学的框架中。因此，极化—涓滴效应理论也有助于启发我们根据现实世界产业集聚的情形，从微观厂商出发,考察厂商与区位之间的关系,从更广阔的视野去思考产业集聚机制。

二、新经济地理学理论的回顾与发展趋势:从宏观异质性到 微观异质性

前文概括了新经济地理学产生之前各学派关于产业集聚机制的研究。通过以上的总结和梳理不难看出,每个理论都注意到了空间因素对人类经济活动的影响,但由于规模报酬不变和完美市场的假设,在与现实的衔接上存在着明显的不足,加上在数学建模上存在明显的缺陷,空间问题一直未被纳入一般均衡理论的分析框架中。直到新经济地理学出现,这两个问题都得到了一定程度的改进,但同样存在着不断完善,以更贴切地表达现实世界情形的需求。

(一)新经济地理学的发展与核心思想

1.新贸易理论的核心思想

新经济地理学的产生与发展和迪克西特(Dixit)与斯蒂格利茨(Stiglitz)1977年建立的垄断竞争模型(以下简称D-S模型)以及新贸易理论有着必然的联系。D-S模型与以往经济模型最大的不同在于其强化了假设的现实性,其使得对存在内部规模经济情形下的垄断竞争的市场结构进行一般均衡分析变得简单易行。在均衡的过程中,厂商通过专业化生产追求规模经济,但消费者对多样化产品的需求只能通过商品贸易来满足,市场规模不断扩大部分地解决规模生产与需求多样化的矛盾。而新贸易理论的核心思想正是,即使不存在比较优势和要素禀赋的差异,规模经济本身也可以产生贸易。因此,克鲁格曼(Krugman,1979;1980)、迪克西特和诺曼(Dixit,Norman,1980)等学者利用D-S模型把比较优势和要素禀赋差异排除在模型之外,考察规模经济和不完全竞争导致贸易的规范化的形式。艾瑟尔(Ethier,1982)则通过只考虑中间产品的规模经济建立了产业内贸易的模型。这些研究也标志着新贸易理论的产生,其中克鲁格曼的研究成果较为清晰地体现了新贸易理论的核心思想。

内部规模经济下,企业通过增加产出来降低平均成本,这种对规模经济的追求可以促进国际贸易,产业内贸易促进了大规模的生产与专业化生产,进而导致价格降低和商品多样化。随后,克鲁格曼在《规模经济、产品差异化和贸易模式》一文中用数理解析的方法讨论了"本地市场效应"(home market effect):由于规模收益递增和运输成本,商品在其较大市场所在地集中会更有利可图,

因为这种集中不但能产生规模经济,而且能降低运输成本。进而,本地市场效应也使得人们集中于大经济体。本地市场效应揭示了企业空间集聚动力在需求方面的原因。

2. 新经济地理学的核心思想

"新经济地理学"的产生以1991年克鲁格曼基本模型的建立为标志。模型用"运输成本"象征空间地理因素,并将源自规模经济的收益递增和不完全竞争纳入了经济模型。该模型以D-S模型为基础,用不同于传统的空间分析方法,构建了一般均衡模型(Krugman,1991a)。可以说,在克鲁格曼之前,国际贸易与经济地理无论是从研究主题上还是方法论上看,都是两个分离的学科。以往的研究大多采用规模报酬不变与完全经济的假设,这使得贸易学家很难去解释发达国家或富裕国家之间的贸易活动比这些国家与欠发达国家之间的贸易更为频繁这一常见的现象。毫无疑问,规模经济有助于我们解释观察到的现象,但这一点很难用某种数学模型去处理。或者说,在经济地理学领域,长久以来规模经济一直都被认为是经济活动区位的决定因素,但在贸易理论领域,并没有清晰的模型(尤其是运用一般均衡分析方法)去证明这一观点,而且这一模型还包括了消费者和厂商的区位。从新经济地理学产生以来,国际贸易与经济地理学通过一系列新的理论观点而越来越紧密地联系在一起,这些新的观点强调了产业内贸易使得专业化与大规模生产成为可能,解释了技术与禀赋条件相似的国家之间贸易活动更为频繁的现象。克鲁格曼在1979年发表的《收益递增、垄断竞争与国际贸易》一文中对其进行了详细阐述,这篇文章不仅包含了新贸易理论的精髓,也为后来新经济地理学的产生提供了一定的基础。1980年克鲁格曼发表了《规模经济、产品差异化和贸易模式》一文,引入了"运输成本"的概念,并假定运输成本是运输量的一个比例,并以此严格分析了"本地市场效应",从而揭示了企业空间集聚的一大动力来源,从需求角度解释了一国在某些特定产品的生产上具有优势的原因,这也为新经济地理学的产生提供了一定的理论基础。11年后克鲁格曼发表了《收益递增与经济地理》一文,标志着新经济地理学的产生。新经济地理学从制造业工人为追求更高工资而跨区域迁移这一现象入手,描绘了在两个最初同质的地区,在各种效应下,一些制造业工人从一个地区(所谓的南方)迁移到另一个地区(所谓的北方),随之而来的支出的重新定位扩大了北方的市场规模,南方的市场规模相应地缩小了。如果两个市场间存在一定的运输成本与贸易壁垒,则市场接近效应使得工厂选址于北方的决策更有吸引力(后向关联)。进一步地,在生活成本效应下,生产的重新定位吸引了更多南方的工人(前向关联)。两种效应互相加强:更多的工人集聚在北方,产生了更大的需求,也就允许更多的工厂迁移至此,进而又会吸引更多的工人,这一情形在南方地区则相反。劳动力迁移带来了地区间消费的转移,进而引起了生产的转移,又进一步带来了消费的转移,这种循环累积过程使得制造业在北方地区集聚。同时,越来越多的工厂在北方地区集聚加剧了本地竞争,由此产生的市场拥挤效应成为一种阻碍集聚的分散力。因此,模型也就很自然地聚焦于比较集聚力与分散力的相互作用,以此来决定一小部分劳动力从一个分散的或集聚的经济结构中迁移出来的现象是会加强还是逆转。上述运输成本的高低是决定这一过程的关键因素。随后,诸多新经济地理学研究对这一过程进行了表述,如 Fujita 和 Krugman(2004)、Fujita 和 Thisse(2009)、Krugman(1991b,1995,1998)、Neary(2001)、Brakman 等(2001)、Fujita 等(1999)、Baldwin 等(2003),这些研究中模型构建的技术难度按上述顺序递增。

新经济地理学中最具代表性的模型是克鲁格曼建立的核心—边缘模型(core-periphery model,CP 模型)。该模型在垄断竞争与规模经济的假设下,采用一般均衡的方法解释了消费者(在克鲁格曼的研究中,工人具有消费者和生产者的双重角色)和厂商的区位选择,从而把空间问题正式地带入了主流经济学的殿堂。CP 模型的核心结论是:当贸易自由度很低时(也就是贸易壁垒或交易成本很高时),生产和人口呈现出均衡分布的格局,随着运输成本下降到某个临界值,工业人口与生产向某一地集聚,促使制造业收敛于同一区域,并不断加强产生循环累积效应,最终形成工业核心区域和农业边缘区域这种稳定的核心—边缘空间结构。克鲁格曼的 CP 模型清晰地讨论了产业集聚机制,但也正因为 CP 模型致力于将空间问题融入主流经济学的分析框架,在分析时不得不放弃众多达不到建模要求却同样关键的因素与观点。因此,CP 模型问世后,不少学者包括克鲁格曼本人都致力于不断拓展与完善 CP 模型,丰富新经济地理学的内容,因此涌现出大量以 CP 模型为基础的模型。[①] 在本章的第四节中将具体梳理上述新经济地理学理论下的产业集聚机制模型与相关研究。

[①] 奥塔维诺和福斯里德(Ottaviano,1996;Forslid,1999;Forslid,Ottaviano,2003)建立的自由企业家模型(footloose-entrepreneur model,FE 模型)、鲍德温(Baldwin,1998)建立的资本创造模型(constructed capital model,CC 模型)、克鲁格曼和维纳布尔斯(Krugman,Venables,1995),以及藤田昌久等(Fujita,Krugman,Venables,1999)建立的核心—边缘垂直联系模型(core-periphery vertical linkage model,CPVL 模型)。

(二)新经济地理学的发展趋势——关注微观异质性

从上述对以往研究的梳理中可以看出,新经济地理学以规模经济与不完全竞争为基础,并强调了个体间的异质性是如何映射到集聚行为的。我们也看到了,新经济地理学是一门发展的理论,它的产生将空间问题带入了主流经济学,但同时它的局限性也迫使越来越多的后续研究在此基础上结合现实情境进行拓展。进入 21 世纪,Baldwin 和 Okubo(2006)在《异质性企业、集聚与经济地理学:空间选择与排序》("Heterogeneous firms, agglomeration and economic geography: Spatial selection and sorting")一文中将企业作为区位选择的主体,将异质性假设纳入简单的 NEG 模型后,涌现出了一批较为系统地阐述程式化的新经济地理学模型是如何逐渐演化为更关注微观异质性的模型的研究(如 Ottaviano, 2008;Ottaviano, 2011;Behrens et al., 2011)。

在新经济地理学产生之前,已经有大量的研究在构建模型时考虑到了企业在规模、生产效率等方面存在差异,企业空间行为也会存在差异(Behrens, Murata,2009),包括投资行为或区位决策也会有所不同:Melitz(2003)和 Bernard 等(2003)将企业异质性纳入企业国际贸易的决策中,Helpman 等(2004)又进一步将企业异质性纳入企业对出口还是直接投资(FDI)的决策中,研究表明,更具有生产效率的企业可以支付投资工厂的固定成本而更易成为跨国公司,这一假设也在诸多实证研究中获得证实(Girma et al., 2004,2005;Yeaple, 2009;Mayer et al., 2007;Chen, Moore, 2010)。当然也存在一些不同的观点,如 Head 和 Ries(2003)认为,当他国的市场较小且具有成本上的优势时,生产效率没那么高的企业就会选址于国外,而效率更高的企业则选择在本国生产。

早期的新经济地理学模型大多将企业假设为是同质的,具有相同的决策方式,这显然与现实不符。在现实中,不同企业的决策模式与风格是完全不同的,其行为也具有自身的特点,由此很难去解释现实中一些生产效率较高的企业不愿意集聚等现象。由此,为了更生动地描述产业空间分布的内生动力,越来越多的新经济地理学研究开始引入企业异质性,逐渐形成了"新"新地理经济学(Ottaviano, 2011;Behrens, Robert,2010)。Ottaviano(2011)首先提出了这一说法,他考虑了一种简单的垄断情形,来说明地理接近性所产生的张力是如何产生一个区位选择问题的。假设有两个地区 H 和 F,地区 H 具有更大的本地产品市场以及更低的生产成本。两个地区之间存在运输成本,会面临贸易壁垒,由于技术约束,垄断者可以通过经营一个工厂而获利。这种不可分割性与较高的运输成本共同形成了垄断者的空间问题。这一问题该如何解决呢？答案就是一个追求利润最大化的垄断者会选址于地区 H。原因无疑是，在地区 H，垄断者可以最低化生产成本，还可以最低化贸易成本。因为根据假设，垄断者可以获得整个本地需求的较大份额，自然也就节约了昂贵的运输成本。总体而言，在这种假设下，垄断者的选址受到生产要素成本的节约与市场寻求这两种因素的影响。

这一问题是任何厂商都会面临的，无论这个厂商是否与其他厂商有互动。但同样，上述垄断者在选址时，对于较低生产成本与较大本地市场的偏好，也会发生在有大量竞争厂商的产业或情形中。这时，这些集聚力的强度取决于贸易壁垒的水平。当贸易壁垒降低时，对市场寻求型企业而言，成本节约就会显得更重要，这是因为较低的贸易壁垒使得企业的区位选择越来越倾向于接近消费者。或者说，较多竞争厂商的存在会使得厂商的区位选择变得更为复杂，因为厂商会意识到地理上的正确决策会缓解竞争压力，增强市场势力。并且，这也会类似地发生在竞争性厂商是生产同质产品的寡头垄断厂商和生产差异化产品的垄断竞争厂商的情形中。但无论是哪种情形，厂商的区位选择都会影响利润最大化，不仅是由于生产成本节约与市场寻求两种吸引力，也涉及竞争者之间的相互作用。

由此 Ottaviano(2011)在上述模型的基础上再增加一个竞争者，并假设厂商 1 比厂商 2 具有更高的生产效率，每个厂商都提供差异化的产品，技术约束的存在使得每个厂商都能通过经营一个工厂而获利，也就是在 NEG 模型中引入了微观企业的异质性考量。两个厂商间的运输存在贸易成本。那在这种双寡头的情况下，厂商会如何选址呢？一般来说，追求利润最大化的厂商间的战略性互动会产生两种可能的均衡结果：共同集聚在生产成本较低、市场容量较大的地区 H；或者低生产成本的厂商会选择在生产成本较低、市场容量较大的地区 H 从事生产活动。从某种意义上讲，厂商之间内生性的微观差异放大了地区间外生性的成本差异(Bernard et al.，2007)。

为了进一步提炼这一结论，Ottaviano(2011)假设一种完全对称的情形，各个国家或地区在市场规模和生产成本上都是一样的，厂商在效率上也是无差异的。在这种情况下，共同集聚意味着在本地市场有较强的竞争性。因此当两个地区无差异时，两个厂商中的其中一个改变区位便会有利可图。进一步说，竞争会推动经济活动的分散，尤其是高贸易成本和有限的产品差异化。尽管竞争性会作为分散力存在，但双寡头厂商仍然会选择共同集聚在地区 H，只要地区

H 具备足够的市场规模和成本优势,尤其是当贸易成本较低时,竞争的排斥性就会减弱。最后,再考虑集聚经济,假设地区 H 和地区 F 的市场规模与生产成本都存在差异,这种差异内生于本地经济活动的相对规模性。概括来说,厂商和工人活动范围内的自我维持的聚集造成了内生的空间不对称性,同时厂商与工人被吸引到市场容量更大、生产成本更低的地区,最终又进一步强化了地理上的不平衡性,这也是一种累积因果效应。

Baldwin 和 Okubo(2006)将异质性企业假设下的企业区位选择归纳为选择效应(selection effect)和分类效应(sorting effect)。选择效应的研究中有一类主要聚焦于低效率企业的淘汰问题(Melitz, 2003;Melitz, Ottaviano, 2008),另一类研究则强调了内生的选择效应,弥补了以往研究高估集聚经济的不足。最有效率的企业有着强烈的愿望选址于市场规模更大的地区,也就是上述"新"新经济地理学中的地区 H,这是因为它们的销量更大且受到本地竞争效应的影响较小。分类效应则侧重于区域政策促使高效率企业与低效率企业分别向核心和边缘地区转移。

三、产业集聚与分散的因素——微观异质性的引入

根据以上对各学派对区位选择和产业集聚的观点的梳理可以发现,产业在空间上表现为集中还是分散,都是由各个促进集聚的因素与抑制集聚的因素相互作用决定的。企业的区位选择是产业集聚的微观基础,同样受到集聚力与分散力的影响。表 2.2 总结了各学派对企业区位选择、产业集聚主要影响因素的阐述。

(一)企业区位选择与产业集聚的影响因素

集聚力与抑制力是一对辩证统一的力量。影响企业和产业集聚的因素大致上可以归纳为两类:空间因素与规模经济。其中,虽然新经济地理学之前的主流经济学大多缺失空间维度,但空间因素仍被各学派多次提及和讨论,经济活动的地理尺度从未被忽视过。与空间因素相关的空间成本中,较常见的就是运输成本和贸易成本。运输成本也是新经济地理学的核心内容,运输成本包括生产要素、产品、人和信息等运输或传输的成本,主要是技术层面上的考量。贸易成本则是制度成本和社会成本的一种体现,从广义上去理解运输成本实际上已经包括了贸易成本。广义运输成本所体现的是空间距离所带来的不利,如企

业在跨区域发展的过程中,需要为克服距离而付出成本,对于广义运输成本的阐述将在第三章中详细展开。

表 2.2　各学派对企业区位选择与产业集聚主要影响因素的阐述

学派或代表人物	区位选择与产业集聚的影响因素
马歇尔的产业区位理论	劳动力池、技术(知识)溢出、规模经济(中间投入共享)
韦伯的工业区位理论	运输成本、劳动力成本和集聚因素(内部、外部规模经济)
廖什的市场区位理论	运输成本、劳动力成本、其他经济因素、市场因素
胡佛的区域经济理论	内部规模经济、本地化和城市化经济(高水平劳动力)
	广义运输成本
	区位优势、要素的不可流动性
艾萨德、阿隆索、亨德森等的空间系统理论	运输成本、货币外部性、市场拥挤与土地成本
新贸易理论	规模经济、本地市场效应(需求方面)
新经济地理理论	运输成本(贸易成本)、劳动力流动、土地不可流动性、前后向关联、市场拥挤效应

规模经济可以分为内部规模经济和外部规模经济(见图 2.2)。内部规模经济主要指企业层面上的,而外部规模经济主要是行业层面上的,也可以是跨行业的,由此可以分为本地化经济和城市化经济。外部规模经济,或者说外部集聚经济,又可以分为货币外部性和技术外部性。货币外部性主要是通过市场相互作用产生的价格效应,这种价格效应的来源包括中间投入品、劳动力等。技术外部性是指产业内总产出的增加对各家企业的技术关系产生影响,如果产生正向的技术(知识)溢出,增加了企业的知识存量,就会使企业的产出增加。货币外部性和技术外部性作为两种重要的外部性,表面上看似乎并无关联,货币外部性看似并不会改变企业投入与产出之间的技术关系,实际上,货币外部性主要来源于劳动分工,前文所述的马歇尔所强调的专有化中间投入与高技能劳动力的充分供给,就是典型地来源于劳动分工的货币外部性。而劳动分工与技术进步本身就是联系在一起的,技术进步离不开各个劳动者在不同分工环节上的合作。

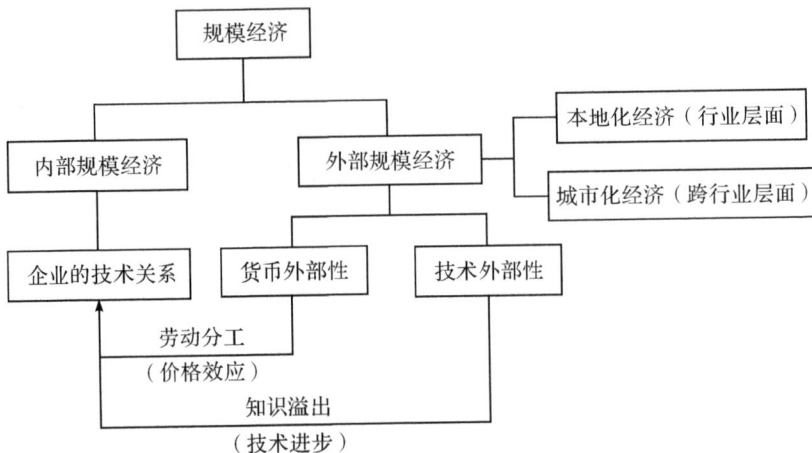

图 2.2　规模经济的分类

　　从产业集聚机制上来看，一方面，劳动分工（价格效应）和知识溢出（技术进步）是产业自身成长的动力来源；另一方面，生产与消费的转移形成了企业的迁移，进而是产业在空间上的集中，这个过程中运输成本的变化是很重要的驱动力。这两方面通过循环累积因果效应交织在一起相互影响，形成产业发展的内生动力，同时在空间上呈现出集聚或分散的形态。在第四节中，将进一步梳理与分析新经济地理学下的产业集聚机制的经典理论模型，通过对这些模型基本假定与观点的总结，更清晰地了解从微观主体行为到产业集聚的发生机制。

　　在现实世界中，即使是制造业企业，其规模经济也不会只局限于生产领域，其不同功能部门会拓展到服务业等更为广阔的商业领域，例如技术研发、产品设计、技术咨询等。城市经济学将外部规模经济分为本地化经济和城市化经济，正是体现了这一点。本地化经济表现在特定行业中，城市化经济则表现在通过城市空间里的多个行业的总产出的增加来降低企业的成本。在企业跨区域发展的背景下，企业所追求的规模经济不仅涉及了企业层面的内部规模经济，必然也包含了多种外部经济，包括行业层面（本地化经济）的或跨行业的（城市化经济）。

（二）企业异质性的引入：异质性企业区位选择的相关研究

　　长久以来，在理解外部性或集聚经济和运输成本对产业空间分布的影响的过程中，外部性常常被看作是一个"黑箱"，尤其是一些非市场因素或隐性因素（如文化、沟通、制度等）经常被忽略或简化。近年来大量的现实证据表明，在大城市或是人口密集的城市中,厂商往往具有更高的生产率。城市经济学以及其他学科的相关研究(如企业网络、社会学等)中对于异质性的企业或机构的研究无疑也为新经济地理学的进一步完善与拓展提供了一定的启示。正如 Ottaviano(2011)所说的,对厂商或个人的异质性的进一步研究有助于搞清楚集聚经济这一黑箱。在过去的几十年间,新经济地理学关注于区位间的宏观异质性,并且展示了厂商和个体的微观决策是如何内生地产生这种异质性的。未来的研究将更关注于个体与厂商间的微观异质性,从而揭示不同类型和水平的异质性如何影响集聚经济的存在和强度,企业如何进行区位决策,新的背景下产业集聚的内在机制又是什么。以下是对近年来异质性企业区位选择的相关研究的归纳。

1.企业异质性及其与宏观异质性的匹配问题

近年来,在企业区位选择与产业集聚机制探讨上的微观异质性引入方面,涌现出了诸多理论与实证研究。在考量企业异质性时,以往的研究都强调了不同生产效率的企业在区位选择行为上存在差异,具有一定的双向性:高生产率的企业有实力对抗核心地区激烈的竞争,更倾向于选址于核心大城市;而低效率企业则被挤出核心地区,选址于相对边缘的小城市(Baldwin,Okubo,2009;Combes et al.,2012)。然而,也有研究指出,当运输成本或交易成本足够低时,特定行业中不同效率的企业都会集聚到核心大城市(Baumsnow,Pavan,2012;Eeckhout et al.,2014;Accetturo et al.,2014)。对异质性企业区位选择的研究也进一步拓展到城市、企业和劳动力之间的匹配性研究。受大城市优越的区位因素(高素质人才、基础设施和区域政策等)的影响,高效率的企业更倾向于选址于此,同时假如大城市中的企业的生产效率与核心城市的高生产成本与激烈的竞争环境不匹配,就有可能被挤出市场(Syverson,2004;Arimoto et al.,2010)。反过来,在讨论选择效应和分类效应时,也有研究者指出,多样化的大城市会选择生产效率更高的企业,因此集聚经济下更多的人才会选择大城市(Behrens,Duranton,Robert,2014)。这类研究无论是企业选择城市,还是城市选择企业,都是将区位的宏观异质性与企业、劳动力等更广范围的异质性结合起来考虑匹配性问题,更具有现实意义。

2.运输成本与异质性企业的区位选择

运输成本是新经济地理学中的核心内容,狭义上的运输成本通常与地理距离成正比,一部分研究也考虑到了企业异质性本身对运输成本的影响,如生产规模较大的企业,由于产品的运输批量较大,其匡算后的单位运费率也就相应地比产量较小的企业要低得多，由此单位运输成本也较低（Forslid，Okubo，2015）。在这种假设下，生产效率中等或较低的企业为了节约运输成本，反而会采取更为集聚的、靠近消费市场（核心地区）的空间策略。此外，也有一些研究聚焦于在企业与工人都是完全流动的假设下分析各种运输成本函数与曲线形状（Picard，Tabuchi，2010；Ottaviano，Tabuchi，Thisse，2002）。另一些研究认为，与运输成本相关的距离一般是指一种时间距离，与交通基础设施息息相关（Baldwin et al.，2003；Kanemoto，2013）。通信与交通基础条件的提升，缩短了货品与劳动力在两地间的转移距离，由此带来了运输成本的降低，会对经济活动的空间分布与格局产生一定的影响。对于运输成本的降低究竟是作为推进产业或整体经济活动向边缘地区扩散的分散力，还是强化生产空间集聚的力量存在，学术界有不同的观点。Faber（2013）通过分析中国高铁对经济活动空间集聚的影响，得到了改善交通基础设施有助于联结核心大都市与边缘小市场的结论，并认为这会导致被连接边缘地区的产业集聚与产出增长的减缓，加剧核心—边缘结构。也有学者从贸易自由度的角度分析运输成本的降低会带来产业的空洞化（Goldberg，Pavcnik，2007；Topalova，2010）。在企业跨区域发展的背景下，地区产业的空洞化较易被低附加值环节的"驻守"或流入所掩盖。运输成本如果持续下降，具有市场差别化优势以及运输成本较低的产品会由特定的产业集群供给，地区整体的产业分布就会呈现出明显的核心—边缘结构，或进而向"一极集中"的空间系统结构发展（陈建军，2009）。当运输费用进一步下降、集聚程度进一步提高时，高度集聚的地区可能会产生不利于集聚的离心力，直至市场拥挤效应足够大，以至于由此产生的离心力超过集聚的向心力时，差别化优势较小，部分生产活动就会向周边地区分散，原制造业中心可能会衰落，也就会形成上述研究所指的产业空洞化。产业空洞化的影响未必都是负面的，也可能会促进地区产业结构调整和升级。

　　3. 贸易成本与异质性企业的区位选择

　　当从微观异质性的视角来分析企业的区位选择问题时，贸易自由度常与企业异质性、产业集聚联系起来，普遍认为贸易成本的降低会带来经济活动的集聚，以及异质性企业在不同国家间的重新选址（Okubo，Tomiura，2012；Demidova，Kee，Krishna，2012；Finicelli，2013）。Okubo（2009）将自由资本垂直联系模型与企业异质性结合起来，认为贸易成本的下降会带来部分产品的生产形成集聚，进而会引起区域间的福利分异。尤其是价格弹性较低、比较不容易被替代的产品，在累积循环自我增强机制的作用下，集聚规模会扩大。一些生产成本较高的企业会为了避免竞争而集聚在边缘地区,当贸易成本进一步下降时,它们同样会倾向于选址于核心地区来接近市场。所以随着贸易成本的逐渐下降,地区间的生产率差异先增加再伴随着市场整合而降低。当然最有效率的企业还是可能会选择不集聚在核心地区(Okubo,Picard,Thisse,2010)。Hsu 和 Wang(2012)从异质性劳动力的视角,认为非熟练劳动力占比的大小会影响企业是否选择自行生产中间产品,进而促进产业集聚或分散。近年来也有不少研究将贸易成本作为一种企业进入成本,与市场竞争程度结合起来,考虑异质性企业在多个国家或地区的选择策略(Mayer,Melitz,Ottaviano,2014;Okubo,Picard,Thisse,2014)。

第四节　新经济地理学下的产业集聚机制模型与相关研究

藤田昌久(Fujita,2007)在分析引起产业集聚的因素时,主要从经济关联与知识关联这两方面展开。本节将在梳理新经济地理学中有关产业集聚的经典模型和相关研究的基础上,结合企业跨区域发展这一现实背景,致力于从微观异质性的视角,归纳分析各种产业集聚机制,从经济关联和知识关联两方面进一步阐明要素流动、运输成本、空间区位因素以及知识溢出等对企业区位选择与产业集聚机制形成的重要作用。

一、一个基本模型:CP 模型

新经济地理学以往的研究大多围绕着 CP 模型这一基本模型展开,这一模型在讨论集聚力量的同时考虑了"需求关联"和"成本关联",为后续研究对经济活动进行空间分析奠定了微观基础,国内外的学者在新经济地理学的框架内关于产业集聚的研究也大多是在 CP 模型的基础上,对初始的假定条件、主要假设和关键参数进行重新讨论,从而建立更符合各自研究问题的模型分析框架(Baldwin et al. ,2003;安虎森,2006;许政,陈钊,陆铭,2010;何雄浪,2012;胡安俊,孙久文,2014;陈健生,李文宇,刘洪铎,2015)。由于 CP 模型在以往文献中已被较多提及,本书仅对这一模型的假定条件与结论做总结性评述,着重交代与后续模型相关的内容，以便更好地理解与分析产业集聚的形成机制。

CP 模型假设经济系统只涉及工业劳动力和农业劳动力两种生产要素、制造业和农业两个生产部门，以及南和北两个区域。其中，制造业是垄断竞争的，具有规模收益递增的特点，每一家企业只生产一种差异化的产品。每家企业需要使用工业劳动力，雇佣工业劳动力的支出即为该企业的生产成本。农业部门是完全竞争的，具有规模收益不变的特点，需要雇佣一定的农业劳动力来生产产品，而每一家企业生产的产品是同质化的。农业产品在区域内与区域间的贸易都是无成本的，而工业品在区域间存在贸易成本，也表现为冰山运输成本。在 CP 模型中，无论是工业劳动力还是农业劳动力，都既是生产者也是消费者，具有相同的偏好与效用函数。在初始情形下，经济系统中南北两地是对称的，工业劳动力和农业劳动力的数量是相等的。不同的是，CP 模型假设农民是不能自由流动的，而工人是可以自由地跨区域流动的，工人的迁移决策取决于工资与生活成本。但无论工业劳动力如何流动，每个区域的总消费支出都等于工资收入，两地的贸易成本不会随着贸易方向的不同而有所不同。

CP 模型解释了在初始经济结构对称均衡的情形下，经济结构会在一些因素的作用下受到扰动，在某一点发生突变，如贸易成本下降到某个临界值时，少量工人的迁移使得制造业向两地中的某一区域集聚，由于市场接近效应与生活成本效应不断自我强化，从而演化为工业核心区和农业边缘区这种稳定的核心—边缘空间结构。这一演化过程概括起来说，就是工人的迁移导致了经济系统内两地市场规模的差异，从而导致了生产活动的转移，生产活动的转移一方面从就业上吸引了工人的迁移，另一方面使得转入地的产品种类和数量增加了，由于生活成本效应，转入地的生活成本就下降了，这也将进一步促进工人的迁移，如此循环累积，形成了制造业在某一地的集聚。值得注意的是，在这一过程中，劳动力要素的自由流动是尤为重要的，是这一循环累积过程存在的条件。在现实世界中，完全对称的两个区域是不存在的，在 CP 模型中，只要贸易成本降低到一定程度，扰动就会发生，就会形成制造业的集聚。

二、经济关联：货币外部性与产业集聚机制

货币外部性通常是指与市场的需求（前向联系）与供给（后向联系）相联系的外部性。在新经济地理学的众多经典模型中，从劳动力和资本这两种重要的要素的流动性出发建立起来的模型有很多。其中特别需要指出的是，劳动力这

一概念从狭义上来讲,是指从事体力劳动为主的一般劳动力,从广义上来说还包括了诸如企业家、高技能人才这样的人力资本。劳动力本身是存在一定的异质性的,不同层次的劳动力,在技能、预期效用和流动性等诸多方面均存在差异。

（一）劳动力要素与产业集聚机制

CP 模型在解释集聚机制中得出的一些结论都基于劳动力是唯一的生产要素这一假设。正如本节第一部分中所总结的那样,由于要素的所有者的决策也会受到外生因素的影响,而 CP 模型更多地关注于内生变量,因此要深入挖掘贸易成本、要素流动与集聚之间的相互关系,标准的 CP 模型显然是有待改进的。

FE 模型假设经济系统中存在企业家和一般劳动力两种要素。这里的企业家也可以理解为是有较高技能的知识劳动力。其中,农产品的生产只需要一般劳动力,而工业品的生产则需要两种要素。同样,一般劳动力不能自由流动,而企业家(有较高技能的劳动力)可以跨区域自由流动。FE 模型从本质上来看,与 CP 模型是一致的,也是从经济关联中的"需求关联"和"供给关联"这两个方面来考量。企业在迁移到某地时,本地市场条件会受到两个方面的影响:在给定的贸易成本下,一方面,新的竞争者的产生降低了本地价格指数,这就对企业的需求量产生了负的影响(市场拥挤效应),而对消费者剩余产生正的影响(生活成本效应);另一方面,只要新的进入者所产生的收入都被用于本地消费,就会产生市场规模效应。而 FE 模型与 CP 模型最大的不同之处就在于,FE 模型引入了制造业工人间的技能异质性,工业部门所使用的要素不仅仅是一般劳动力,还包括了企业家和高技能人才。在最初的模型中,所有的制造业工人被假定为是同质的且是在特定领域的。在 FE 模型中,制造业工人无论是在技能上还是流动性上都可以是不同的,非高技能工人可以在部门间流动,高技能工人可以跨区域流动。

在关于劳动力要素与产业集聚的研究中,国内外研究者大多从分析劳动力的流动性入手来阐述产业集聚机制及其对区域经济的影响。研究结论主要集中在两大方面:一是异质性劳动力要素在流动上的差异性分析。如 Forslid 和 Ottaviano(2003)指出,FE 模型更符合欧洲的背景。实证研究表明,在欧洲,高技能工人的流动性比非高技能工人要高。二是劳动力要素在地区间的自由流动对产业集聚的影响,以及对区域经济差异所产生的收敛或拉大的效应。一类研究主要从劳动力要素的流动以及流入地的产业集聚与地区经济来看,认为产业集聚促进了要素的集聚,同时会带来知识外部性,从而提高流入地整体区域制造业的生产效率。如韩中(2010)通过实证分析表明,制造业的地区性集聚加剧了劳动力要素的空间集聚,要素会从产业弱集聚区域流向强集聚区域,并促进流入地的技术进步与创新,正的知识外部性促进了地区的技术创新与经济增长。另一类研究则是从多个地区间的差异比较来看,认为地区间要素的自由流动不但不会使区域间的差异趋于收敛,还会进一步促使地区间的差异不断拉大。如陈良文和杨开忠(2007)通过数值模拟得出结论:若要素是可流动的,在集聚经济效应下,也就是只要发达地区没有出现集聚不经济,则要素在地区间的自由流动反而会使地区间经济差异趋于扩大。这一结论更符合我国经济发展的现实,也能更好地解释我国自改革开放以来,经济活动集聚程度不断提高的现实。

(二)资本要素与产业集聚机制

资本要素包括了投入产品与劳务生产过程的中间产品和金融性资本,广义上也包括了人力资本,但由于人力资本要素的所有者是劳动者,为了在叙述过程中更符合逻辑,加上在现实中,人力资本要素的流动性远远大于诸如大型机器设备和土地之类的物质资本,因此在解释要素流动与产业集聚机制时,资本要素被暂时简化为物质资本,而把人力资本归入劳动力要素。新经济地理学下含有资本流动和资本积累的典型模型有自由资本模型(footloose capital model,FC模型)和资本创造模型(constructed capital model,CC模型)。

FC模型初始的假定条件与CP模型和FE模型类似,不同的是,FC模型把要素分为资本与劳动力两大类,资本可以跨区域自由流动,不存在贸易成本,而资本和劳动力的所有者不能跨区域流动,在这里资本的所有者其实就是劳动力。另一个不同是,在FC模型中,工业部门同时使用两种要素,资本作为固定投入,而劳动力作为可变投入,与产出量有关。因此,工业部门对资本的使用强度要大于劳动力的使用强度。由于在FC模型中,资本是狭义的资本,只包括了物质资本,因此资本与资本的所有者在空间上是脱离的,流动性也大不相同。资本在转入地所取得的收益将全部回到转出地,也就是资本所有者的所在地,并在当地消费。这种资本与其所有者在空间上分离的假设,使得资本要素在流动时只受到预期的区域间资本收益率的影响。因此在FC模型的初始情形中,其并不会像CP模型和FE模型那样从"需求关联"和"供给关联"这两个方面同时作用而产生循环累积因果效应。也就是说,FE 模型中生产发生了转移,消费却没有转移。这样一来,即使贸易自由度有所变化,初始两个区域的对称结构也不会有所改变,跨区域流动的资本所产生的收益并不会在资本流入的地区进行消费,因此广义运输成本和市场拥挤效应会抑制集聚的形成,长期下去使得经济系统又恢复到对称结构。

CC 模型的假定条件与 FC 模型基本一致,认为产业集聚的关键在于资本的创造与积累。当一个区域的资本创造量大于资本损耗量时,这一积累的过程一开始受到某种偶然因素的扰动,随后一直持续下去。同样,对称结构能否维持取决于贸易自由度的高低:贸易自由度较低时,贸易成本、运输成本和市场拥挤效应等集聚的分散力会起到抑制作用,可以使经济系统恢复到对称结构;而当贸易自由度逐渐升高到一定程度后,偶然因素引起的其中一地的资本的少量增加就会带来工业产出的增加,进而使得该地区的市场规模也随之扩大。这样一来,资本的收益率也就上升了,从事资本创造的劳动力也就越来越多,整个地区的资本存量也增加了,而另一地的情形则正好相反。CC 模型表明了资本的自由流动可以在一定程度上抑制产业集聚,其典型特征就是:资本存量被看作一种内生的区域变量,在资本存量较高的地区,人均资本深化导致了人均产出和人均收入的提高,逐渐就形成了核心(优势)区域和边缘(劣势)区域相对实际工资率的差距,继而形成了在经济增长上的差异,最终出现了长期的收入差异。

随后,相关的实证分析讨论了更一般的、更贴近现实的情形,主要围绕贸易自由度、资本流动与集聚经济和区域经济之间的关系展开。Baldwin 等(2003)讨论了 FC 模型的一种特殊情形,即初始条件不对称。他们假设了市场规模和贸易自由度的不对称,在这种不对称的情形下,市场规模较大或者贸易自由度较高的地区会不断吸引资本流入,渐进地形成工业集聚。他们在文章中详细地介绍了这一初始条件不对称情形下的经济运行机制,这一机制的特点概括来说为:首先,如果把市场规模的大小等因素看作是初始禀赋,那么市场接近效应就会发挥作用,随着贸易自由度的提高,也就是资本进入新市场的成本降低,市场接近效应就会增强。其次,当假设初始情形为不对称时,随着贸易自由度的提高,产品在地区间流动越来越容易,会导致市场规模较大或者贸易成本较低的地区的本地市场放大效应越来越强,即更大比例的企业在该地区集中,产业份额增加,这又会进一步导致该地区的本地市场放大效应增强,区域间的差异变得越来越明显。最后,资本的流向与贸易自由度的大小息息相关。假设北部地区的资本存量高于南部地区,倘若产品的贸易成本很高,那么北部地区的市场拥挤效应使得资本会从北部流向南部。而当贸易成本逐步降低时,比方说现实中运输成本不断降低,商品一体化程度越来越高,则原本资本存量较高的北部地区就如同一块磁石,进一步吸纳资本存量或者说欠发达地区的资本。Zeng和 Zhao(2010)在考察全球化对资本跨区域流动的影响时,运用 FC 模型建立了两个国家和四个地区的分析框架。研究结果发现,资本跨国流动性和交易成本的大小与地区不平衡息息相关。特别是,当资本可以跨区域自由流动时,企业的跨区域经济活动对弱势地区来说就是一种分散力。丁焕峰和宁颖斌(2011)应用了"结构红利假说"来分析珠三角与边缘地区(东西两翼和山区)在 2000 年到 2009 年间三次产业的资本存量。研究结果发现,资本要素的结构红利现象并不明显,也就是资本要素从生产率增长较慢的地区向生产率增长较快的地区转移时,对总生产率增长的贡献不如劳动力要素明显。这也从一个侧面反映出国内区域间存在资本配置不合理、资本转移较为缓慢和滞后、资本的结构效应发挥不够充分等问题。

(三)垂直分工与产业集聚机制

集群形成的原因是专业化分工而产生的报酬递增,而货币外部性主要是通过价格效应发挥作用,其中包括了中间投入品和技术型劳动力等方面,主要就来源于劳动分工。斯密在《国富论》中提出了关于分工与产品需求范围的关系的分工思想,新古典经济学中马歇尔的分工思想中对外部规模经济进行了引入,随后杨格又延续了斯密的研究,指出分工水平与厂商规模没有必然联系,而与市场容量相关,还关注分工的经济效应——溢出。之后的研究也大多延续了马歇尔或斯密的基本思想,杨小凯(2001)对以往研究进行了总结与发展,指出专业化使得厂商的生产效率提高,总体产量增加了,市场范围也扩大了。但以上无论是哪一种观点,都忽略了分工对于产业集聚的作用。新经济地理学中的典型模型大多以投入产出联系为特征,投入产出联系是一种垂直联系,表现在企业间,是上游部门与下游部门之间的成本关联。

Venables(1993)提出了垂直联系模型(vertical linkage model,VL 模型),关注上游部门与下游部门间的成本联系。该模型认为,如果中间商品受到规模经济和运输成本的影响,则生产中间产品的厂商的区位选择趋向于市场需求大的地区,而市场需求大的地区很有可能就是下游部门集中的地区。同样,从投入产出联系来看,生产最终产品的厂商也必然位于上游产业集中的地区,在生产过程中这种规律必然会造成区域经济发展不平衡的问题。随后研究者陆续将垂直联系引入传统的新经济地理学模型中,发展出了自由企业家垂直联系模型(FEVL 模型)、核心—边缘垂直联系模型(CPVL 模型)、自由资本垂直联系模型(FCVL 模型),这三个模型可以统称为垂直联系模型。其中 FEVL 模型和 CPVL 模型假定了劳动力是不可以跨区迁移的,以此来考察企业间的投入产出联系是否可以形成产业集聚。这两个模型的差别在于生产函数的不同,也就是生产投入的结构有所不同。这两个模型认为企业间的投入产出联系比劳动力的跨区域流动更能说明产业集聚的形成。Robert-Nicoud(2002)对 FC 模型进行了拓展,提出了 FCVL 模型,把资本的流动性和垂直分工结合起来。FCVL 模型着重于解释资本流动对产业集聚的影响,假定劳动与资本这两种要素中,资本是可以自由流动的,资本所有者则不能自由流动,可变投入除了劳动力以外,还包括中间投入品。当初始的对称结构受到扰动,如某一地形成了资本流入,则该地内部的劳动力也会在部门间发生转移。流入的资本要求有额外的工业劳动力作为与之匹配的可变投入,因此该地的工业产出增加、规模收益递增又使该地的资本收益率提高,进一步吸引资本的流入,最终形成工业核心区,另一地的情形则恰好相反。

三、知识关联:技术外部性与产业集聚机制

技术外部性会通过知识溢出的方式,影响企业投入与产出的技术关系,"知识溢出"同样可以归结为或相当于技术进步,技术进步是经济增长特别是内生增长的来源。全域溢出模型(global spillover model,GS 模型)和局部溢出模型(local spillover model,LS 模型)都涉及知识溢出与经济增长,引入了内生增长机制,使得新经济地理学模型在知识溢出方面的欠缺得到了弥补,也为在产业集聚机制研究中探讨技术外部性奠定了一定的基础。

GS 模型和 LS 模型(之后统称为知识溢出模型,KS 模型)与以往模型最大的不同在于它们假定资本的创造遵循学习曲线,知识生产存在规模经济性,并使得知识存量在总体上有了净增长。换言之,随着某一空间内知识存量的增加,生产新的知识的边际成本在下降。因此,已有的创新活动具有一定的溢出效应。在知识溢出模型中,产业集聚的关键在于资本的积累与消耗,初始对称的经济结构受到偶然因素的扰动,某一地的知识创新活动增加,贸易自由度提高,使得集聚的抑制力不足以使之恢复为对称结构,在循环累积因果机制下,在长期均衡下核心区域内的资本创造量大于资本消耗量。而 LS 模型在考虑溢

出效应时,特别强调了溢出会随着空间距离的增加而减弱,而且认为产业集聚是一个渐进的过程,因为在 LS 模型中知识溢出不是全域的溢出。另外需要明确的是,知识溢出模型中的资本是广义的资本,既包括了之前讨论的物质资本,也包含了人力资本与知识资本,所以说在某种意义上,知识溢出模型中的资本与知识是可以互相替代的。

在随后关于技术外部性与产业集聚机制的研究中,逐渐形成了两种主要的研究方向:一是将技术外部性、知识溢出与空间问题结合起来讨论产业集聚机制问题;二是讨论技术密集型产业中创新主体之间的互动关系。而这两者并不是毫无关联的,区域间的知识溢出或者说技术创新是国家或地区经济内生增长的来源,其空间特征必然会影响内生增长的过程。而无论是知识溢出还是技术创新,都会受到创新主体与其他相关组织所形成的网络中的互动与合作的影响。这种创新网络提高了资本存量和知识生产的规模经济的程度,产业集聚与经济增长、地区分异相互影响的作用不断加强,形成了循环累积因果效应。因此,这两个研究方向其实是有机结合在一起的。

知识或技术会随着创新主体,或者说要素的载体——高技能劳动力——的转移而发生转移,这种空间流动是区际知识溢出与技术创新的关键机制。显然这一机制会在很大程度上受到高技能劳动力的空间流动特征的影响。如此一来,由于劳动力兼具要素与要素载体的双重角色,产业集聚机制中的知识关联和经济关联也很难割裂开来。这种紧密联系主要体现在以下两个方面:

第一,创新主体的空间迁移具有地理敏感性。劳动力的流动,尤其是高技能劳动力的空间流动具有很强的地方性特征。Singh(2005)的研究发现,诸如科学家、工程师等高技能的劳动力或知识型劳动力,考虑到缄默知识对于地理接近性的依赖,往往具有较高的区位黏性。Gumbau 和 Maudos(2009)的研究也表明,研发活动和人力资本对地区的创新输出具有显著的影响,一些难以被复制和标准化的技术与知识的共享与创新,往往要求创新主体之间面对面地交流与互动,由此地理距离对研发溢出程度的影响更甚于贸易流。

第二,技术外部性与知识溢出的过程受到创新主体的特征和相互关系,以及区域人力资本水平的影响。Berliant 和 Fujita(2009)考虑到了知识高度密集型的产业,建立了关于知识创造者互相合作,进行知识共享与创造的模型。此模型并不涉及空间区位问题,认为知识生产者之间的共同知识量和各自专有知识量的比例会影响合作的动力,若双方的共有知识量较大而其中一方的专有知识量又较少,则会减弱另一方的合作动力,并且这一比例会随着合作的进程有所改变,进而又对合作动力产生影响,因此是一个动态过程。当合作的动力减弱后,知识创造者会寻找新的合作者,这样个体间的合作也可以被延伸至群体间的合作。同时,区域的人力资本水平也反映了区域自身对知识的学习吸收能力。如在最初的对 FDI 流入地对跨国企业技术溢出的吸收能力的研究中,Borensztein等(1998)就发现,本地的人力资本水平与跨国企业知识溢出的效应有很大的关联。Griffith 等(2004)使用研发支出来衡量人力资本水平,进行了类似的研究,也得出了相似的结论。国内的学者也注意到了知识溢出对区域经济发展增长的促进作用会受到区域人力资本水平的影响。如徐盈之、朱依曦和刘剑(2010)就通过空间计量模型对我国 31 个省(区、市)的数据进行分析,结果表明在人力资本存量水平较高的省份,知识溢出对区域经济发展的促进作用更为显著。

第五节　本章小结

以上各个新经济地理学模型和相关研究从不同角度对产业集聚机制进行了阐述,表 2.3 总结了新经济地理学下的经典模型对产业集聚机制的描述。

可以看出,产业集聚始终围绕着要素的流动、市场接近效应、生活成本效应、知识溢出等与贸易自由度的变化所共同引起的企业的迁移展开,从而形成了循环累积因果效应。从经济关联和知识关联两个方面去分析产业集聚机制可以发现,以上因素并不是割裂开来的,两种关联中要素与要素载体的空间特征具有很强的耦合性。要素的分类与流动性的假设也是各个模型差异性的主要体现,尽管这些模型对要素流动的假设与现实还有一定的差距,但不可否认的是,要素流动和企业的迁移是产业转移的重要微观基础。以下将着重从现实出发,对以上产业集聚机制的经典模型中关于要素流动与产业集聚机制之间关系的几个问题展开进一步的讨论。

表 2.3　产业集聚机制模型：经济关联与知识关联

模型	初始的假定条件	要素与流动性	集聚力	分散力
CP 模型	农业部门完全竞争，规模收益不变，产品同质化；工业部门垄断竞争，规模收益递增，产品差异化	工业劳动力（不能跨区流动）农业劳动力（可以跨区流动）	市场接近效应和生活成本效应形成循环累积因果效应	运输成本、贸易成本、市场拥挤效应
FE 模型	CP 模型的初始假定条件＋工业部门涉及两种要素：一般劳动力与企业家	一般劳动力（不能跨区流动）企业家/高级人力资本（可以跨区流动）	市场接近效应和生活成本效应形成循环累积因果效应	运输成本、贸易成本、市场拥挤效应
FC 模型	工业产品区内无贸易成本，区际遵循冰山成本。工业部门同时使用资本（固定投入）和劳动（可变投入）	劳动力（不能跨区流动）资本（可以跨区流动）注：但是资本的所有者不能跨区流动	市场接近效应和生活成本效应，但是无法形成循环累积因果效应（因为资本的所有者不能跨区流动）	广义运输成本、市场拥挤效应
CC 模型	FC 模型的初始假定条件＋资本能够被生产	劳动力（不能跨区流动）资本（不能跨区流动）	本地市场效应、需求关联的循环累积因果效应	运输和贸易成本、市场拥挤效应
KS 模型	资本创造遵循学习曲线，知识分为公共知识与专有知识	劳动力（不能跨区流动）资本（不能跨区流动）	资本生产的规模经济	运输和贸易成本、市场拥挤效应、知识溢出

注：由于表格中的各个模型均假设初始的经济结构是对称的，即两地区在偏好、技术、要素禀赋和自由易度等方面是对称的，所以这一初始的假定条件在表格中省略。

一、从异质性劳动力视角切入的必要性

从新经济地理学下典型的产业集聚机制模型中不难看出,从 CP 模型中的工业劳动力与农业劳动力之分,到 FE 模型中的一般劳动力和企业家等高级人力资本,在阐述产业集聚机制时,都蕴含了劳动力要素的异质性现象。在信息不完全的情形下,个体对效用的预期通常是模糊的,而对效用的预期决定着要素所有者流动的方向。在对劳动力流动性的假设中,在以往的模型中,无论是 CP 模型中的工业劳动力,还是 FE 模型中的企业家(高技能人才),都是可以自由流动的,也就是迁移成本为零。而农业劳动力和一般劳动力则不能跨区流动,同样 FC 模型和 CC 模型也假定劳动力、资本所有者,也就是人本身不能跨区域迁移,这显然是与现实相违背的。在现实中,人的流动性的大小和影响因素往往是非常复杂的,都可能会受到不同的要素流动成本、空间因素和个体心理预期的机会成本等因素的制约或影响。一方面,现实中劳动力是可以流动的;另一方面,人在迁移时会面临各种迁移成本,不仅包括寻找新工作、家庭人口与物品的运输成本等显性的成本,还包括迁移所造成的人缘地缘生疏、放弃原住地社会网络等机会成本。即使是在一国之内,跨省跨市域同样也是存在成本的,只是这种成本可能比跨国的成本要小。迁移成本的存在无疑减弱了原本模型中的循环累积因果效应。

劳动力的跨区域转移是产业集聚机制中的核心要素,同时劳动力的载体也是知识的所有者,是人力资本的载体。但在以上的大部分模型中,劳动力尤其是作为资本的所有者,都是被假定为不能跨区域流动的,这显然与现实是不符的。将要素流动与运输成本、土地价格、投入产出联系与知识溢出等因素结合起来解释产业集聚、区际差异和经济一体化是有必要的。同时,既然将工人假设为是异质的是更现实的,那就不得不考虑不同的工人给迁移所带来的负面效应,如前所述的市场拥挤效应等因素,可能会随着工人的不同发挥不同大小的抑制作用。CP 模型和 FE 模型作为新经济地理学框架下的典型模型,最重要的特点就是把空间结构问题引入模型中。在这两个模型中,每个区域都被看作是均质的,或者说是一个点,这样一来每个区域内的交易成本和区域本身的空间大小自然就被忽略了。相应地,生产过程中土地也没有被纳入生产投入要素中,而在现实中无论是农业生产中需要消耗土地,还是工业生产中租用厂房等,土地价格和可得性始终都是不可回避的因素。而以 CP 模型为基础的模型大

多回避了土地租金的问题,也弱化了市场竞争、空间拥挤、知识溢出风险等区域内阻碍集聚的因素。

二、从异质性企业视角切入的必要性

上述新经济地理学下的产业集聚机制的经典模型和相关研究从不同角度对要素和企业的空间特征与行为,以及其与产业空间结构演化的动态过程的关系进行了分析。近年来国内外的研究也开始关注宏观异质性以外的微观异质性对企业集聚行为的影响。虽然这些研究大多围绕跨国公司展开,但这在很大程度上也提示了企业异质性特征对研究产业集聚形成机制的必要性。企业的空间区位决策是产业集聚和转移的微观基础,而在现实中,企业之间的差异不但非常明显,而且来自多个方面。以往研究较多地关注企业在规模上的差异,而较少关注企业在生产效率上的差异,尤其是对影响企业劳动生产率的因素的探究。以往新经济地理学下的企业异质性研究主要围绕企业的劳动生产率与出口行为的相互关系展开,同时也注意到了贸易成本等因素对企业劳动生产率的影响。这些研究大多认为,劳动生产率较高的企业倾向于选择出口,其资源将在更广阔的国际市场内重新进行配置,充分利用各个国家的资源禀赋。这一结论从空间上来讲,也就是企业通过区位决策更合理地配置自身的资源,从而追求利润最大化的过程。生产率较低的企业自然由于无法承担跨国发展的贸易成本而选择在单一地区开展经济活动。随着优胜劣汰,生产率较高的企业的市场份额会逐渐提高,整个产业的生产率也会随之提高。

当讨论一国范围内企业的跨区域空间区位选择与产业集聚的关系时,这一研究结论同样也具有一定的适用性。在现实世界中,在不完全竞争的假设下,较多竞争厂商的存在会使区位选择变得更为复杂,跨区域发展的企业会意识到空间扩张,尤其是研发活动的迁移会增加知识溢出的风险。而以往在新经济地理学框架下研究企业选址问题,多强调市场外部性,而忽略了知识外部性的作用。知识外部性的作用强度与企业异质性息息相关。将微观异质性引入新经济地理学下的产业集聚研究已经成为趋势,但在研究企业的区位选择行为时,很少直接将微观企业的"主体决策行为"作为实证研究的对象,企业作为嵌入在社会网络关系中的行为主体的角色始终未凸显出来。

在工业化、信息化和城市化错综复杂的交互作用背景下,中国区域经济的发展与发达国家和其他发展中国家相比,必然会呈现出一定的特殊性。中国地域辽阔,在历史、文化、制度、人口结构和地缘环境等方面均表现出一定的特殊性。在这些因素影响下,中国企业的跨区域发展表现出了企业空间扩张的一般共性,也表现出很多新的特点。这为实证研究提供了充分的数据和案例,对以往以跨国数据为基础的研究也是重要的补充。同时,在对产业集聚机制的探究上,一国之内的研究也可以在一定程度上避免跨国数据统计口径不一致的问题。尽管目前的实证研究仍主要以跨国企业为对象,对中国数据的分析也较少深入考虑多部门、跨区域的情形,但已有研究注意到了企业的集聚行为会根据地区异质性和企业异质性(如生产率)而采取不同的跨区域发展策略。因此,对我国企业跨区域发展现象、空间轨迹、动因和效应的相关研究进行梳理有助于深入揭示我国产业集聚的内在机制与区域经济差异的成因。

第三章　多重异质性下企业空间离散化 与产业集聚:一个理论框架

第一节　引　言

在现实世界中,越来越多的企业开始打破空间一体化的策略,选择跨区域发展的战略,以充分利用不同地区的区位优势,来提升企业的竞争优势。这种行为成为一种趋势后,在空间上则表现为产业链上不同功能部门的空间离散化。值得关注的是,不同类型的企业,或是同一企业的不同功能部门,所呈现出来的空间离散化的特征与模式也不尽相同:一些企业倾向于与同类企业集聚在一起,以获得来自需求与供给面导致的市场外部性;一些企业则追求较低的劳动力、土地成本;还有一些企业则倾向于集聚在交易成本更低、人力资本更充裕的中心大城市。国内外学者的相关研究主要集中在:对不同类别的制造业,如劳动密集型、技术密集型产业以及企业的区位选择与分布规律、影响因素的研究;不同类别的制造业或企业集聚对地区创新、地区间差异和城市空间格局的影响研究(Agrawal,Cockburn,2003;Cader,Crespi,Leatherman,2013;Kosfeld,Titze,2015;范剑勇,2004;高鸿鹰,武康平,2010;王俊松,2014;杨凡等,2017)。纵观以往研究,比较容易被忽略的一点是,即使是同一企业,在进行跨区域发展时,不同子公司的区位选择也可能有所不同。现实中,根据不同区位的要素禀赋与资源优势,越来越多的企业选择打破原驻地的地理界限重新布局,尤其是那些具有一定规模和市场势力的企业或集群成员会将研发、设计活动全部或部分地转移到其他地区,使得地区产业集群间的专业化分工越来越明显;同时,这种企业内部不同功能部门的多区位分工行为,对地区间产业集聚、地区劳动力、资本等要素的配置与地区间经济增长差异的形成起到了重要的作用。对这一微观现象的特征、作用机理与效应的探究,也有助于理解新的历史背景下产业集聚与转移的新特点和新格局。

那么我们不禁要思考，在影响企业区位选择的重要因素中，究竟哪些因素起到了关键的作用？而在企业跨区域发展的过程中，企业不同分工环节的区位选择是否存在差异？我国地区间的产业分工是否具有空间双向性？要素的地区分割是否存在？如何产生累积因果循环效应？如在众多资源中，土地资源具有不能流动的属性，而在现实中，企业在进行选址决策时，地价始终是决策者会重点考虑的因素。再者，不同技能水平的劳动力的流动性也可能存在差异，不同技能水平的劳动力也有一定的差异。人才的黏性是否会造成企业选址，尤其是知识含量较高的部门与子公司的选址同样存在区位黏性而选择更为集聚的形式呢？这些问题的解决将有助于从根本上解释产业区位选择的差异性和区域经济发展不平衡的问题。

现实中运输成本的降低，使得越来越多的企业在空间分布上呈现出了离散化的特征，一些产业也从垂直一体化向垂直专业化转型，产业链上的不同分工环节在空间上也呈现出了离散化的特征。企业跨区域的区位选择行为促进了产业集群间的分工，进而可能影响到要素结构在空间上的分异。在新经济地理学出现后的很长一段时间内，经典模型大多假设厂商是空间一体化的，即每一个厂商在单一的区位进行它的全部经营活动。21世纪后逐渐出现了一些试图研究厂商在两个国家间选址的垄断竞争一般均衡模型（Fujita，Thisse，2002，2006；Fujita，Gokan，2005）。根据新经济地理学理论，企业之所以能够沿产业链形成在空间上的垂直分工，是由于在较低的运输成本下，垂直专业化所带来的收益能够弥补或抵消跨区域所产生的费用。因此，运输成本作为新经济地理学中重要的空间地理因素，相关的研究不胜枚举。本章在梳理新经济地理学理论中运输成本等因素对企业空间离散化和产业集聚的影响的同时，试图关注低运输成本下，产业集聚的经济关联和知识关联两个视角的整合，分析广义的运输成本与其他因素对产业区位选择的影响。

集聚和分散是辩证统一的，企业内部空间的离散化对于转入地来说就是促进产业集聚的因素，而对于转出地来说则是一种分散。在第二章中，笔者对企业区位选择和产业集聚的核心思想与相关研究进行了梳理，尤其是对影响产业集聚的集聚力与分散力进行了总结，企业的区位选择问题其实也是产业集聚问题在微观层面上的体现，因此讨论与分析企业空间区位选择离散化这一表象的形成机理，也是从一种全新的微观视角去研究产业集聚问题。通过对产业集聚机制与典型模型的总结，我们发现：首先，以往研究大多考虑到了空间是异质性的,如认为生产在地理上的专业化是因为技术与资源在地理上的分布不平衡,但对微观主体(企业和人)区位决策的分析略显不足。其次,新经济地理学模型强调在运输成本和要素流动所产生的向心力与分散力作用下厂商在两个地区的位置选择。传统研究认为,地理接近性可以降低商品、人员和服务的运输成本(Ellison,Glaeser,1997),但缺乏对广义运输成本的考量,即除了克服地理距离的障碍,也存在其他不确定因素所引起的影响企业决策的风险成本。企业跨区域发展除了要考虑地理距离,关系距离的作用是否也应纳入研究框架中值得探讨。以往对企业间关系的研究,多围绕知识溢出与产业集聚展开,但又缺乏定量研究,尤其是对区域经济研究更有代表性的城市层面的定量分析。最后,要素流动会影响企业的区位选择,进而又会引起要素在空间上的不均衡分布,形成累积循环效应。以往研究缺乏对不同要素,尤其是对异质性劳动力的流动程度的分析。广义运输成本和异质性要素流动性的存在也解释了区域经济要素市场的空间分割可能具有一定的稳定性,对要素流动、企业空间离散化所带来的区域要素市场分割的效应变化的研究,也是目前研究的一个薄弱点。

本书对这些问题的修正主要是从知识外部性的视角出发,将产业集聚中的"知识关联"纳入典型的 NEG 模型中,进行适当扩展,力图考察地理距离与关系距离的共同作用,将企业异质性与要素异质性、内外部规模经济与区位因素结合起来解释企业空间区位选择的离散化和产业区位选择。因此,本章首先从微观视角阐述在研究企业空间区位选择中关注地理和技术关系二重属性的必要性和两者融合的可能性。其次,在此基础上,本章将延伸文献综述的主要思想,以新经济地理学为理论基础来构建要素—企业双重异质性视角下产业区位选择的分析框架。最后,本章在以产业集聚形成的内在机制为主体框架的同时,试图拓展企业、产业的区位选择与地区要素结构的关系,而这种关系实质上也可以解释为一种循环累积因果效应。总的来说,我们试图从企业空间离散化这一现象的模式、动力、效应三方面构建起一个理论分析框架,为接下来几章的实证研究提供理论基础。

第二节　企业空间离散化的两个维度研究:
地理—技术关系接近性

企业在跨区域发展的过程中,其空间轨迹会呈现出多种规律。常见的两种空间轨迹,一种是由近及远的跨区域发展轨迹。如海信电器的总部在山东青岛,比较其 2013 年与 2014 年研发子公司设立的情况,企业首先在北京设立研发子公司,2014 年新投资设立的研发子公司选址于深圳,随着时间的推移遵循了由近及远的规律。另一种是企业会直接将子公司设立在离总部较远的城市,如天津的中新药业,2013 年就在浙江宁波新设立了子公司,从事医药技术的研发和咨询服务等业务,以完善其产业布局。由此可见,企业跨区域发展的区位决策是一个很复杂的过程。仅按传统区位选择模型的分析框架来考虑地理邻近性不能完整地解释众多跨区域发展的企业选址远离生产要素成本较低的地区的现象,也就无法全面地揭示企业空间离散化的特征与内在机制。

除了直接的经济因素或市场因素外,很多非经济因素也会对城市和产业集聚产生重要影响,这些非经济因素可归结到心理、文化、社会、制度等方面,但最终又都会间接地对经济空间产生重要影响。对各种非经济因素给出一个全面而又有条理、逻辑分类清晰的概括可能非常困难,并且每一种因素都可能是一个庞大的课题,涉及不同学科,而且很多社会文化因素很难被测量,实证研究也就举步维艰。从研究背景出发,我们发现一个重要且有趣的现象是:很多跨国企业不愿意与本地的企业集聚,因为他们感知潜在的知识流入会少于知识溢出,除非这些本地企业同样具有竞争优势。相反,跨国企业愿意与其他跨国企业集聚,因为他们认为相较于一般企业,跨国企业都是实力更强的企业,这样在知识流入与溢出之间会有一个正向的平衡(Mariotti, Piscitello, Elia, 2010)。通常认为,由于地理接近性可以降低商品、人员和服务的运输成本,因此企业在跨区域发展过程中,倾向于选址于市场容量较大或所属行业相同的企业集聚地,或者母公司附近。然而,企业在区位选址决策中,尤其是对研发子公司的选址,会考虑多重因素:一方面,需要考虑地理上的邻近是否会加大知识从本研发团队溢出的风险,比如其研发子公司将会面临技术渗漏的风险,它们在与本地企业联合选址的过程中,往往获得的较少而失去的更多(Cantwell, Piscitello, 2007);另一方面,也会斟酌地理接近性带来的知识流入,研发子公司旨在创造竞争优势的新来源,因此往往选址于接近创新前沿的国家或地区,这些国家或地区可能远离母公司的生产地,但可能拥有参与更多知识性活动的机会,获得更多有价值的知识。在这种情况下,从同样具有竞争优势又有丰富本地经验的本地企业流入企业内的知识,可能会超过跨区域企业的子公司流向其他企业的知识(Singh, 2007)。这和以往研究中大多着眼于要素成本导向下企业在某一地区新建工厂有诸多区别,企业不再只考虑在较近距离内选址,能够以较低运输成本获取原有工厂的支持。越来越多的企业支付跨区域发展成本的实力不断增强,在技术、知识储备方面具有一定优势。因此,除了地理接近性,这些企业同时也关注区位选择所带来的信息不确定、技术渗漏所产生的风险,这就使得社会关系网络对企业区位选择的影响成为不可忽视的因素。从以上的综述中可以发现,从企业层面研究产业空间分布的研究还不多,这些研究大多未解开地理接近性的效应,或者说集聚效应和局部组织间的联系。

因此,从微观企业的区位选择的视角来讨论产业集聚问题,除了需要从更为广阔的视野去考虑地理接近性外,企业与其他组织和集群的关系也是理解产业集群的重要因素,因此企业空间离散化问题也存在地理上和关系上两个维度的研究。那么如何确定地理接近性与关系接近性?它们究竟是以一种什么样的方式影响企业空间选择行为与产业集聚的?由此影响产业集聚的力量又会有怎样的相互作用?对这些问题一直没有进行过深入的实证分析。本书拟将这两个维度与企业和要素的异质性相结合,纳入考量范畴,在企业空间离散化这一经济学表象下,建立起一个适用于本书的分析框架。

一、企业跨区域发展与产业链空间离散化

空间离散化是企业在跨区域发展过程中,产业链上不同的功能部门在空间上表现出的选址于不同区位的离散化的特征。因此,企业跨区域发展与空间离散化只是同一个问题的两个视角,前者强调的是企业的空间战略与行为,后者是由企业区位决策所形成的一种空间特征。当企业发展到一定阶段,已累积到一定能量时,可能会面临市场瓶颈和要素瓶颈:一方面,由于广义运输成本的存在,两地市场潜力的差距不断扩大;另一方面,企业所在地要素短缺、要素成本升高等问题凸显。诸多问题都会促使企业倾向于突破原有的地域限制,采取跨区域发展战略。企业的跨区域发展战略一般有三类:水平一体化、垂直一体化和多元化。

(1)水平一体化是以产品品类和市场方面的扩展为主,大多通过扩大生产与市场规模来达到规模经济,企业早期的扩张方式以水平一体化居多。

(2)垂直一体化则是企业沿自身所处的产业链向其他环节进行扩展,通过交易内部化,获取部门效益的最大化。

(3)多元化则是和范围经济联系在一起的,主要是指企业充分利用自身在生产能力、技术、资金、管理经验、人才和品牌等方面的竞争优势,从事与原有业务相关或非相关的多元生产经营活动,以达到充分利用资源、降低经营成本、分

摊经营风险、提高企业利润的目的。

20 世纪 90 年代以来，我国企业多元化发展的现象十分普遍，近年来这种多元化的发展战略也使企业逐渐打破了地理的限制，在空间上呈现出分散经营的特点。对于企业这种分散经营行为的讨论，早期研究对象以企业水平一体化居多(Diken, Lloyd, 1990)。20 世纪 90 年代以后，关于垂直一体化和多元化分散战略的研究逐渐丰富了起来，前期表现在产业结构上，即企业的多经济部门的选择。而近年来的研究则加入了空间的元素，呈现出了多经济部门与多区位的综合选择。企业在进行跨区域发展时，通常会以新建企业、兼并或直接迁移的方式来进行，但无论哪种方式，都会涉及各个功能部门和要素的整合。本书在关注企业的跨区域发展行为时，不深入讨论企业是以何种方式进行跨区域发展的，而主要关注在垂直分工下，不同分工部门在进行空间区位选择时的规律与动力机制。

二、地理接近性（经济关联）

运输成本是新经济地理学中的一个核心概念，新经济地理学通过引入运输成本，来分析厂商在空间上的集聚行为，以及这种地理位置上的选择是如何形成均衡状态和地区间的不同集聚水平的。胡佛在考察运输费用时，就指出距离、方向、输送量和服务都会影响运输费用的高低。与运输成本相关的距离，一般是指一种时间距离，与交通条件等因素息息相关。新经济地理学中的重要理论指出，在收益递增的情形下，运输与通信技术的进步，也就是在地理上的时间距离的缩短，促进了经济活动在核心区域或大城市集聚。在第二章的文献梳理中我们已经看到，由于要素本身存在一定的异质性，不同要素在移动成本和流动性上也会存在差异。企业区位选择的决策者对不同要素的重视程度会受到诸如不同功能部门、所属行业、企业技术水平等诸多因素的影响。

一般认为地理接近性可以降低商品、人员和服务的运输成本。从更为广泛的意义上去理解地理上的接近性，地理接近性也包含了与原材料、劳动力、资本、市场、中间产品和服务等关键因素在空间上的毗邻效应。其中，在企业分散经营的背景下，中间投入品可能购于其他企业，也可能是从跨区域发展的其他子公司获得。对于前者，相关产业的集聚可以支持该产业专用的多种类、低成本的中间投入品的生产和获取；就后者而言，子公司之间以及子公司与总部的地理距离就会变得敏感。但无论是哪一种情形，孰轻孰重，企业空间决策时对以上这些因素的考量，反映了经济地理存在毗邻效应的现实。这种毗邻效应可以理解为市场接近效应和供给接近效应的综合。尽管随着交通条件和通信技术的不断进步,单位运输成本在不断下降,但是地理接近性对于产业空间区位来说仍十分重要。以生产要素为例,地理上的接近性降低了区域间要素的移动成本,由此引起的循环累积因果效应会使得产业集聚首先在一个特定的地理空间(如长三角、珠三角等城市群)内部实现,并成为这些区域发展的基础。地理上的疏离会削弱两种外部经济,进而减弱来自外部规模经济的集聚力。区域经济学中的引力模型也可以从另一个侧面反映出要素与贸易的流量与空间距离成反比,距离越近,区域间的磁性就越强。

以上提及的要素、市场和服务等因素的区域间差异,也是构成空间异质性的基础。企业之所以愿意支付跨区域成本分散经营,也是由于各地区位条件存在差异性,而这种差异性和空间距离的存在,又是要素、企业和产业链在空间上呈现出分散状态的初始基础。企业在跨区域发展的过程中,由于在空间上的离散,自然会产生跨区域发展的成本,我们可以理解为在这一成本中有很大一部分是和空间距离相关的。空间距离的存在产生空间成本,其中运输成本和贸易成本是较多被讨论的,企业在跨区域发展初期,尤其是自身实力较弱时,往往选择较近的地区来规避由于远距离而增加的运输成本和贸易成本。在现实中,地理上的接近性仍可以大大降低区域间要素流动的成本,也仍然是影响企业空间区位决策的重要解释变量。

三、技术关系接近性(知识关联)

"地理接近性仅仅是多种接近性中的一种"这一观点已获得越来越多研究者的共识(Broekel,Boschma,2012)。以法国邻近动力学派(French School of Proximity Dynamics)为代表的学者在探讨地理接近性的作用的同时,开始将分析视角拓展到多维接近性上(Torre,Rallet,2005)。近年来关于接近性的研究主要聚焦于两个方面:一是地理接近性对经济活动的影响(Knoben,2011);二是对于以更广阔的视角研究接近性的必要性,即多种接近性,如组织、文化、认知和关系等接近性的作用与相互关系的探讨(Huber,2012)。

尽管地理接近性仍然是产业集聚机制研究中被广泛讨论的重要因素,但随着人才和知识逐渐成为越来越多企业的核心要素,多维接近性的相关研究逐渐被关注。但学术界对多维接近性的界定始终较为模糊。按广义来分,多种接近性包括组织、认知、社会、技术等接近性,互相之间存在重合的部分。例如组织接近性就被定义为组织内或跨组织的集合中主体间组织结构的相似程度，组织接近与主体间的互动学习息息相关，包含了认知接近与社会接近。因此在不同的研究背景下，研究者对多维接近性的认识与解读也会有所不同。

从理论渊源来看，马歇尔在论述产业集聚的成因时，就是从外部规模经济的视角，从理论上解释了劳动力市场共享、中间产品投入和知识外溢这三个方面的外部经济要素，以此来说明空间集聚的收益递增现象。虽然在其研究中并未直接阐述经济活动主体间的技术关系对产业集聚的影响，但马歇尔的这三个要素也蕴含了企业间的互动关系：劳动力的流动、投入产出关系和知识共享关系。马歇尔认为共享的劳动力市场可以降低企业对劳动力信息的搜索成本，充裕的中间产品可以降低最终产品价格，而知识的外溢又会对创新产生影响。

技术外部性会通过知识溢出的方式影响企业的技术创新，而技术创新是经济增长特别是内生增长的来源，因此知识关联是产业集聚形成的基础之一。基于知识溢出与企业区位选择之间的关系，技术接近性在描述和理解企业间技术联系、知识创新与社会网络关系的嵌入效应时可以带来新的视野，将其纳入知识溢出与企业区位选择和产业集聚的分析框架里成为一个有意义且重要的方向。技术接近性是基于个体或组织间的经验、技术和知识的一种相似程度。无论是生产技术还是知识，从本质上来讲，都是影响企业投入产出关系的一种方式，而技术接近性的程度一般是以技术或知识主体对专有知识的应用来衡量的。

技术接近性包含了两个层面的含义：一是在企业—集群组织关系中，技术接近性强调了主体从集合（如特定的集群）中获取知识所需要具备的技术和知识，这一层面上的技术接近性可以通过吸收能力的高低来衡量；二是在企业—企业关系中，技术接近性则强调了一种相对的吸收能力，这种能力在很大程度上取决于技术源，也就是主体双方的接近性，或者可以理解为两个主体所处的技术位势的差距。这两个层面的含义其实都包含了关系强度，因此在这里也可以把技术接近性理解为关系接近性的一种。个体之间或个体与企业集群之间通过知识共享和创新产生了一种技术上的关系，这种关联给相关方带来了知识外部性，沟通是这种关系的动力源泉。通常认为，技术接近性较高的主体间具有更多的共同语言，会更愿意进行知识共享，因为它们互相之间更加信任，也感知到了更大的互惠行为的可能性，这种接近性可以有效地降低建立信任的成本。与地理接近性相似的是，存在于某一社会网络中的技术接近性，也会增强对信任与互惠行为的可能性的感知。有研究者强调,这种信任与互惠行为有助于知识与其他要素的流动(Agrawal et al.,2008)。这种要素流动的层面可以是个人、团队间的,也可以是组织间的。

四、企业跨区域发展的地理—技术关系二重性

研究空间和组织间关系对企业区位选择和产业集聚形成的影响,以及其对区域经济的作用,是经济地理学研究的两个重要脉络。通常,以克鲁格曼为代表的新经济地理学理论和经典模型和以戈登、麦肯为代表的社会网络观点,在产业集聚研究中一直被区别开来。其实自马歇尔对产业集聚成因的研究开始,知识溢出与企业间关系等社会因素就一直被讨论,但鉴于新经济地理学在建模上的需要,这些因素很难被纳入新经济地理学的框架中。随后的研究也表明,地理接近性是推动知识活动的必要条件,但并不一定会产生企业间知识共享与创新的互动,即是一个必要非充分的条件(Mariotti, Piscitello, Elia, 2010)。在本书中,引入广义运输成本,可以较好地融合产业集聚中的地理尺度与关系尺度。广义运输成本,不仅包括了企业为克服空间距离的障碍而支付的有形运输成本,还包括了其他不确定因素所引起的跨区域发展的风险成本,当然也包括了企业间技术水平差异所造成的知识溢出风险感知所带来的成本上的变化。

本书试图调和多种接近性,以分析其对企业区位选择与产业集聚的作用。在新经济地理学下的产业集聚机制中,引入技术接近性的作用,也就是将技术外部性纳入新经济地理学下的产业集聚分析框架中,来分析企业的区位选择与产业集聚(见图3.1)。因此,本书主要考虑与"空间距离"和"技术势差"相关的运输成本对企业跨区域发展与产业集聚的影响。地理接近性与技术接近性的融合,其实也是产业集聚中经济关联与知识关联的融合,如研发部门的技术开发和知识创造等活动就会涉及技术工人之间的外部性。而引入技术接近性作为前进一步的尝试,是在研究跨区域发展企业区位选择这一研究背景下,基于不同经济活动主体间的知识关联,以及企业对知识型劳动力的追求对企业空间决策的重要性做出的选择。

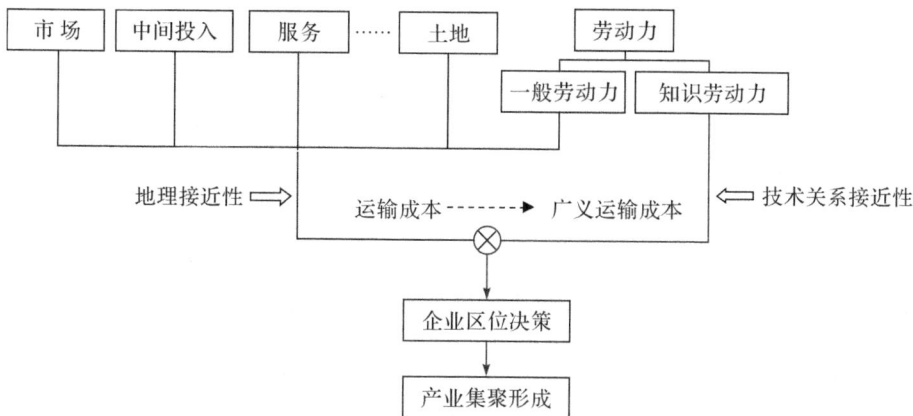

图3.1 企业空间区位选择的地理—技术关系二重性

有必要对地理接近性与广义运输成本做进一步说明。

这里的地理接近性不仅指经济主体间的空间距离的接近,也泛指参与经济活动的主体与区位条件的毗邻效应的强弱,如企业会根据自身条件倾向于集聚在劳动力充沛或人才密集、市场容量较大的地区。但这些区位因素之间本身存在一定的制约性,市场潜力较大的地区常常也是劳动力成本较高的地区。考察企业不同功能部门的空间决策,也就是去分析产业集聚中的毗邻效应与嵌入效应这两种效应对企业区位选择来说哪种作用更为关键。这两种接近性不但不存在优劣之分,甚至还可能具有一定的关联性。

通过前期的实证分析,我们仍然明确了在这一问题上地理接近性的重要作用,与地理接近性相关的运输成本的确是企业选择区位时考虑的一个重要因素,但当我们考虑到企业与其他组织或集群的关系时,广义运输成本的引入可以很好地反映产业集聚的地理维度与关系维度二重性。所谓广义的运输成本,包括有形运输成本,也包括企业进入某一地区时还会面临诸如政策、制度、文化和信息、知识溢出风险所带来的无形的成本,这些成本中有很多是难以测算的。而在本书中,我们通过分析企业间或者企业与集群间的技术接近性来关注企业在跨区域发展过程中的空间区位决策,也是从知识溢出的感知风险出发来考量的。

第三节　异质性视野下的企业空间离散化：
一个理论框架

一、地理接近性与技术关系接近性融合的可行性分析

在多种接近性融合的研究中，国内外学者已经做出了初步的探索，如Aldieri(2011)、Orlando(2004)、韩宝龙和李琳(2011)、王庆喜(2013)等，这些研究大多聚焦于不同的接近性对产业集群的创新绩效的影响。地理接近性与技术接近性并不是彼此分割的两个话题，虽然地理集中本身并不会产生有效的协同作用，但是地理接近性却可能会促进文化、组织、技术和关系等其他接近性，或者说有助于对一种"相互依赖关系"的感知(Zeller,2004)。以往研究的局限性主要体现在：

(1)以往研究中即使对经济关联与知识关联均有所涉及，却很少将两者结合起来讨论。不同类型的接近性是如何相互联系的，这一问题很重要却很少被系统讨论。

(2)在新经济地理学下，区域间的运输成本和地理接近性是产业集聚的重要参数，但鲜有研究将地理接近性扩展到多维接近性。通常，新经济地理学模型中，集聚力量仅仅来自需求与供给导致的市场外部性，却忽视了知识外部性与知识溢出在产业集聚中的作用。

(3)涉及多维接近性的研究，多为分析接近性与区域知识溢出和创新之间的关系，并未深入分析多种接近性对企业区位选择与产业集聚形成机制的作用。

以上的局限究其原因，大多是由于经济地理学中的产业集聚的文化、组织、技术等接近性转向，在学术界尚未形成较为统一的科学体系，多维接近性的探讨一直游离在新经济地理学的研究框架之外。而且与地理接近性相比，其他接近性也缺乏有效的测量工具。已有研究所引发的进一步分析的问题有：一是除地理接近性以外，是否存在其他维度的接近性会对产业集聚机制产生影响，若有，不同接近性之间的相互关系也值得探讨，尤其是不同接近性之间是否可以相互补偿仍然是一个问题。二是地理接近性与技术接近性究竟是以一种什么样的方式影响企业空间行为的尚不明确。

近期的研究已经提出了需要从更为广阔的视野去探讨各种可能相互替代或相互互补的接近性的重要性。两种接近性的差异和关联概括起来主要体现在：

(1)知识溢出程度随着空间距离增加而衰减，距离知识源越近，知识溢出效应就越强。假如把技术或知识看作是一种资本，由于资本的生产也具有一种收益递增的特点，因此知识生产的成本就会下降，这也是吸引企业选址于某地的力量。

(2)尽管地理接近性对于产生知识溢出很重要，但地理相邻也并不一定会产生知识溢出，因为接近性并不意味着互动，互动并不意味着正向的溢出。事实上，企业在互动中可能吸收知识，也可能丧失知识，这两者之间的净平衡未必是正的。地理接近性是推动社会学习过程的必要条件，但并不一定会产生机构间的互动，即是一个必要非充分的条件，因为与互动学习相联系的潜在知识溢出，可能同时作为分散力和集聚力两种力量存在。

传统上，无论是明确地还是隐晦地，研究者倾向于提出"地理接近性可以导致其他接近性"这一观点。但是，近年来也有一些新的观点涌现出来，如一些学者(Boschma，2005)认为，其他形式的接近性对地理接近性也有替代作用：一方面，接近性的种类、程度对知识网络和企业区位选择的重要性尚不明确，不同类型的接近性本身还存在"接近性悖论"，也就是说，过度的接近有可能反而阻碍创新(Boschma，Frenken，2010)。从产业集聚的角度来看，过度的接近也会产生拥挤效应。另一方面，关于不同类型的接近性互相之间的关系的研究也相对匮乏。Agrawal等(2008)的研究表明，尽管地理接近性和社会接近性都会增强个体间知识流动的可能性，但当个体之间社会接近性较小时，地理接近性的边际收益更大。也就是说，地理接近性与其他接近性对获取知识的影响有可能具有一定的替代性。

从以上分析中可以看到，两种接近性在对企业区位选择的影响中具有一定的耦合性(见图3.1)。非通用的知识不仅仅与地理接近性有关，也嵌入在一些高科技的、组织的和专业的空间中(如一些跨国公司或技术领先的企业)，甚至是高技能劳动力的大脑中。Okubo等(2010)的研究发现，相类似的生产效率较高的企业共同集聚，并且由于较多生产效率较高的企业所带来的激烈竞争，生产效率不高的企业更倾向于相互集聚，也就是说，效率低的企业才会共同集聚。

本书在企业跨区域发展的研究背景下，通过引入广义运输成本，将地理接近性和技术接近性结合起来考虑(见图3.2)。企业的跨区域发展和区位选择是产业集聚与转移的微观基础。为了能更好地体现广义上的地理接近性，而不局限于企业间的地理距离,本书将这种接近性定义为企业在选择某一地区(如某一城市)时,在地理上接近这个城市带来的不可分的商品和基础设施、多样化和专业化的优势,以及充沛的劳动力供给。其中后三个因素将在下一部分中从分工的视角进行进一步阐述。就第一个因素即不可分的商品和基础设施而言,首先对于供给者而言,仅仅为少数企业提供特定商品和设施,存在规模不经济。例如,近年来兴起的大量高新技术园区,在吸纳高新技术企业入驻时,也会强调园区内已入驻企业的数量和配套设施的齐备。而总体来说,不可分的商品和基础设施、多样化和专业化的优势,以及充沛劳动力供给这四个方面也存在一定的联系,如一个基础设施优越、多样化的城市更容易吸引到人才。

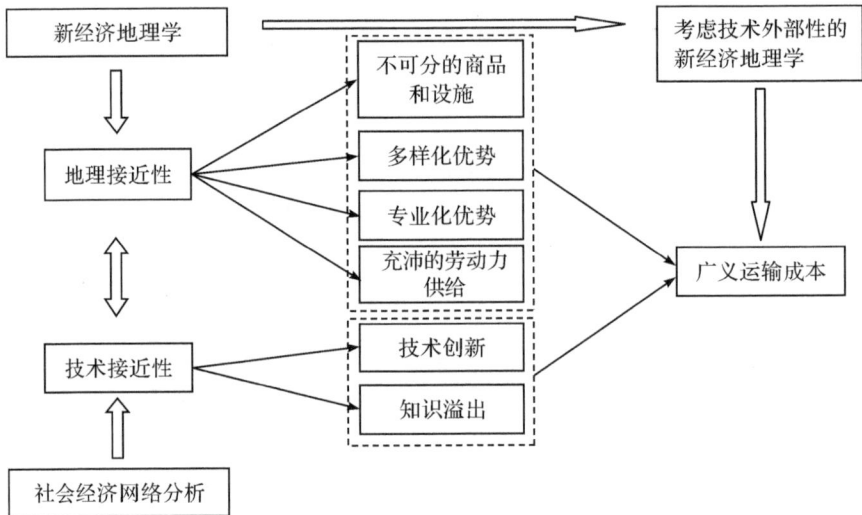

图 3.2　企业跨区域发展下地理接近性与技术接近性的融合

二、异质性视野:企业异质性和劳动力异质性

在异质性视野下对区位理论的拓展研究上,研究者分别对不同类型的异质性进行了不同视角的探索,以分析集聚的内在机制。主要有企业的规模差异、劳动者技能的异质性和消费者的偏好异质性,如 Nocke(2006)、Nocco(2009)等的研究。也有研究者从企业与异质性劳动力之间的关系着手进行分析。工人会首先进行自我的空间选择,某一特定区域劳动力的异质性,或者说劳动力的多样化,使其更易于与更多的企业发生匹配,从而产生更大的集聚效应(Amiti,

Pissarides，2005；Combes，Duranton，Gobillon，2008）。总结起来，与区位理论息息相关的两种微观异质性为劳动力异质性和企业异质性，对异质性劳动力的分析会同时体现在其作为生产者和消费者的双重角色中。

（一）异质性劳动力的分析

产业集聚伴随着要素流动，传统的产业集聚研究通常认为要素流动的方向是由市场信号决定的，将劳动力要素流动的方向理解为是由人根据市场信号来决定的，显然更符合现实情形。无论是一般劳动者还是高技能劳动力[①]都会向预期能获得最高报酬的区域流动，在不完全市场信息的假设下，这种预期会受到决策者个体差异性的影响。而在现实世界中，一方面，不同制造业，如技术密集型产业与劳动密集型产业的主导劳动力要素会有所差别；另一方面，即使是同一产业，不同的生产过程环节对劳动力的需求也有所不同。研发、设计环节与生产环节相比，更注重技术和知识，尤其是具有竞争优势的、非标准化的、难以被复制的知识与创意，这类主导要素通常根植于人脑中。知识型劳动力[②]作为这些知识、创意的载体，流动或迁移时除了会考虑名义工资，也会顾及迁移的成本与风险。因此，高技能劳动力与一般劳动力的差异也会体现在流动性上。

在一些 NEG 模型中，如 Monfort 和 Nicolini（2000），基本假定之一就是劳动力在区域之间是不流动的，但在现实中，劳动力要素往往是流动的。我们也发现，在实践中，劳动力本身也是异质的，因此不同的劳动力的流动性也是有所差异的。例如，一些厂商的核心要素主要来源于高技能人才，那从供给这一角度来看，人才的区位选择就会在产业集聚中显得尤为重要。知识密集型或研发型企业所需的人才，可能更倾向于生活在舒适、便利、资讯发达的地区，那么这些企业就会通过自我选择转移到更多人才集聚、具有更大经济规模的这些

---

　　①　劳动力是广义上的包含了体力劳动者、管理人才、技术人才和创新性人才等高级人力资本的劳动力。为了区分高技能劳动力，本书将从事普通的体力劳动的工人称为一般劳动力，等同于低技能劳动力。以往研究通常将劳动力分为高技能劳动力和低技能劳动力、熟练劳动力和非熟练劳动力。在这里，我们假定熟练劳动力和非熟练劳动力都是低技能劳动力，只是熟练劳动力的单位产出更多，而高技能劳动力是具有创新能力的劳动力（王舒鸿，2014）。

　　②　本书中较多提及的知识型劳动力，属于高技能劳动力，是高技能劳动力中更为纯粹的脑力劳动者，用知识生产知识，其集聚可以产生知识外部性，达到知识生产的规模经济。由于本书主要聚焦生产子公司与研发子公司的空间区位，自然更为关注以专业技术、知识为核心要素的研究开发人员，因此暂不考虑企业家、管理人员、市场开发人员这类同样以知识为核心要素的知识劳动力。也可以将本书中的知识劳动力理解为狭义上的知识劳动力。除文献综述与文献总结外，在大部分情形下，本书表述时以知识型生产者来代替高技能劳动力，用一般劳动力来代替低技能劳动力。

地区。

由此,本书在新经济地理学规模报酬递增和冰山运输成本假设的基础上,提出了以下假设:

假设一:劳动力是异质性的,具有不同的预期效用和流动性。企业在跨区域发展的过程中,不同的产业和分工环节的核心劳动力要素存在一定的差异,这种差异是导致企业沿产业链的空间离散化呈现出不同特征的因素之一。

以往 NEG 模型中对于劳动力要素不能流动的假设,表面上看似乎减弱了集聚机制里的集聚力,但集聚与分散本身就是辩证统一的。一些利用 FC 模型分析资本跨国流动问题的研究,如 Zeng 和 Zhao(2007)运用 FC 模型分析两个国家四个区域资本跨国流动的情形时,就发现一国的企业份额会随着本地运输成本的下降而上升,而另一个国家的运输成本的下降会使企业份额也相应下降。产业在转入地集聚,对转出地而言则是产业分散。而若将单一地区看作一个整体,当某些产业从核心地区向次级地区转移时,另一些产业又会向核心地区转移,对整个地区而言,显然很难用"集聚"或"分散"来笼统地界定这些现象。因此,本书在阐述产业集聚机制时,也蕴含了分散。

(二)异质性企业的基本假设

个人和厂商的区位选择会影响其效用与利润,而消费与生产活动在地理上的离散化分布意味着较高的交易成本,这是因为个人与厂商及其消费与生产活动所在的空间具有不可分割性。当这一情形发生时,只要地区间的外生特征是无差异的,竞争范式就会瓦解。因此,完全竞争均衡是不存在的,或者引起所有的人口与厂商都集聚到同一地区,这显然是不现实的。所以新经济地理学认为,在本来就存在外生差异的条件下,经济空间的演化是自然的。我们必须明白,现实的经济蓝图是一些市场机制的结果,必须抛弃以往对完全竞争或无差异空间的假设。众多研究者从不同角度阐明了空间异质性的存在,如 H-O 理论(Heckscher-Ohlin theory)就认为生产在地理上的专业化是因为资源在地理上的分布不平衡,这是宏观异质性的表现。

与以往大多数研究聚焦于集聚经济效应是如何提高城市生产效率有所不同,近年来,越来越多的研究,如 Combe 等(2008),Okubo、Picard 和 Thisse(2010)通过引入企业的异质性来解释自我选择效应在很大程度上促进了一个城市或地区生产效率的提高,这其实也是内外部规模经济循环累积因果机制的一个体现,说明可以将企业异质性作为内生变量纳入新经济地理模型中来分析产业集聚的内在机制问题。

新经济地理学所构建的一般均衡模型则主要从个体最大化来推导出集聚行为。以往的区位理论之所以未融入主流经济学，除了在建模问题上的缺失，也存在着缺乏微观基础的问题，它们大多未解释经济代理人是如何形成生产的空间分布的。企业异质性的假设为以往各流派的区位观点提供了一定的突破口，企业微观层面的研究与区位选择理论碰撞出了更多的火花。新经济地理学理论的研究也融合了企业异质性假设，以对不同生产效率的企业的空间分布进行更为具体的研究。而随着以企业异质性为视角的相关研究的兴起，对集聚经济与空间因素的深入分析也为分析产业集聚的内在机制提供了一种新的研究视角。

尤其是这十几年来越来越多的学者将新经济地理学与微观厂商的区位选择结合起来，如 Melitz 和 Ottaviano（2008）、Nocke（2006）、Baldwin 和 Okubo（2006）等都建立了异质性企业视野下的新经济地理学模型。总体来说，新经济地理学模型体系大致可以分为两类：CP 模型和区域与城市系统模型。Baldwin 和 Okubo（2006）将企业的异质性引入新经济地理研究框架中，运用自由资本模型研究企业区位的自我选择效应等。他们的研究表明，那些效率较高的企业会重新选址于较大的区域。这种企业的自我选择效应意味着传统的实证方法会高估集聚经济的效应。而所谓的企业自我选择效应，就是最具生产效率的企业首先迁移到核心地区，而低效率的企业则进入边缘地区，而且这种异质性会抑制本地市场效应。同样，Okubo、Picard 和 Thisse（2010）进一步将企业异质性引入 Forslid 和 Ottaviano（2003）所建立的自由企业家模型中，其假定资本的所有者——企业家——代表了不同的生产力，并且是可以自由流动的，进而阐述了自我选择均衡下，相类似（生产效率相近）的企业会选择共同集聚。这类演化模型可以称为"新"新经济地理学模型，它们的共同特点就是引入了"厂商间的效率差异性"，以此来观察厂商是如何在不同的生产成本和市场规模下相互作用的。企业异质性对分析产业集聚机制非常重要，而且是一种额外的力量，尤其是在考虑了广义运输成本后，运输成本较高、厂商的产品差异性均较大时。Ottaviano（2011）还指出，效率主要关注企业异质性的技术维度，是决定经济活动地理分布的微观经济参数。

可以发现，异质性企业的自我区位选择效应，可能会导致集聚效应的扩大，也可能会在某一时期导致特定产业在某一地的集中与分散。但与先前将企业自我选择效应与集聚经济效应分离开来比较不同，我们倾向于把企业的自我选择效应当作是企业追求内部规模经济的一个体现，因此还是在规模经济或者集聚经济的范畴中。与内部规模经济相关的企业技术关系,也常常可以用生产效率来表示。所以当有研究者提出异质性企业的自我选择效应也应作为一种重要的效应来考虑其对经济地理结构的影响时,我们也可以理解为是内外部规模经济的相互作用机制。在一个产业内,企业之间在规模、知识存量以及生产效率等方面都是存在差异的。这种差异会以内部规模经济的形式表现出来,并且受到外部规模经济的影响,如技术外部性产生的知识溢出、专业化分工所带来的知识型劳动力的可得性、中间投入品的价格效应等。

由此,结合本书的研究背景,我们提出以下假设:

假设二:企业在规模、技术水平等方面的异质性,都是生产效率差异的体现,反映了企业技术关系的内部规模经济。跨区域发展的异质性企业,会通过自我选择效应来影响其不同分工环节的经济地理结构,进而导致产业在某一时期在某一地的集中与分散。

从产业集聚的机制来看,新经济地理学认为,如果某一区域最初存在着先天的优势,经由偶然历史事件的扰动,加上循环累积因果机制对核心区的集聚力的自我强化,则产业集聚不可避免。同时,新经济地理学也指出,除了集聚力,分散力同样存在,如土地的不可流动性、运输成本、贸易成本与市场拥挤导致的竞争加剧等负面因素。集聚力与分散力之间的相互作用会导致经济空间格局的变化。从第二章的文献梳理中不难看出,新经济地理学认为,空间显然是异质的,但资源在地理上的不均衡分布很难解释超大城市的出现,以及国家之间和一国之内地区发展不平衡现象的大量存在。因此,随后陆续出现一些研究,从外部性(主要是沟通外部性与技术外部性)的视角去解释这个问题。如Conley 等(2003)的研究得出了非市场的知识在个体间的传递会在相距 90 分钟的路程时消失的结论。在解释城市和工业区的有限空间范围时,研究者会很自然地想到技术外部性。然而,当我们需要去解释更大范围上的地区间的集聚时,单纯考虑地理上的接近性似乎又略显不足。外部性与不完全竞争对于大部分经济现象具有很强的解释力,尤其是不完全竞争允许我们在解释一些经济现象时,运用一些基础的微观经济参数去衡量规模报酬的强度、厂商市场势力的强度、要素的流动性等。

三、异质性视野下的企业区位选择与产业集聚:理论模型

传统的区位理论将企业的空间行为与企业追求规模经济,同时又寻求最小

化跨边界成本、交易成本以寻求利润最大化的需求结合起来。本书首先基于新经济地理学的测算方法,利用 D-S 模型分析需求的空间分布与要素报酬的关系,考虑一个空间内有 N 个区域,区域内的企业在规模报酬递增下生产异质性的产品。消费者的效用随产品种类的增加而递增,对差异化产品的需求可以用对称的恒常弹性替代函数来表示。地区 j 的产品最终需求可以通过消费者的 CES 效用函数最大化来获得。因此,地区 j 对每一种产品的需求可以表示为:

$$D_{rj} = p_{rj}^{-\sigma}(E_j/G_j^{1-\sigma}) \tag{3.1}$$

其中,p_{rj} 为产品从地区 r 送达地区 j 的价格,E_j 为地区 j 的制成品的总开支,G_j 为制成品的总价格指数[①],σ 为弹性系数($\sigma > 1$)。我们假设贸易成本取冰山运费的形式,则 $T_{rj}(\geqslant 1)$ 单位的产品从 r 地区出发,只有 1 单位到达 j 地区,$T_{rj} - 1$ 部分在途中"融化"。因此,p_{rj} 由出厂价格 p_r 与贸易成本 T_{rj} 相乘得到,即 $p_{rj} = p_r \times T_{rj}$。

那么,地区 j 的总有效需求 x_{rj} 可以用(3.2)式表示:

$$x_{rj} = T_{rj}D_{rj} = T_{rj}(p_r \times T_{rj})^{-\sigma}E_jG_j^{\sigma-1} = T_{rj}^{1-\sigma}p_r^{-\sigma}G_j^{\sigma-1}E_j \tag{3.2}$$

由(3.2)式可知,当替代弹性较高时,也就是地区行业竞争性较强时,贸易成本对需求的影响也较大。产品最终价格包括了成本加成之后的价格以及广义贸易成本 T_{rj},广义贸易成本包含了进入新的地区而产生的各类成本。$T_{rj}^{1-\sigma}$ 满足关系式 $0 \leqslant T_{rj}^{1-\sigma} \leqslant 1$,当贸易成本无穷大时,$T_{rj}^{1-\sigma}$ 等于零;当完全自由贸易时,$T_{rj}^{1-\sigma}$ 等于 1。简而言之,$T_{rj}^{1-\sigma}$ 越大,贸易越自由。

其次,每家企业都追求利润最大化,根据 D-S 模型,边际收益等于边际成本 c_r,垄断竞争市场中使企业利润最大化的产品价格为:

$$p_r = c_r\sigma/(\sigma-1) \tag{3.3}$$

则市场 j 中由地区 r 生产的某一产品的总利润 π_{rj} 可以表示为:

$$\pi_{rj} = p_r x_{rj}/\sigma \tag{3.4}$$

将(3.3)式代入(3.4)式,并把一个地区的利润额加总,得到了地区 r 中某一企业的总净利润 π_r,π_r 为企业在地区 r 的潜在利润,将(3.2)式代入经过换算[②]则有:

---

① 制成品的总价格指数 $G_j = \left[\sum_{r=1}^{R} n_r\, p_{rj}^{1-\sigma}\right]^{1/1-\sigma}$,其中 n_r 是在生产地 r 的企业数量。

② 地区 r 中某一企业的总净利润 π_r 的计算过程为:$\pi_r = \sum_j p_r x_{rj}/\sigma - f_r = \frac{1}{\sigma}\sum_j p_r^{1-\sigma}T_{rj}^{1-\sigma}G_j^{\sigma-1}E_j - f_r$ $= \frac{1}{\sigma}\sum_j \left(\frac{c_r\sigma}{\sigma-1}\right)^{1-\sigma}T_{rj}^{1-\sigma}G_j^{\sigma-1}E_j$。

$$\pi_r = \sum_j p_r x_r / \sigma - f_r = \frac{1}{\sigma} C_r \sum_r T_{rj}^{1-\sigma} G_j^{\sigma-1} E_j - f_r, C_r \left(\frac{c_r \sigma}{\sigma-1}\right)^{1-\sigma} \quad (3.5)$$

其中,f_r 为在地区 r 建立企业所需的固定成本,$\sum_r T_{rj}^{1-\sigma} G_j^{\sigma-1} E_j$ 为地区 r 的市场准入 M_r,C_r 为边际总成本,并且满足以下公式:

$$C_r = w_r^a P_{i,r}^\beta z_r^\delta \quad (3.6)$$

其中,w_r 为工资水平,$P_{i,r}$ 为中间投入价格指数,z_r 为其他地区特定成本 (region-specific cost)。由此将(3.6)式代入(3.5)式后取自然对数,允许所有变量随时间变化,得到(3.7)式:

$$\ln \pi_r = a_0 + a_1 \ln M_r + a_2 \ln w_r + a_3 \ln P_{i,r} + a_4 \ln z_r + \varepsilon \quad (3.7)$$

在这一模型中,市场准入 M_r 通常包含两个部分:一是市场需求容量,二是运输成本。如前所述,这里我们将运输成本理解为广义的运输成本,不但包括了地理距离所带来的有形的运输成本,也包括了企业所感知的跨区域发展时知识溢出风险等带来的无形的成本。这里的 w_r 则是指备择地区的工资水平,体现了从供给面来看该地区的劳动力成本与供给。就中间投入品价格 $P_{i,r}$ 而言,除了诸如原材料、零部件等有形的物品外,更为重要的是以无形资产形式存在的,诸如知识、信息(渠道)和经验等的中间投入。由于中间产品市场是不完全的,单纯地通过市场交易很难实现价值。一方面,企业集聚可以支持该产业专用的多种类、低成本的中间投入品的生产和获取;另一方面,人才和集群企业的技术水平,以及服务业的集聚可以提供无形的中间投入。z_r 是一种特定地区成本,是指一系列随地区的不同而变化的要素或其他生产成本,如土地价格等。因此这也可以理解为是一种区位因素,例如某一地区的政府投入也可以纳入考量,尤其是政府在科研、教育等领域的投入比例,会影响到企业技术创新与吸纳高级劳动力的能力。结合之前对地理接近性和技术接近性的分析,这种政府投入也可以理解为是一种区域内社会资本与知识资本的建设,这些是企业能力以外的投入,因此,企业需要通过与这些资本保持一定的地理接近性来提升自身技术创新的能力。综上,可以看到企业对备择地的预期利润的估计主要来自以下几个方面:市场容量、运输成本、要素成本、技术人才和服务业的集聚程度以及政府投入。此外,结合对企业异质性的考量,通常认为只有有效率的企业才能支付进入成本,克服贸易壁垒,不同的企业对进入某地的潜在利润的预期也是不同的。很显然,生产效率不同的企业,其进入同一地区的利润预期也必然存在差异。因此,企业自身的特性在分析企业跨区域区位选择行为时也是不可忽略的。

　　由此，在新经济地理学下，从劳动力和企业双重异质性出发，结合之前对地理接近性和技术接近性两种关系的融合性分析，可以总结出在企业跨区域发展这一背景下企业空间区位选择的分析框架(见图3.3)。

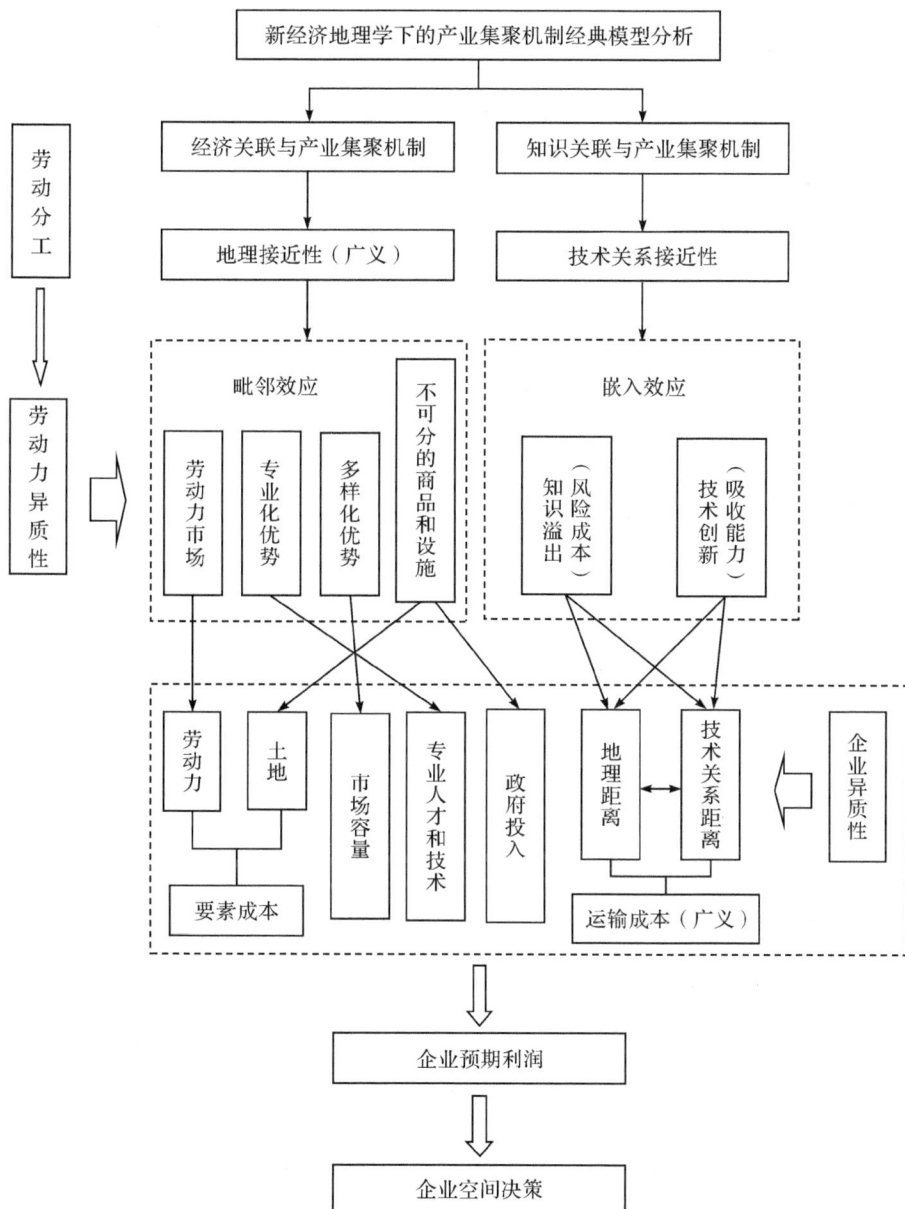

图 3.3　新经济地理学下的企业区位选择分析框架

以往诸多新经济地理学的经典模型和相关研究都从不同视角来阐述产业集聚的内在机制,这些研究从本质上来看并不矛盾,可以有机地结合起来。产业集聚形成的动力机制主要来源于两个方面:一是劳动力与企业这些经济活动的主体在空间上的流动和转移所形成的产业在空间上的集中。这种产业集聚的动力主要来自经济关联推动的运输成本的降低,进一步推动了企业生产的规模经济;二是劳动分工的不断深化,专业化程度不断提高,由此促进了技术进步。在这个过程中,动力来源于经济活动的主体之间通过知识关联提高了技术创新或者说知识生产的效率,以此达到生产规模经济的目的。以上这两个方面是相互关联的,并且各自都蕴含着循环累积因果关系。产业集聚又会导致集聚企业间知识的外溢和劳动力市场的共享,进而推动专业化和垂直分工的进一步深入。

(1)经济关联与产业集聚机制:毗邻效应。经济关联或市场所形成的货币外部性会带来地区优势。例如,以城市为研究对象,在某一城市,在同一产业链上,众多企业沿产业链垂直分工协作,每家企业只专注于产业链中的某一生产过程,形成了一个专业化生产程度较高、中间品充沛的市场,也就是说形成了区域内部的专业化生产网络体系,以此确立了该城市在特定产业的专业化优势。同样,随着劳动分工的深化,在本地专业化的劳动力市场、生产过程和专业化信息等造就城市的专业化优势的同时,多种专业化,如资源和知识的多样化,以及劳动力市场的充沛与经济活动的丰富度又带来了多样化。多样化的城市又会对生产者和产业产生巨大的向心力,形成多样化优势。越来越多企业的集中又促进了多样化城市不可分的商品和设施的完善。因此,各个因素互相影响,互为因果,逐渐形成了一种与货币外部性相关的地区优势。

(2)知识关联与产业集聚机制:嵌入效应。即在个体和组织间的知识创造与共享活动中,追求知识关联引起的技术外部性。这种技术外部性与空间上的邻近是息息相关的,尤其是对于缄默知识与非标准化技术的获取与共享。从机会成本的角度来讲,企业选择进入某地,除了会考虑这个决策所带来的可以用货币来衡量的显性成本以外,还会考虑由于选择进入该地而放弃其他备择地所产生的隐性成本,如知识溢出的风险。这也意味着企业异质性不仅涉及"谁"集聚的问题,还涉及企业所处的网络,也就是说,还需要考虑"谁和谁集聚"的问题。企业的异质性带来的组织间关系的不同,可能会使区位决策和经济活动带来不同的效果,如产生知识正向的流入或者负向的溢出。我们把这种由企业间互动关系所引起的对技术创新与知识溢出的影响归纳为嵌入效应。

我们假设企业的空间区位决策都是按照预期的潜在利润最大化这一目标

做出的,而微观企业的不同分工环节在空间上呈现出分工环节离散化的形态,当这种选址行为成为一种集体行为后,就会形成产业在空间上的集聚过程。一方面,企业跨区域区位选择的共同行为所形成的产业集聚又会产业空间外部性,影响企业,进而影响产业的区位选择,形成循环累积效应;另一方面,产业区位选择和转移是企业空间离散化的宏观表现,伴随着产业区域转移的是要素与技术的转移,在之前的分析中,我们强调了一些技术、知识及其所有者(高级劳动力)与一般劳动力相比所具备的高区位黏性,由此产生知识要素的不可分割性。因此,通过对产业集聚的微观主体的区位决策的研究,分析不同分工环节区位选择的差异性,有助于解释中国不同行业在空间上的差异性,以及地区间产业结构与要素结构的差异。

第四节 知识创造活动集聚与知识要素分割：理论分析的拓展

企业之所以愿意支付跨区域成本而采取在空间上分散经营的战略,就是为了扩大市场占有率、降低成本、引进人才、提高技术水平,以达到企业生产的规模经济,提高产品附加值,获得超额利润。企业在进行跨区域发展时,在知识存量较高的环节,如研发子公司或设计部门等,其技术创新的效率除了与自身的研发实力相关外,还与企业间的知识扩散有关。这种企业间的知识扩散与溢出,往往是发生在一定的地理范围内的,也就是说,是具有一定的空间约束的。当企业分工环节的空间离散化现象成为一种趋势时,专业的技术和知识会在一定程度上被局限在一个特定的区域内。为了获得这些技术和知识,或者说为了共享优越的区域人力资本,地理接近性是一个必要条件,因此这些专业技术和知识所带来的具有一定垄断性的收益就会产生空间"锁定"效应。而区域经济增长归根结底还是来源于从企业、产业到地区的技术创新能力,地区的经济增长还受到技术、知识溢出与扩散的空间特征的影响。而就单家企业来说,无论是横向的整合战略,还是沿产业链的跨区域布局的纵向整合战略,都会受到外部环境,尤其是地方市场分割的影响(Meyer,2008;陆铭,陈钊,2008)。因此,企业分工环节的空间离散化和知识型要素市场分割、经济增长之间存在着相互关联、互为因果的关系。

一、企业的空间离散化与知识要素分割

地方市场分割主要是指在一国范围内,各地方政府为了保护本地的利益,通过行政管制手段,如出台一些地方保护主义政策,来限制本地以外的投资,以减少外地资源和企业的流入,以及本地资源和企业的流出。市场分割可以包括产品和要素市场的分割。市场分割问题对企业跨区域发展战略的影响也可以从两个方面来看:在中观层面上,本地产业结构趋同,区域间合作较少,本地生产能力闲置的问题凸显;在微观层面上,生产要素和产品的流动受到阻碍,使得企业难以在跨区域发展过程中获得规模经济,企业内外部的交易成本居高不下。

以往对市场分割的描述,大多从其背后的制度因素展开,较少从企业的空间区位决策入手来考虑此问题。之前的研究大多将市场要素分割问题置于产业转移的"因"上,而我们发现,当企业的跨区域行为逐渐活跃起来时,转入地与转出地在诸多要素上都会发生变化。以知识型要素为例,把厂商的跨区域行为看作是一种投资行为,转入地的政府和企业希望这些投资行为可以对本地产生在技术上的积极的外部效应和正向的知识流入,如带来先进的技术和管理经验等,以此提升本地产业的技术水平,获得内生经济增长。

然而在现实中我们也看到,尽管国家给予了中西部地区一系列政策支持,近年来中西部地区的经济增速也的确较快,但地区的人力资本增长缓慢、技术进步对经济增长的贡献较小等问题仍然存在。该如何解释这一现象呢?这一问题是否与企业空间选址的双向性有关?即由于对劳动力的不同需求,形成了不同生产效率的环节分别向核心梯度地区(如东部沿海地区)和边缘梯度地区(如中西部地区)转移的现象,这也使得我国制造业的产业转移在中西部地区并没有呈现出明显的技术溢出效应。这些企业区位的自我选择行为形成一种累积效应后,促进了集群和地区间的专业化分工,也对地区间人才和技术等资源的重新配置与经济发展产生一定的影响。根据吸收能力理论,转入地的企业对技术的吸收能力与两地之间的差异有关。只有当转入地的技术吸收能力达到一定水平阈值时,本地企业才会获取正向的溢出效应,否则可能并不会获得正向的溢出效应。这一观点与本研究之前对于企业的跨区域区位选择行为与技术关系接近性有关的假设不谋而合。通常认为,企业的技术吸收能力与企业间的技术差异性、人力资本存量、研发投入有关;扩展到中观层面,则与产业整体的技术水平和市场结构有关;在宏观层面,政策、基础设施水平和创新氛围等区位条件都会影响企业的技术吸收能力。

从以往的研究来看,新经济地理学框架下典型的产业集聚机制模型,如 GS 模型,都假定知识这一要素在全域空间上的溢出是相同无差异的,因此在长期均衡下,地区的增长率与知识要素的空间分布无关,也就是说,地区的长期均衡的增长率与知识要素的空间分布无关。LS 模型则假定知识的溢出会随着地理距离的增加而逐渐衰减,这也就说明了地理接近性对于知识溢出的重要性,这一假设更符合现实,也使得知识要素的积累在转入地与转出地之间分割开来。假如我们把知识也视为独立的生产要素,可以用知识来生产知识,并且也存在规模经济,那么知识生产或者说知识创新的成本也会受到所在区域的知识资本存量的空间分布的影响,企业创新活动的区位转移就有可能会加剧知识要素的市场分割,进而对地区间的经济发展均衡造成影响。

二、知识生产、知识创造活动集聚与地区分异

如前所述,技术进步是区域经济增长的重要动力,而技术进步离不开劳动分工的深化。分工形成了多样化的劳动力,也使得个体劳动者的专业化程度得到提高。由于劳动分工的不断复杂化,有一部分劳动力从原有的体力劳动中分离出来,从事技能要求更高的工作,或者说成为更纯粹的脑力劳动者,用知识生产知识。从广义上去理解生产,知识创造也是生产的一种形式。在制造业中,知识生产与物质产品生产总是联系在一起的,因此也可以理解为是产业链分工中的某一个环节。当考虑到空间因素时,知识生产也会形成集聚。那么,知识生产如何集聚? 其集聚的内在机制如何? 对这些问题的理解有助于更好地解释企业跨区域发展与知识要素分割和地区分异等现象。

(一)一个知识创造模型

在标准的微观经济理论中,生产函数具有很重要的意义。在一定时期内,只要潜在的技术水平保持不变,生产函数所代表的投入—产出关系也是不变的。同样,只要环境不变,企业和消费者之间的经济关联也是一种常定关系。但当我们假设知识也作为一种生产要素,并同时又扮演着商品的角色时,经济活动主体间的知识关联便不再保持如经济关联那样的常定关系。

图 3.4 显示了两个知识生产者 i 和 j 在沟通与合作中产生新观点和新知识的知识创造的互动过程。K_i 和 K_j 分别代表两个知识生产者 i 和 j 在合作前所具备的知识存量。重叠部分 C_{ij} 代表了 i 和 j 所共有的知识量。而个体间知识存量的差异化知识则为 $D_{ij} = K_i - C_{ij}$,代表了 i 拥有而 j 又不具备的专有知识量,同理 D_{ji} 代

表着 j 相对于 i 所具有的差异化知识。基于共有的知识,如同一行业特定的通用的行业技术和知识,个体间通过沟通和讨论,致力于整合差异化知识,创造出新的知识。在这个合作过程中,知识创造的效率高于每个个体单独进行知识生产活动的效率之和,双方的知识存量(K_i、K_j)都有所提升,达到了知识生产的规模经济。个体间共有的知识对合作的有效性至关重要,一方专有知识存量的多少都会影响另一方进行合作的意愿和有效性。这也从一个侧面反映了本书之前所设想的企业在互动中对知识溢出风险的考虑。尽管随着合作的推进,差异化知识会随之减少,也会影响双方合作的动力,但这也会促使经济主体寻求新的合作对象,重复上述知识创造的过程。因此在本书中,为了聚焦问题,我们更关注于企业间知识存量的差异与企业间互动的关系,而暂时不涉及过于相似对互动的负面影响。我们假设企业间互动是一个动态的过程,企业在理性人假设下会适时地改变合作对象。这里的个体也可以推及企业、集群,因为在现实中企业不太可能只与一家企业有所交流,因此在衡量主体间的知识存量的差距时,选择一定的群体作为参照对象可能是更贴近现实的做法。

(二)考虑区位因素与嵌入效应的扩展讨论

在上述知识创造过程的基础上,Fujita(2007)指出,知识创造的均衡过程往往会收敛于生产率较高的地区,人群会被划分为较小的、最佳的规模群体。经济活动主体间的紧密互动只会发生在群体内,而这一群体的大小会因为主体间知识异质性的变化而改变。从以上阐述中不难看出,知识创造活动的集聚具有一定的地理约束,并且受到群体内嵌入效应的影响,主体间的互动与其本身的差异性有很大的关联。区位和要素流动显然是非常重要的,且通常伴随着城市经济的概念来综合分析。

综上,当考虑区位因素和嵌入效应时,假设 i 和 j 最初分别位于 A 和 B 两个对称的地区。这里的对称是指 A 和 B 两地不仅拥有等量的、技能相当的生产物质产品的一般劳动力,而且拥有等量的、知识水平相当的知识生产者。新的知识和技术又能提高一般物质的生产效率。如前所述,假设劳动力是存在异质性的,不同的劳动者其流动性也会呈现出不同的特征。如图 3.4 中的金字塔结构所示,与拥有体力的一般劳动者(L)相比,具有专有知识的高级劳动力(K)数量相对较少,其心理预期中精神需求的比例更高,具有较强的迁移能力,一旦迁移又具有较高的区位黏性。

劳动分工

高 区位黏性 低　　高 要素流动性 低

K

L

K_i　K_j

D_{ij}　C_{ij}　D_{ji}

个体间知识创造

K_i'　K_j'

D_{ij}'　C_{ij}'　D_{ji}'

扩展到两地间

K_i　K_j

D_{ij}　C_{ij}　D_{ji}

K_m　K_n

D_{mn}　C_{mn}　D_j

地区A：$i,j \in A$

区域内合作

区际互动（运输成本）
扰动因素：少量迁移

地区B：$m,n \in A$

区域内合作

学习效应

本地网络
（知识生产的规模经济）

知识资本积累

地区A：较少的知识生产者$\in A$；知识创造活动集聚的边缘地区

地区分异
大量迁移

少量迁移

地区B：较多的知识生产者$\in B$；知识创造活动集聚的中心地区

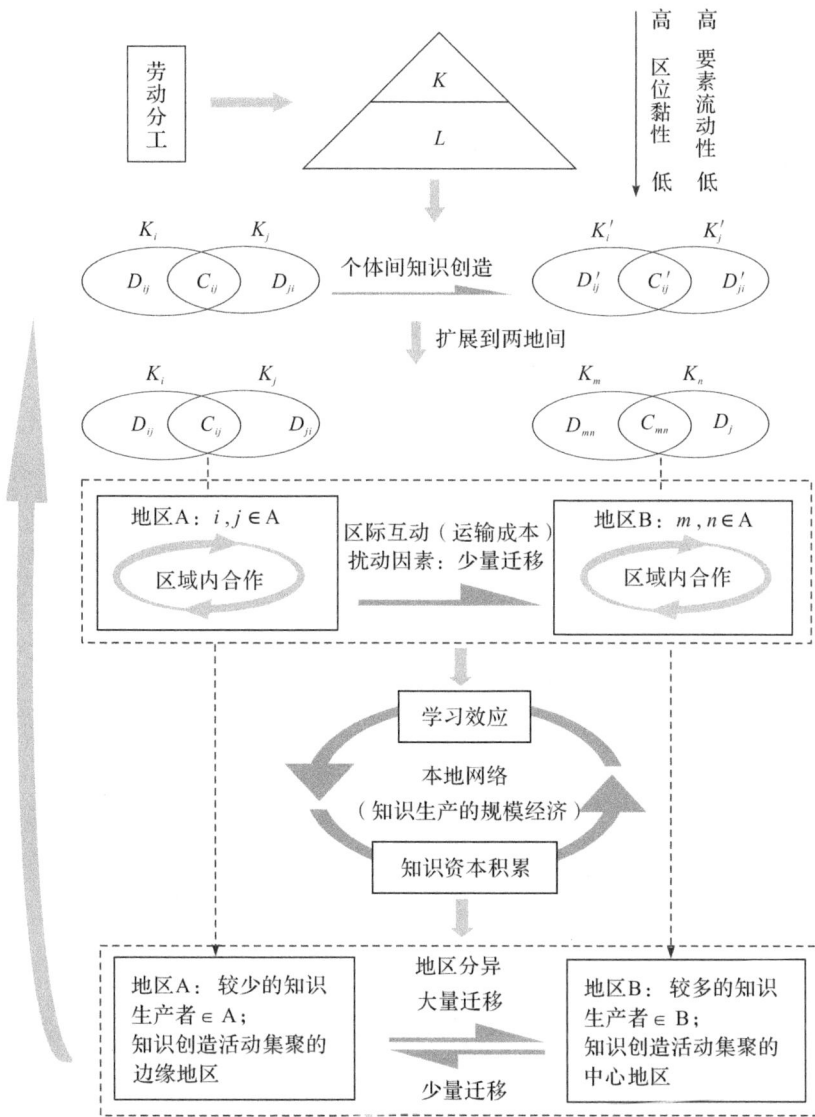

图3.4　知识创造的合作过程、集聚与地区分异

在初始状态下，很显然与跨区域的互动相比，A 地和 B 地的知识生产者会更频繁地与本地的其他知识生产者交流，每个地区各自会形成共有知识或文化。在初始运输条件尚不发达时，知识生产者的迁移成本较高，偶然的跨区域迁移很难发生。随着运输成本的不断降低，知识生产者的迁移成本也随之降低，知识生产者预期迁移至 B 地后从事知识创造的活动所获得的收益，即使减

去迁移成本,仍然高于不迁移,由此就会促进 A 地少量的知识生产者偶然迁移到 B 地。

假设这些知识生产者的预期效用不局限于物质层面,迁移后的知识生产者在 B 地,并嵌入 B 地的本地网络中进行合作与创新,这使得迁入地获得了技术外部性并提高了知识生产的规模经济程度。一旦通过与本地知识网络的嵌入与学习效应获得的物质和精神层面的收益高于原有收益和迁移成本的总和,迁移就会表现出很大的区位黏性,知识生产者的集聚也会吸引更多对这类劳动力需求较高的企业的迁移。进一步,就会吸引迁出地更多的知识生产者,形成循环累积因果效应。随着迁移数量的增加和速度的提升,大量的知识生产者从 A 地迁移到了 B 地。具有高层次技能的劳动者是专业知识或技术的载体,这类劳动力的流动常常伴随着技术创新和知识创造活动的转移,也就在空间上形成了知识型活动的集聚。

上述对知识创造活动的集聚过程中,值得注意的两个因素是运输成本的降低和偶然因素。通信与运输技术的进步降低了要素跨区域流动的迁移成本,是影响要素跨区域流动的关键因素。偶然的扰动因素是对某一地的刺激,如示例中的 B 地,B 地的知识存量因为偶然因素获得了一定的提升,打破了初始的对称结构,成为优势区域。大量的知识生产者与知识创造活动集聚到 B 地后,该地区获得了知识创造的收益,由此提高了物质商品的生产效率,技术进步使得B 地的经济增长速度快于对称结构下的情形,成为知识创造活动集聚的核心地区。而 A 地的经济增长则主要来自原有产业,以及其他地区的知识创造活动的溢出,A 地成为知识创造活动的边缘地区。

(三)本地网络与知识要素的空间分割

知识生产者的集聚过程中,学习效应依赖于共同合作的知识生产者与其他成员联系在一起的网络。演化经济地理学中,对本地网络的分析主要集中于个体和组织间的合作网络和知识共享等研究。本地网络的形成是专业化和多样化的统一:本地专业人才、生产过程和专业信息形成了专业化;资源和知识的多样化,以及人才与活动的丰富度又带来了多样化。多样化的城市又进一步对人才与创新活动产生巨大的向心力。地理接近性纵然重要,但集群内选址接近并不一定能促进知识共享,必须要被连接到网络中去,这一网络往往成为重要的沟通渠道。一方面,密度较高、多变的、动态的本地网络中的交流与知识共享,通过交叉孵化作用,产生学习效应,区域的知识资本存量不断增加,推动了创新;另一方面,知识要素的流动和知识创造活动的集聚也带来了地区分异。市场规模、人才和需求的多样化偏好都为处于初期的知识创新带来了一定的垄断利润。当作为核心要素载体的劳动力具有一定的区位黏性，而拥挤效应又尚未达到足够大时，核心地区会保持在产业升级上的领先地位，形成知识生产的规模经济。尤其是人力资本的积累使得经济空间在特定阶段内发生演化分异，核心地区与边缘地区的人力资本不对等，知识要素空间分割现象凸显。而知识生产的规模经济程度的提升又会进一步深化分工，这也是一个循环累积相互影响的过程。

第五节　本章小结

本章致力于从企业跨区域发展这一普遍而又引人注意的现象出发，分析微观企业的空间离散行为，沿产业链不同环节的地域分工，到产业集聚的内在机制。在研究过程中，劳动分工和异质性劳动是本研究的重要视角，要素之间在诸多方面（如预期效用和流动性）的差异性，使得不同企业和空间离散的子公司，或者说产业链上的不同环节，在进行区位选择时，由于对异质性劳动力的不同需求，通过自我选择效应呈现出不同的区位决策特征。而企业在进行空间区位决策时，经济关联与知识关联存在着密不可分的关系，进而我们认为有必要在传统的新经济地理学下的产业集聚机制中，在地理接近性的基础上，纳入包含技术外部性的技术关系接近性，实现企业区位选择的"地理—技术关系"二重性的融合。

本章在提出新经济地理学下的企业空间区位选择的分析框架时，鉴于企业跨区域发展中的空间决策受到诸多因素的影响，对劳动分工、技术进步与经济增长之间的关系，以及新经济地理学下的地理接近性和运输成本的含义进行了更广泛的解释，将产业集聚机制中的经济关联与地理接近性、运输成本，知识关联与嵌入效应结合起来，探究在两种效应下企业空间区位选择的规律性，进而分析产业集聚的内在机制。

在企业跨区域发展的现象背后，劳动力的异质性和广义运输成本贯穿于整个研究。在微观层面，劳动力要素的流动和微观经济主体——企业——的行为是产业集聚和产业转移的微观基础；在中观层面，企业跨区域发展形成了不同产业分工环节的空间分布的异质性；在宏观层面，我们关注到产业空间的双向性，以及地区间知识要素的空间分割对地区经济分异的影响。

第四章　企业跨区域区位选择的特征

第一节　引　言

改革开放 40 余载,随着中国经济进入新常态,社会分工不断深化,制造业的主导性要素也由低成本导向的单一结构向复杂的要素结构转变。越来越多企业从空间一体化向垂直分工与空间分散转变,为在新的历史背景下理解产业集聚与转移的新特点和新格局提供了新的视野。第二章和第三章的理论梳理与分析也证实了产业集聚理论发展至今从微观视角切入的必要性,企业的空间离散化也可能会是中国经济发展新时期产业集聚研究的重要微观基础。与以往单纯地将生产部门转移到要素成本较低的边缘地区不同,现今的企业跨区域发展呈现出更为丰富的形式,一方面多地协同生产现象明显,另一方面则是沿自身所处的产业链进行空间布局,特别是具有一定市场势力、技术优势的企业(如上市企业、本地行业龙头企业等)将研发活动(研发设计子公司)全部或部分地转移到另一地区后,形成一种累积效应,就会影响产业的空间分布。总体来说,中国制造业企业的空间分布可能呈现出比以往研究更为复杂、多样化的形态。在研究异质性视野下企业区位选择离散化的影响因素与产业集聚形成内在机制之前,有必要对中国制造业企业的空间分布特征做一个量化的、全面的描述,这也是产业空间研究的重要组成部分。

因此现在,本章首先想探究的是,在中国一国范围内,不同行业的微观企业的分布,尤其是不同部门(生产加工型和研发设计型子公司)的空间区位选择究竟会呈现出怎样的特征,产业分布状况如何,这种企业的空间区位选择特点又会呈现出怎样的地区差异。有鉴于此,本章的内容安排如下:第二节对所选取的数据做具体的说明;第三节讨论相关的产业集聚指标;第四节开始的实证部分聚焦于不同行业的企业,对企业的不同功能部门(总部、研发设计及生产加工部门)的区位选择的地理分布状况进行特征分析与描述。本章通过对制造业企业相关数据的收集与整理,建立制造业企业的产业/区域二维数据库,通过空间基尼系数、赫芬达尔—赫希曼指数(Herfindahl-Hirchman index,以下简称赫芬达尔指数或 HHI)和区位商指数对中国制造业企业的空间分布状况进行测算与分析,并对企业的跨区域空间选择行为特征与空间上呈现出的新特征进行初步的分析;第五节的总结性评论对上述现象与特征进行初步分析,尤其是通过对中国制造业上市企业及其子公司的空间分布在地区间的差异性分析,发现了一些引人注目的现象,为中国制造业的转移和集聚提供一个比较全面的描述,并为后续几章更深入的实证研究提供坚实的数据基础,从而在一个比较大的范围内为企业的跨区域空间选择和产业集聚研究提供一定的依据。

第二节　产业空间集聚的测量方法

目前,国内外对产业地理集中度的衡量主要是以经济活动的地理分布为基础的,在以往的研究中,逐步形成了赫芬达尔指数、空间基尼系数、EG 指数、空间自相关等衡量指标。本章我们首先简要介绍前三种常用的产业集聚测度方法和特点,以便明确合适的衡量指标,对中国制造业企业的空间分布与产业集聚现象进行研究。有关空间自相关的度量与检验方法将在第六章应用时再作详细的说明。

一、企业角度的产业集聚测量方法

从企业的角度出发,可以通过赫芬达尔指数来进行测算。

赫芬达尔指数的计算公式为:

$$H = \sum_{i=1}^{N} z_i^2 = \sum_{i=1}^{N} (X_i/X)^2$$

一般地,X_i 可以代表某地区的市场规模,也可以代表某地区某产业的就业人数、产值、企业数量等。X 则代表了总量,如市场总规模、总就业人数和总产值等。

对上述的赫芬达尔指数进行简单的正规化,其计算公式变为:

$$H' = \sqrt{\frac{1}{N}\sum_{i=1}^{N} Z_i^2}$$

赫芬达尔指数实质上是一种测量绝对集中度的指数。当市场处于完全垄断时,即产业完全集中于某一地区时,$H=1$,$H'=(1/N)^{1/2}$;当所有地区都具有相同的份额时,$H=1/N$,$H'=1/N$。一般而言,H 值应介于 0 到 1 之间,但通常会将其值乘上 10000 而予以放大,故不少实证研究中 H 值介于 0 到 10000 之间,以便更清晰和直观地观察和比较企业分布的集中程度与产业的多样化水平。

赫芬达尔指数在衡量市场结构与经济活动集中程度时,具有比较直观的优点,但同时存在忽略地区规模的缺陷,因此本质上还是一种绝对地理集中程度的测算。使用空间基尼系数可以在一定程度上弥补这种不足。

二、产业角度的产业集聚测量方法

从产业角度来看,常用的产业集聚测量指标是空间基尼(GINI)系数。基尼系数最早被用于衡量收入分配的公平程度,后来逐渐被应用到经济活动地理集中度的测量上。克鲁格曼(Krugman,1991a)提出的空间基尼系数主要用来反映经济活动在空间分布上的集中程度。本章随后的实证部分采用的是文玫(2004)所采用的计算公式:

$$G = \frac{1}{2N^2 \overline{s^k}}\sum_i (s_i - x_i)^2$$

其中,x_i 为区域 i 所有行业总产值占全国所有行业总产值的比例,s_i 为某产业在区域 i 的产值占该产业全国总产值的比例。其中的产值也可以用就业人口、工业增加值或贸易额等指标来测算。基尼系数 G 的取值范围在 0 到 1 之间,当 $G=0$ 时,该产业在空间的分布是完全均衡的,$G=1$ 则表示所有经济活动完全集中在一个地区。G 的值越高,表明该产业集聚度越高,即产业在地理上越集中。

基尼系数的优点在于考虑了地区差异对产业集中度的影响,是一种测量相对集中度的指数。因此,本书也会使用空间基尼系数对产业集中程度做一个初步的测量。虽然空间基尼系数从产业角度较好地衡量了集聚程度,但其忽略了微观企业的规模差异。假设一种比较极端的情况,就是一个超级企业选址于某地的情形,其与某一产业的诸多企业集中在某地这种情形的差异,通过空间基尼系数并不能很好地体现出来。

无论是赫芬达尔指数还是空间基尼系数,都是衡量集中度的方法,即衡量企业或产业在地理分布上的不均衡程度,但均存在一定的缺陷。使用空间基尼系数来测算产业集聚的程度时,首先,其基本假设是地区间是同质的,这显然与我国的现实有所不符;其次,其无法考虑企业规模对产业集中度的影响,但在现实中,即使是上市企业,企业间规模的差异也是很大的,也就是说,假如存在一个规模明显大于其他企业的企业选址于某一地,则该地区在该产业上的指标值就会被拉高。因此,越来越多的研究者开始使用 EG 系数(Ellison, Glaeser, 1997)来测算产业集聚的程度。EG 系数是以企业利润最大化为前提假设来研究企业的集聚倾向的,EG 系数的计算公式为:

$$R_{\mathrm{EG}} = \frac{G_i - (1 - \sum\limits_i x_i^2)H}{(1 - \sum\limits_i x_i^2)(1 - H)}$$

其中,G_i 为空间基尼系数,x_i 表示 i 区域的就业人数占就业总数的比重,H 则代表赫芬达尔指数。EG 系数计算过程综合了赫芬达尔指数和空间基尼系数的测算方法,能够比较好地从企业和产业两个角度去反映产业集聚的程度。由于本书已经选取了赫芬达尔指数和空间基尼系数两个指标从企业和产业两个层面分别测算产业集聚的特性,而 EG 系数主要是两个指标的综合,因此在以下的实证分析中,我们将不再另行计算。

第三节　制造业企业空间分布特征描述

一、数据说明与来源

(一)本研究创建的制造业上市企业数据库

本研究从微观的视角来研究企业区位选择与产业集聚,微观数据解决了计量经济中的企业异质性问题,但同时数据来源是一大难题。以往对产业空间分布进行测量的实证分析大多使用各类统计年鉴中的省级二位数产业数据来计算相关产业集聚的指标,这就使得对产业集聚的研究缺乏微观数据的支持与佐证。因此,本研究希望直接采用微观企业的数据,真正做到以微观企业为研究对象,从企业跨区域发展的角度来讨论产业集聚机制,充实该领域的微观佐证。

目前基于微观企业的数据库以各金融数据库,如万得金融数据库、色诺芬经济金融数据库(简称 CCER)、国泰安金融市场研究数据库(简称 CSMAR),以及中国工业企业数据库为主。目前国内基于微观企业数据的研究,大多通过将中国工业企业数据库的数据加总来进行,涉及的年份为 1998—2013 年。近年来的研究主要集中在以下几个方面:①用微观企业数据重新刻画城市企业空间集聚程度(邵宜航,李泽扬,2017);②整合中国海关进出口数据库的数据,考察贸易自由度、贸易壁垒和成本、中间投入品因素、全球化等贸易变量对企业生产率、出口决策、工资差异或其他绩效的影响(邱斌,闫志俊,2015;吕越,吕云龙,2016;陈维涛,王永进,孙文远,2017);③随着市场化程度的提高,文化因素、劳动力市场分割对企业生产率的影响(如左翔,李辉文,2017);④企业异质性、市场环境与制度等因素对企业成长与生产率的影响(方芳,蔡卫星,2016)。

工业企业数据库的数据为非平衡的面板数据,具有样本量大、指标多的优点,但也存在一些问题:①样本期内出于不同的原因(如倒闭、重组等),仅有不到 10% 的企业出现在了所有样本期内,基于面板数据的实证分析就存在一定的缺陷;②指标数据缺失、指标大小异常、测量误差明显等问题(聂辉华,江艇,杨汝岱,2012)。最关键的是,尽管工业企业数据库的指标较为全面,但仍无法识别异质性视野下企业跨区域行为的特点,主要表现在以下两点:一是很难识别企业在组织内选址于不同地区的情形,对单一组织在不同地理区位上的分散选址行为未有记录;二是研发投入数据与企业员工构成两项重要数据缺失。以研发费用为例,在 2001 年之前的样本中没有出现该指标,2001—2007 年的样本中虽有该指标,但在所有观测值中,近 90% 的观测值的研发费项缺失或未上报(值为 0)。这种情况下,当构造的变量是由数据加总获得时,可以通过截断模型来解决这个问题,但当以单家企业为研究对象时,这些样本只能全部舍弃。此外,无法获取异质性劳动力相关的数据,员工学历、专业技术职称的构成数据仅在 2004 年出现(由于 2004 年为全国经济普查年)。因此,中国工业企业数据库缺少研发支出、员工的专业构成比例(生产人员、技术研发人员、行政人员)等企业异质性变量,以及子公司的地理位置。就本研究的研究内容而言,中国工业企业统计数据库存在关键指标数据缺失、数据较早等问题,单靠该数据库进行研究在准确性和适用性上均略显不足。

除中国工业企业数据库,研究学者在研究企业微观层面的问题时,也常会根据研究内容,利用各金融数据库来自行构建企业数据库。与中国工业企业数据库相比,金融数据库提供了更为详细的企业信息,但数据信息主要被记录在单个的年度报告中,对其进行整理和筛选需要花费较长的时间与较多的精力。近年来应用金融数据库与上市企业年报而展开的企业与产业空间集聚方面的研究主要集中在:①我国上市企业空间分布差异与原因(刘凤根,李坤欢,柳思维,2017);②企业偏好异质性与预期对企业战略决策的影响(陈明森,陈爱贞,张文刚,2012);③企业迁移行为特征与动因(吴波,郝云宏,魏立春,2012);④制度环境等区位因素与上市企业集聚的相关性(雷新途,熊德平,2013)。企业跨区域发展已经逐渐成为一个普遍的现象,在国际上,一些知名的跨国上市企业基本上是采取多元化经营策略的,如日本的东芝,其经营范围号称从铅笔到宇宙火箭,是一家著名的多元化经营的综合性跨国公司。近年来在国内,这种多元化经营的特征也体现在了不同地理单元间。企业进行跨区域一体化发展时一般有三种情形:部分功能部门(总部、研发或生产部门)迁移到外地;新建工厂或子公司;兼并其他企业。无论哪种情形,越来越多的企业在空间上呈现出离散化分布的特点,表现为企业的多部门、多区位发展。[①] 例如,浙江绍兴的京新药业、安徽黄山的金马股份、江西南昌的仁和药业等,纷纷在上海、南京、杭州等地设立研发中心,或建立子公司开展研发活动。根据对所选样本的测算,近70%的企业的生产部门和研发部门在空间上呈现出多地区布局的分布特点。而笔者在收集与整理数据的过程中发现,这一现象大有愈演愈烈的趋势,如福建著名的服装企业七匹狼,在2011年的子公司空间布局中,仅将部分服装设计等高附加值的活动分离到上海的子公司。时隔一年,2012底,其就在北京投资设立全资子公司,主要开展服装设计、技术服务等高附加值的活动。随着时间的推移,这种跨区域发展的行为也越来越普遍。从这些具有代表性的变化中可以看出,现实中,企业跨区域发展俨然将成为未来中国企业发展的一种趋势。而企业的这种空间区位离散化现象与趋势,亦是产业集聚形成的一个重要的微观基础。改革开放以来,随着股份制经济的发展,上市企业数量快速增长,自1990年上海证券交易所成立以来,在短短的20余年间,其数量从个位数激增到几千家(李仙德,2012)。上市企业俨然成为中国国民经济发展中具有代表性

---

① 企业空间离散化不仅仅指企业自身产业链的不同分工环节在空间上的多区位分布,其背后还有在一个"大组织"下的企业网络中企业间的合作与互动更为密切这一含义。与单纯的生产外包或技术外包不同,自建数据库中的上市企业子公司是由母公司全资或主要控股的,这也能在一定程度上体现以上论点。

和影响力的主体。随着上市企业规模的不断壮大,公司企业的发展也呈现出更富有变化的网络结构(何涛舟,2011)。财政部要求,母公司在编制合并会计报表时,应当将其所控制的境内外所有子公司纳入合并会计报表的合并范围。上市企业年度报表中需要包括子公司的信息(名称、类型、注册地、业务性质与经营范围、注册资本、年末实际出资额、持股比例等),且信息具有一定的权威性与可靠性。

综上,我们选择无论是发展成熟程度,还是在市场、技术等方面都具有一定优势的制造业上市企业作为研究企业空间离散化与产业集聚的样本,其数据信息具有一定的可靠性和代表性,可以使接下去的实证分析在一定程度上说明和代表将来中国制造业企业的发展趋势。基于之前对研究问题的描述与各数据库的特点,本研究将整合中国工业企业数据库与国泰安中国上市企业治理结构研究数据库(上市企业年报信息),建立上市企业中的制造业企业及其子公司数据库。尽管工业企业数据库的数据较早,但考虑到企业的空间决策相对企业成长变量具有一定的滞后性,比如根植于企业员工大脑中的技术与知识大多是缄默知识,其转化为企业标准化知识需要一定时间的积累,因此相对滞后的企业异质性数据也具有其合理性。由于企业年报数量多且信息繁多,数据需要人工搜索、整理与记录,耗时较长,因此本研究首先选取我国制造业上市企业2013年年度报表,对母公司与主要控股子公司(持股比例50%以上)的基本信息进行收集与整理,包括名称、所在地(城市)、所属行业、规模(员工数)和员工构成情况(专业和受教育程度)、研发支出与主营业务收入、主要经营范围以及总部与子公司的地理分布情况(是否与总部空间离散),不考虑销售子公司,只识别研发子公司和生产子公司[①],将中国上市企业年度报表中的企业名称与中国工业企业数据库中的企业名称进行匹配,进行数据修正,形成本研究的基础数据库。为了减少原始数据信息不准确或信息不全所带来的干扰,本研究将合并的数据按照一定的原则对原始样本进行筛选和处理:①选取上市时间超过三年的公司,以避免新上市企业财务数据的失真;②删除研发支出存在缺漏值或负值的企业样本;③剔除近三年因重大资产重组、转换或高管发生重大变动等不能正常进行经营活动的企业。

基于本研究将展开城市层面的研究,对数据进行如下调整:①当注册地

---

① 本研究在识别子公司类型时,以公司年度报表中"本企业子公司情况"一表中的"业务性质"与"经营范围"两栏中的内容为评判标准,当业务内容既包括研发又包括销售时,选取排名较前的业务内容。

与总部不一致时,考虑到企业日常的内部经营活动主要在总部与各个子公司之间展开,因此将总部所在城市作为信息选取;②对城市样本进行归类与整理。截至 2012 年①,根据《中国城市统计年鉴》,我国共有 270 个地级市、15 个副省级市、4 个直辖市,即共有 289 个地级市及以上城市。上市企业及其子公司的地理位置以就近原则归并到这 289 个地级市及以上城市中,未纳入分析范围的城市包括:黑龙江的鹤岗、双鸭山和黑河,广西的贺州,海南的三沙,甘肃的金昌、武威、平凉、庆阳、定西和陇南,宁夏的固原。最终样本包括了 3406 家制造业上市企业与子公司,地理范围涵盖了 31 个省(区、市)、277 个地级市及以上城市。样本数据按照国家统计局统计标准中的《国民经济行业分类》(GB/T 4754—2011),涵盖了 15 个主要产业部门,作为本研究的样本数据库。本研究按照国家统计局统计标准中的国民经济行业分类,根据样本企业的行业种类,选取以下 15 个主要产业部门:C14 食品制造业;C17 纺织业;C18 纺织服装、服饰业;C25 石油加工、炼焦和核燃料加工业;C26 化学原料和化学制品制造业;C27 医药制造业;C30 非金属矿物制品业;C31 黑色金属冶炼和压延加工业;C32 有色金属冶炼和压延加工业;C33 金属制品业;C34 通用设备制造业;C35 专用设备制造业;C36 汽车制造业;C38 电气机械和器材制造业;C39 计算机、通信和其他电子设备制造业。这 15 个产业部门涵盖范围较广,能够从生产力水平、技术水平、员工构成等不同层面基本反映目前国内具有一定规模的制造业企业的水平。

(二)统计数据

本研究主要使用 2009—2013 年《中国城市统计年鉴》和 2012 年《中国国土资源统计年鉴》中的统计数据,作为城市区位变量的数据来源。

二、产业的空间分布特征

(一)制造业上市企业所属行业分类

根据国家统计局 2013 年的《高技术产业(制造业)分类》标准,高技术产业

---

① 根据第五章的数据分析,反映城市区位条件的变量较企业空间决策滞后一年,因此在进行样本所在城市归类时,以 2012 年《中国城市统计年鉴》数据中的城市样本为标准。

(制造业)是指国民经济行业中研发(R&D)活动投入强度,即研发经费支出占主营业务收入的比重相对较高的制造业行业。研发活动是指在科学技术领域,为增加知识总量以及运用这些知识去创造新的应用进行的系统的创造性活动,包括基础研究、应用研究、试验发展这 3 类活动①。就一个地区来说,研发支出占地区生产总值的比重是国际上公认的衡量国家或地区科技水平与创新能力的重要指标,类似的方法也可用以衡量一个产业或企业的技术水平与创新能力。

按照该标准,国家统计局认定:C27 医药制造业,部分 C35 专用设备制造业,C35 电气机械和器材制造业,C39 计算机、通信和其他电子设备制造业为高技术产业。为了更好地识别本研究样本中的产业类型,我们对样本企业的数据按行业进行加总与测算,以企业中研发支出占主营业务收入的比重来进行计算。此外考虑到在企业中,人才是知识要素的重要载体这一现实,补充了企业中人员专业构成(技术人员占员工总数的比例)和员工受教育程度(拥有大专以上学历员工占员工总数的比例)这两个指标,从多个角度来衡量样本企业所属产业的技术含量的高低,与上述标准进行比较,以确定样本中行业的分类。

根据表 4.1 中的测算,研发投入比重较高的行业有 C39、C36、C35、C27 和 C38 这 5 个行业。这一测算结果与国家统计局所认定的高技术产业基本吻合,这也说明了所选的样本企业具有一定的代表性,较能代表中国制造业发展的领先水平。其中略有不同的是,C36 汽车制造业无论是在研发投入比重还是技术人员的比例上,排名都相当靠前,其原因可以归结为其产业链的特殊性:汽车制造业中存在大量的、品种繁多的中间品;企业间研发水平参差不齐,以往的统计数据涵盖了各种规模的制造业企业,部分技术含量较高的中间品所需的研发投入较大,一般的中小企业通常无力自行生产,往往需要通过外购,甚至从国外进口。而本研究中所选取的上市企业,大多具有一定的规模和研发水平,具有自主研发的实力,知识存量较大,组织内的研发活动更为丰富。从国际比较来看,20 世纪 90 年代初以来,日本的汽车业、电子机械产业等技术密集型产业,将生产加工环节大批向中国内地转移。因此,将样本中的汽车制造业归入技术密集型产业,也与现实相符合。其余的 10 个产业大致上可以分为劳动密集型与资源依赖型(见表 4.2)。

---

① 引自 2011 年《科学技术部关于印发〈国家"十二五"科学和技术发展规划〉的通知》。

表 4.1　制造业上市企业所属的二位数产业部门的研发投入等情况

行业代码	研发投入比例	排名	专业构成比例	排名	受教育程度	排名
C14	0.0113	15	0.0931	14	0.2874	10
C17	0.0212	10	0.1144	10	0.2181	13
C18	0.0149	12	0.0752	15	0.1867	15
C25	0.0125	14	0.1208	8	0.2762	12
C26	0.0150	11	0.1199	9	0.4049	4
C27	0.0290	4	0.1364	6	0.5015	1
C30	0.0235	6	0.1454	4	0.2867	11
C31	0.0137	13	0.0997	12	0.2020	14
C32	0.0223	9	0.1107	11	0.3639	7
C33	0.0235	7	0.0948	13	0.2955	9
C34	0.0234	8	0.1355	7	0.3742	6
C35	0.0376	3	0.1953	2	0.4832	3
C36	0.0378	2	0.1774	3	0.3583	8
C38	0.0258	5	0.1382	5	0.4005	5
C39	0.0587	1	0.2220	1	0.4837	2

表 4.2　制造业上市企业所属二位数产业分类

产业类型	行业	研发投入比例
技术密集型产业	C39 计算机、通信和其他电子设备制造业； C36 汽车制造业； C35 专用设备制造业； C27 医药制造业； C38 电气机械和器材制造业	高
劳动密集型产业	C14 食品制造业； C17 纺织业； C18 纺织服装、服饰业； C26 化学原料和化学制品制造业； C34 通用设备制造业； C33 金属制品业	低
资源依赖型产业	C25 石油加工、炼焦和核燃料加工业； C30 非金属矿物制品业； C31 黑色金属冶炼和压延加工业； C32 有色金属冶炼和压延加工业	低

其中,资源依赖型企业大多对自然资源有较强的依赖性,而且多受到政府的管制,市场化水平较低。

(二)制造业企业集聚的产业特征

空间集聚的程度可以从不同角度来进行测算,在第二节中我们已经介绍了,从产业的角度来看,可以通过空间基尼系数来衡量产业集聚的程度。此外,测算制造业产业集聚程度的相关研究不胜枚举,因此本研究的重点除了总体上对产业集聚程度进行测算外,更关注于研发型子公司与生产型子公司集聚程度与特点的比较。我们的数据通过企业微观数据的加总获得,这可能会使得最后的计算结果与总体制造业集聚的结果有所不同,但我们使用同样的方法进行测算并不影响我们对我国制造业集聚的现状进行判断与分析。

在本研究中,当使用空间基尼系数来测算产业集中程度时,第二节的公式中的 s_i 表示样本中 i 地区某产业就业人数占全国该产业总就业人数的比重,x_i 表示该地区就业人数占所有城市就业人数的比例,$\overline{s_k}$ 则表示行业 k 在各地区的平均份额。放大后的空间基尼系数 $LQ>1$ 则说明行业 k 在 i 地区相对集中,计算结果如表 4.3 和图 4.1 所示。

表 4.3　制造业企业整体及不同分工环节的空间基尼系数(分行业)

行业代码	整体空间基尼系数	排名	生产加工环节空间基尼系数	研发设计环节空间基尼系数	研发—生产环节空间基尼系数差	差距排名
C14	3.033	7	11.218	12.8	1.582	9
C17	2.333	10	2.492	3.029	0.537	13
C18	1.167	14	1.804	7.238	5.434	2
C25	4.091	6	1.853	3.515	1.662	8
C26	2.539	9	7.970	10.433	2.463	7
C27	4.316	5	1.363	4.503	3.14	5
C30	3.698	8	2.271	2.279	0.008	14
C31	7.305	2	3.025	10.952	7.927	1
C32	4.905	3	3.375	3.589	−0.214	15
C33	1.309	13	0.319	1.749	1.430	10
C34	1.972	11	1.092	3.828	2.736	6
C35	4.35	4	2.371	6.043	3.672	4
C36	13.123	1	1.853	7.062	5.209	3
C38	1.135	15	1.239	2.493	1.254	12
C39	1.544	12	2.080	3.460	1.380	11

注:为了便于比较,表格中的空间基尼系数均经过放大处理(乘以 1000)。

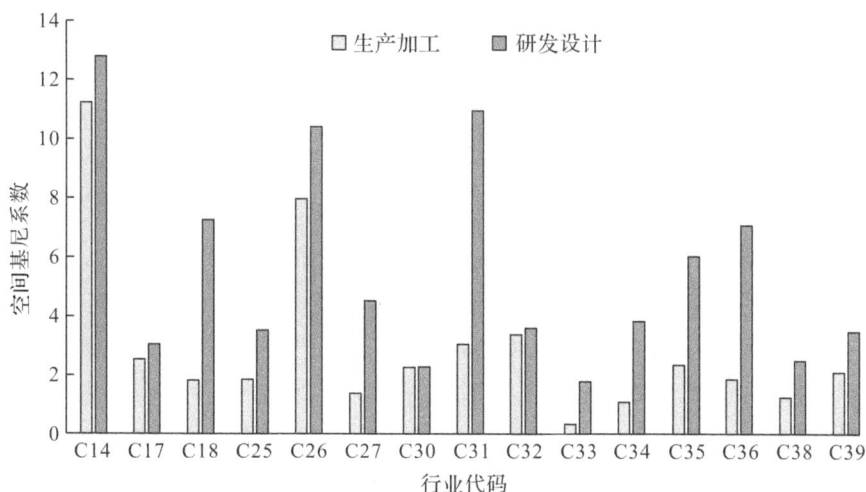

图 4.1　制造业企业不同分工环节的空间基尼系数比较(分行业)

从以上图表中,我们主要考虑两大问题:产业的整体集中程度和每个行业不同环节空间基尼系数的比较。

就第一个问题进行分析:首先,从产业的整体集中程度来看,集中程度排名最靠前的几个产业中,除了汽车制造业外,大多数为资源依赖型产业,如 C31、C32 和 C25。资源依赖型产业由于对自然资源的依赖性较强,在地理分布上要求接近资源,尤其是一些稀缺资源,因此产业布局相对较为集中,这一点与现实相符。其次,技术密集型产业的集中程度则呈现出两极分化的特点,C36 汽车制造业、C35 专用设备制造业、C27 医药制造业的集中程度较高。尤其是汽车制造业的空间基尼系数远远高于其他行业,分析其原因,可能与汽车制造业的产业链较长有关,汽车整车制造企业和零部件配套企业会采取扎堆的策略,这种产业链不同环节在空间上扎堆的策略可以促进一定区域内劳动力、技术和中间品的流动与共享,分工使资源在空间上实现了更为有效的配置,从而提升地区专业化水平。加之此处由于我们暂时将企业数据加总到地区层面来测算空间基尼系数,因此得出的整个产业的集中程度就较高。在后文中,我们将在城市层面更具体地研究这个问题。C38 和 C39 这两个技术密集型产业的空间分布则较为分散,这和以往使用全体制造业统计数据得到的结果相比有所不同,但这也表明在这类制造业中,企业空间离散化的现象可能会较为明显。

就第二个问题而言,我们发现,除了 C32 有色金属冶炼和压延加工业的研发设计环节的集中程度略低于生产环节的集中程度,其余 14 个产业的研发设计环节的集聚程度均高于生产加工环节,研发设计活动初步展现出了一定的地理约束。尤其是 C31 黑色金属冶炼和压延加工业,C18 纺织服装、服饰业,C36 汽车制造业,C35 专用设备制造业,C27 医药制造业等产业的研发设计环节的集中程度远远高于生产环节。这些产业中,个别资源依赖型产业生产加工环节对自然资源的依赖性使得生产集聚在一定的地理空间,表现出较高的集中程度,但同时研发部门又依赖于技术、知识要素密集的地区,往往选址于远离生产地的地区。还有像专用设备制造业、医药制造业这样的技术密集型产业,依赖于知识要素的流动性,可能会出现制造分散的情况,研发环节仍然集聚于人才集聚的地区。另外,诸如服装业、汽车制造业这类行业,无论是劳动密集型还是技术密集型,均具有比较长的产业链,拥有丰富的中间投入品,产业链出现了较高程度的垂直解体,形成产业链上的专业化分工。比如,大量的服装企业会采取虚拟经营的方式,专注于企业的核心业务(如设计与研发),外包制造环节,通过所有权优势来合理布局和控制制造环节,从企业内部达到资源合理配置的目的,在空间上呈现出分散化经营的形态。通过表 4.3 中生产加工环节与研发设计环节空间基尼系数的对比,我们可以初步得到以下结论:

结论 4.1:制造业企业在空间离散化的过程中,生产加工环节与研发设计环节呈现出不同的集聚程度,研发设计环节的集聚程度大于生产加工环节。就不同产业来看,技术密集型的、垂直解体较为明显的产业,这种差距会较大。

从表 4.3 和图 4.1 中的数据来看,研发设计环节和生产加工环节的集聚程度存在明显的差异,虽并不足以完全说明中国制造业企业空间离散化布局的特点与机理,但也从中观产业层面说明了中国制造业企业空间离散化布局这一现象可能会具有一种越来越明显的趋势,而且这种空间离散化的程度可能会随着子公司主要所处产业链位置的不同而不同,这也为我们之后进一步分析不同部门选址的差异性提供了一定的现实前提。

三、企业的空间分布特征

中国制造业上市企业的集聚不仅仅在不同行业上表现出不同的特点,还在地区上呈现出明显的空间差异性。

(一)三大经济带上的地区分布差异

我们依据东部、中部、西部三大地区的划分标准,对我国制造业上市企业的地理分布情况和差异进行测算与分析。本研究依据的是 1986 年第六届全国人民代表大会第四次会议公布的"七五"计划中对东部、中部、西部三大经济带的界定①。

首先,对各地区上市企业的数量进行统计。从绝对值来看,东部地区上市企业的数量占总体的 67.53%,比例明显高于中部地区(20.78%)和西部地区(11.69%)。上市企业在东部与中部、西部地区之间存在显著的地理分布上的差异。为了比较直观地说明东部、中部、西部制造业上市企业的集中程度的差异,我们运用赫芬达尔指数,直接使用企业数量来进行测算:

$$H = \sum_{i=1}^{N} z_i^2 = \sum_{i=1}^{N} (X_i/X)^2$$

其中,以省(区、市)为单位,X 代表全国 2013 年底拥有的制造业上市企业的就业人数,X_i 则代表省份 i 在 2013 年底拥有的制造业上市企业的就业人数,z_i 为 X_i 与 X 之比,而 N 则表示代表省(区、市)数目($N = 31$)。由此计算出样本公司的总体地理分布状况和空间离散化的企业的地理集聚情况(见表 4.4)。特别地,我们也关注生产加工子公司与研发设计子公司在地理集聚上的差异性(见表 4.5)。

从表 4.4 中我们可以观察到,东部地区上市企业的赫芬达尔指数明显高于中西部地区,是中部的近 12 倍、西部的近 30 倍。其中,广东(230.579)、浙江(163.513)、江苏(150.988)、山东(63.872)、北京(21.118)、上海(20.663)是中国制造业上市企业集聚程度最高的几个地区,属于代表性企业集聚的第一梯队。安徽(15.180)、四川(15.180)、河南(13.663)、福建(8.982)、湖北(8.393)、湖南(7.275)、辽宁(6.747)、河北(5.748)、吉林(3.992)是中国制造业上市企业集聚的次级区域,属于第二梯队。在这一梯队中,只有四川省属于西部地区。其余的省份属于第三梯队,其中仅海南省属于东部地区。从数值上看,排名前 5 位的省(市)的 HHI 值远远高于其他省份,加总后经过放大后的 HHI 值达到了 630.069。由此可见,上市企业总部的地理分布在东部、中部、西部三大经济带的差距非常明显,呈现出明显的阶梯式分布特征,这一分布模式也反映出中国区域经济发展的一大特点。在空间上呈现出离散化经营趋势的上市企业

① 东部地区包括北京、天津、河北、辽宁、山东、上海、江苏、浙江、福建、广东、广西和海南 12 个省(区、市);中部地区包括山西、吉林、黑龙江、河南、安徽、江西、内蒙古、湖南和湖北 9 个省(区、市);西部地区包括新疆、四川、贵州、云南、西藏、陕西、甘肃、青海、宁夏和重庆 10 个省(区、市)。

在地理集中度上也呈现出相同的趋势。从排名上看,空间区位选择离散化的企业的地理集中情况与整体企业的集聚情况保持了一定的一致性。东部地区的 HHI 值(727.41)是中部地区(52.72)的近14倍、西部地区(19.74)的近37倍,东部、中部、西部地区的差距进一步拉大。

表 4.4 样本中上市企业地理集聚情况(HHI)

地区	上市企业	排名	跨区域发展的上市企业	排名	地区	上市企业	排名	跨区域发展的上市企业	排名
北京	21.118	5	29.958	5	湖北	8.393	11	13.677	8
天津	0.998	23	1.401	20	湖南	7.275	12	3.151	15
河北	5.748	14	4.924	12	广东	230.579	1	309.885	1
山西	2.246	18	3.151	14	广西	2.555	17	1.401	21
内蒙古	1.687	20	1.773	19	海南	0.160	30	0.197	29
辽宁	6.747	13	3.698	13	重庆	0.489	28	0.197	30
吉林	3.992	15	2.648	17	贵州	1.208	22	1.072	23
黑龙江	1.208	21	1.072	22	云南	0.808	25	1.072	24
上海	20.663	6	25.404	6	西藏	0.160	31	0.350	28
江苏	150.988	3	123.092	3	陕西	0.808	26	0.788	25
浙江	163.513	2	154.406	2	四川	15.180	8	11.576	10
安徽	15.180	7	17.156	7	甘肃	0.808	27	0.788	26
福建	8.982	10	11.576	9	青海	0.250	29	0.197	31
江西	2.884	16	2.188	18	宁夏	0.998	24	0.547	27
山东	63.872	4	61.469	4	新疆	1.956	19	3.151	16
河南	13.663	9	7.900	11					
东部	675.921		727.41		排名前5位的省份	630.069			
中部	56.527		52.72						
西部	22.665		19.74						

注:为便于比较,HHI 值均已乘上10000予以放大。

此外,我们对样本中上市企业不同子公司的地理集聚情况进行测算,通过对其 HHI 值进行对比(见表4.5和图4.2),观察到了一个有趣的现象。我们发现,上市企业的生产加工子公司的地理集中度和研发设计子公司的地理集中度呈现出完全不同的特点:生产加工子公司的地理集中度在东部、中部、西部地区的差距明显缩小了,东部地区的 HHI 值(352.520)是中部地区(122.083)的不到3倍,远小于之前的近12倍;与西部地区(60.202)之比,也从之前的近30倍骤然缩小到6倍不到。进一步,从表4.5中我们可以看到,研发设计子公司的 HHI 值在东部、中部、西部地区间的差异明显大于生产加工子公司,东部地

区的 HHI 值(591.151)是中部地区(63.793)的 9 倍多,与之前生产加工子公司的近 3 倍相比明显增大。同样,东部地区的 HHI 值是西部地区(30.510)的近 20 倍。可见,不仅上市企业大多集聚在东部地区,而且可能由于东部发达城市的要素成本上升,企业被迫将生产子公司迁移到较远的、劳动力成本和土地成本更低的中西部地区。虽然运输成本和通信成本不断降低,但从产业集聚与知识溢出之间的关系来看,某些嵌入当地集群中的技术或人才不易移植,使得企业为了获得这些知识流入的机会,其研发子公司反而更多地向创新活动密集的东部地区集聚。

表 4.5　样本中上市企业不同子公司的地理集聚情况(HHI)

地区	生产加工子公司	排名	研发设计子公司	排名	地区	生产加工子公司	排名	研发设计子公司	排名
北京	2.691	22	104.947	3 ↑	湖北	20.019	7	22.083	7
天津	4.054	18	13.435	10 ↑	湖南	7.207	15	12.093	11
河北	7.207	14	3.189	16	广东	95.430	2	180.630	1
山西	3.203	19	0.883	22	广西	3.203	21	2.553	18
内蒙古	5.344	16	0.433	25 ↓	海南	0.089	30	0.035	30
辽宁	14.464	10	10.211	12	重庆	7.613	13	4.275	14
吉林	8.030	12	2.261	19	贵州	2.224	25	1.493	20
黑龙江	0.556	29	0.883	23	云南	2.452	24	0.715	24
上海	5.005	17	114.796	2 ↑	西藏	0.050	31	0.009	31
江苏	131.882	1	95.540	4	陕西	2.691	23	9.045	13
浙江	32.970	5	39.652	5	四川	29.634	6	14.133	9
安徽	47.067	4	20.352	8	甘肃	1.251	27	0.221	27
福建	3.203	20	3.189	17	青海	0.801	28	0.079	29
江西	15.037	9	1.272	21 ↓	宁夏	2.224	26	0.221	28
山东	52.322	3	22.975	6	新疆	11.261	11	0.318	26
河南	15.620	8	3.533	15 ↓					
东部	352.520		591.151		排名前5位的省份	359.671		535.564	
中部	122.083		63.793						
西部	60.202		30.510						

注:为便于比较, HHI 值均已乘上 10000 予以放大。

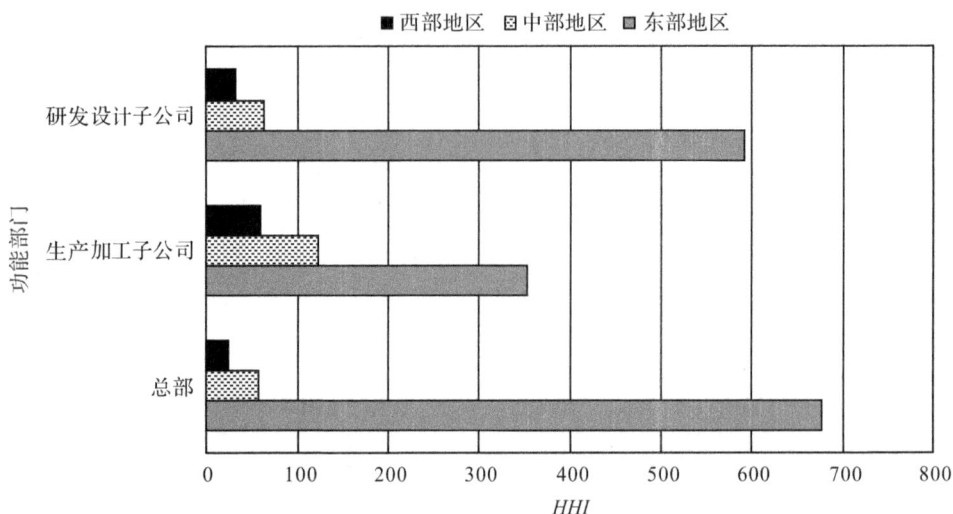

图 4.2　东部、中部、西部三大地区企业空间集聚程度比较

　　从具体的省份来看,生产加工环节 HHI 较高的省份依次有:江苏(131.882)、广东(95.430)、山东(52.322)、安徽(47.067)、浙江(32.970)、四川(29.634)、湖北(20.019)、河南(15.620)、江西(15.037)、辽宁(14.464)。这些地区中,有一些是制造业比较发达的地区,另一些是依托一部分企业采取较为保守的空间战略的地区,兼并或设立子公司时,通常会选择在地理上邻近的地区。如浙江的企业出于对成本的考量,会优先考虑在安徽设立子公司。企业扩张基本上遵循由近及远的空间规律。研发设计环节 HHI 较高的省份依次有:广东(180.630)、上海(114.796)、北京(104.947)、江苏(95.540)、浙江(39.652)。一方面,这些地区具备充足的高素质人才和知识型劳动力(科学家、工程师、技术工人),以满足研究开发活动对人才和知识型劳动力的需求;另一方面,这些地区的市场容量较大,接近新产品的需求市场,因此便于企业更及时和准确地获取对新产品的反馈。综合对比生产加工环节与研发设计环节的 HHI,我们发现,研发设计环节的集聚程度显著高于生产加工环节,且差异比较明显的地区有北京、上海、天津、陕西。生产加工子公司的地区集中度比较大的地区有江西、河南、内蒙古等劳动力供给相对充裕的地区,或是接近原材料和中间产品、能大量承接东部地区产业转移的产业集聚的地区。

　　该如何解释这一现象呢?从 2000 年的西部大开发战略,到 2004 年政府工作报告中提出的"中部崛起战略",中西部地区开发战略的实施已经 10 年有余,国家从政策、资金、基础设施建设等方面给予了中西部地区大力支持,旨在重振制造业,实现区域转型升级,缩小东部、中部、西部地区间的发展差异。的确,一系列的政策措施使得中西部地区的经济增速加快,但制造业产业链较短,企业和地区的人力资本提升缓慢,技术进步对经济增长的贡献较小等问题凸显。这些问题是否与企业空间选址的双向性有关?现实中,我们发现:大量的企业,无论是将制造环节从原有的组织中分离出来,还是通过所有权优势实现跨区域的发展战略,都会倾向于将技术含量较小、附加值较低的生产环节向中西部地区转移。也就是说,企业的空间区位选择离散化是会随着部门或者经济活动的不同而不同的。企业空间选址的双向性就是由于对劳动力的不同需求,形成了不同生产效率的环节分别向核心梯度地区(如东部沿海地区)和边缘梯度地区(如中西部地区)转移的现象,这也是我国制造业产业转移的微观基础。

由此,我们可以初步得到结论4.2。

结论4.2:制造业企业中生产加工环节与研发设计环节的空间集聚在地理上呈现出一定的双向集聚的特征,生产加工环节多集聚于中西部地区,而研发设计环节则倾向于选址于东部地区。

企业不同环节的区位自我选择行为形成一种累积效应后,在中观上就是特定产业的制造集聚或研发集聚,这种产业链上分工环节的空间离散化也会对地区间人才和技术等资源的重新配置与经济发展产生一定的影响。因此,研究企业的跨区域空间区位选择的特征和影响因素,以及生产加工环节与研发设计环节的选址各具备什么特征、受哪些因素影响等问题就显得尤为重要。本书在接下来的第五章中将致力于在这一方面做一些努力,以弥补以往研究的不足。

(二)产业空间分布的地区差异

衡量某个产业在不同地区的集聚程度,也可以理解为是衡量某个产业的地区专业化水平。格莱瑟等(Glaser et al.,1992)将某个产业的地区专业化定义为:产业在某个地区的就业量占该地区就业总量的份额与该产业的就业总量占全国就业总量的份额之比。

通常会使用区位商指数来衡量地区的专业化程度,区位商又被称为专业化率(魏后凯等,2008)。区位商指数的计算公式如下:

$$LQ_{ik} = \frac{L_{ki}/L_k}{L_i/L} = \frac{L_{ki}/L_i}{L_k/L}$$

其中,LQ_{ik}为区位商指数,L_{ki}为i地区产业k的就业人数、产值或工业增加值,L_i为i地区的总就业人数、产值或工业增加值。L_k为全国产业k的就业人数、产值或工业增加值，L 则为全国的总就业人数、产值或工业增加值。一般认为，如果 LQ_{ik} 取值大于1，则表明产业 k 在 i 地区相对集中。这里我们使用就业人数来测算区位商指数。在表4.6中，限于篇幅，我们只列举了15个行业中整体 LQ 值和生产加工环节、研发设计环节的 LQ 值大于1的前6位省份，LQ 值大于1的省份不足6个的仅列出大于1的省份，我们发现：

在食品制造业中，到2013年，生产加工环节 $LQ>1$ 的省份中，广西、福建、河南、黑龙江、四川、甘肃的集中度较高；研发设计环节 $LQ>1$ 的省份中，四川、甘肃、河南、北京、广西、江苏集中度最高。很明显，研发设计环节中新增了2个东部省份——北京(2.41)和江苏(1.56)，而食品制造业的生产加工环节 $LQ>1$ 的省份均分布在中西部地区。

在纺织业中，到2013年，生产加工环节 $LQ>1$ 的省份中，山东、江苏、新疆、河北、福建、四川的集中度较高；研发设计环节 $LQ>1$ 的省份中，上海、河北、北京、安徽、江苏集度最高。与食品制造业相比，纺织业的生产加工环节不完全在中西部地区集聚，山东(3.01)、江苏(2.47)和河北(1.72)也是纺织业的主要集聚地，而研发设计环节除了安徽(1.48)以外，主要集聚在东部地区。

在纺织服装、服饰业中，到2013年，生产加工环节 $LQ>1$ 的省份中，浙江、重庆、上海、安徽、湖北是主要的生产集聚地，在东部、中部、西部地区均有分布；研发设计环节 $LQ>1$ 的省份中，福建、辽宁、上海、北京、江苏集中度最高，均在东部地区。

在石油加工、炼焦和核燃料加工业中，到2013年，生产加工环节主要集聚在山西、吉林、山东、浙江、安徽、四川($LQ>1$)，除了山东和浙江，主要分布在中西部地区；而研发设计环节则主要集聚在黑龙江、北京、山东、广西、广东($LQ>1$)等地，与生产加工环节的集聚地存在一定的差异。

在化学原料和化学制品制造业中，到2013年，企业的生产加工环节主要集聚在青海、海南、云南、贵州、新疆、内蒙古($LQ>1$)，而研发设计环节则主要集聚在青海、云南、山东、新疆、四川、重庆($LQ>1$)等地，新增了山东这一东部省份。

表4.6 2013年制造业上市企业的地区集中情况

行业代码	整体 LQ 较高的地区	生产加工环节 LQ 较高的地区	研发设计环节 LQ 较高的地区
C14	贵州、河南、四川、新疆、北京、广西	广西、福建、河南、黑龙江、四川、甘肃	四川、甘肃、河南、北京、广西、江苏
C17	山东、江苏、河北、湖南、甘肃、安徽	山东、江苏、新疆、河北、福建、四川	上海、河北、北京、安徽、江苏

行业代码	整体 LQ 较高的地区	生产加工环节 LQ 较高的地区	研发设计环节 LQ 较高的地区
C18	浙江、安徽、福建、江苏、河南、辽宁	浙江、重庆、上海、安徽、湖北	福建、辽宁、上海、北京、江苏
C25	黑龙江、山西、福建、吉林、山东、广西	山西、吉林、山东、浙江、安徽、四川	黑龙江、北京、山东、广西、广东
C26	青海、云南、广西、四川、河北、贵州	青海、海南、云南、贵州、新疆、内蒙古	青海、云南、山东、新疆、四川、重庆
C27	天津、重庆、西藏、吉林、四川、海南	吉林、云南、浙江、北京、黑龙江、河北	黑龙江、吉林、北京、浙江、重庆、上海
C30	宁夏、甘肃、河北、海南、江西、江西	海南、江西、甘肃、内蒙古、黑龙江、辽宁	河北、辽宁、山东、北京、广东
C31	内蒙古、甘肃、辽宁、山西、湖南、湖北	湖北、宁夏、天津、内蒙古、辽宁、湖南	山西、内蒙古、湖南、安徽、山东、天津
C32	云南、江西、西藏、福建、河南、内蒙古	云南、江西、河南、福建、新疆、广西	河南、宁夏、山西、安徽、广东
C33	河北、宁夏、浙江、广东、江苏、安徽	广东、江苏、河北、北京、上海、四川	天津、浙江、辽宁、北京、江苏
C34	辽宁、宁夏、青海、浙江、江苏、湖南	贵州、辽宁、浙江、江苏、四川、天津	福建、辽宁、浙江、江苏、上海
C35	广西、湖南、北京、福建、山西、江苏	甘肃、上海、江苏、湖南、福建、黑龙江	湖南、山西、上海、福建、浙江、江苏
C36	重庆、海南、上海、天津、陕西、吉林	湖南、浙江、河北、山西、山东、陕西	吉林、海南、河北、湖南、重庆、浙江
C38	广东、湖北、黑龙江、江苏、天津	广东、重庆、陕西、河南、上海、江苏	天津、广东、河南、江苏、辽宁、北京
C39	广东、陕西、北京、福建、湖北	陕西、北京、贵州、广东、河北、福建	湖北、广东、福建、陕西、江苏、重庆

在表 4.6 中,其他劳动密集型产业和资源依赖型产业的不同部门的地理分布也呈现出相类似的特征,生产加工环节主要集聚在中西部地区,一些产业的生产加工环节也会集聚在东部地区,大多是因为这些产业在特定的省份本身就是优势产业,如江苏的纺织业。而研发设计环节虽然不是都集聚在东部地区,但与生产加工环节相比,东部地区所占的比例大大提高。

技术密集型产业则呈现出了不同的特征。虽然从整体上来看,技术密集型产业仍然保持着与劳动密集型产业和资源依赖型产业相似的特点:研发设计环节会更多地向东部地区集聚。但是通过生产加工环节与研发设计环节集聚地的进一步对比,我们发现,与劳动密集型产业和资源依赖型产业相比,技术密集型产业的生产加工环节和研发设计环节的集聚地的重合度更大。例如,专业设备制造业中,上海、江苏、福建这三个地区不但是生产加工环节的集聚地,也是研发设计环节的集聚地。在汽车制造业中,湖南、浙江、河北、山西、山东、陕西是主要的生产加工环节的集聚地,吉林、海南、河北、湖南、重庆、浙江是主要的研发设计环节的集聚地,其中,重庆、吉林、海南因为拥有一些实力相当的企业(如重庆的长安汽车、吉林的一汽轿车和海南的海马汽车),成为汽车制造业研发设计环节的集聚地,而河北、湖南、浙江不但是生产加工环节的集聚地,也是研发设计环节的集聚地。

因此,我们可以发现,总体来说,各产业在东部、中部、地部三大地区的分布存在差异,这一点与之前的统计结果一致。通过对分行业的 *LQ* 值测算,尤其是生产加工环节与研发设计环节的 *LQ* 值的对比分析,我们初步得出结论 4.3。

结论 4.3:不同产业的地理集中存在地理差异,与劳动密集型产业和资源依赖型产业相比,技术密集型产业的生产加工环节和研发设计环节的集聚地的重合度更大。

从上述的描述性统计结果中可以初步看出,随着我国集聚经济的发展,尽管地区间存在较大的差异,还存在一定的产业同构,但从企业不同部门的空间区位选择来看,地区间的产业互补与产业合作俨然已经展开,而这种产业的区域间合作的微观基础正是企业的空间离散化布局。同时,也有一些阻碍因素会造成区域市场的破碎,进一步加剧地区间的差异。

第四节　本章小结

本章对实证研究中会使用到的样本数据进行了说明,并详细阐述选取上市企业作为基础数据库的组成部分的理由,以及收集、筛选和整理数据的原则,描述了制造业上市企业及其不同子公司的地理分布特点。我们发现:中国制造业企业,尤其是具有一定市场势力与技术优势的企业,在空间离散化的过程中,生产型子公司与研发型子公司呈现出不同的集聚程度,研发设计环节的集中度大于生产加工环节。并且,生产型子公司与研发型子公司的空间集聚呈现出明显的地区差异,生产型子公司多集聚于中西部地区,而研发型子公司则倾向于选址于东部地区,这种差异也体现在省级层面上。此外,我们也特别观察了 15 个行业的生产加工环节与研发设计环节的集聚特点,发现与劳动密集型产业和资源依赖型产业相比,技术密集型产业的生产加工环节和研发设计环节的集聚地的重合度更大。

由于我们在这一章中仅将数据加总到省级层面进行比较,尚未深入城市层面进行分析,因此,较高的地区重合度可能是由于技术密集型产业中的企业更倾向于在距离较近的空间范围内实施跨区域的空间策略,如在一省之内布局不同的子公司。

但归根结底,不同产业的空间布局的微观基础是企业的空间区位选择,不同子公司(分工环节)的布局也与企业的空间离散化决策有关,因此,探究影响企业跨区域区位选择的因素,诸如区位因素、要素成本、地理接近性等,无疑有助于理解中国新形势下的产业集聚的形成机制。特别是企业不同的经济部门的选址差异,也会直接关联到产业链的空间布局。根据第二章和第三章的理论梳理,我们发现,生产型子公司与研发型子公司的选址是追逐稀缺要素的,不同的产业、产业链的不同环节对要素的需求各不相同,而不同的要素(如异质性劳动力、土地等)的流动也不尽相同。以知识为例,各行为主体可能因地理上的接近、研发实力的相近等因素,在一定地域内形成和积累了丰厚的社会和知识资本,减少了当地的学习与交流的交易费用,降低了区域内企业知识溢出的风险,降低了集群中知识创新的成本,因此吸引更多的技术密集型企业与产业的集聚,而这些企业或产业的空间离散和联系,又带来了地区的专业化和多元化。我们将在第五章细化到城市层面,对影响企业跨区域区位选择的因素进行深入的分析。

第五章 异质性视野下企业区位选择离散化的影响因素

第一节 引 言

从全球范围来看,企业的生产模式在全球化的进程中已经发生了巨大的变化,跨国企业的兴起与发展就是企业在地理上分散经营的一大表现。20 世纪90 年代后,众多海外跨国企业将空间布局的触角伸向了长三角地区,这些跨国企业通过优化资源配置的区位选址,迅速在整个地区或全球范围内建立了企业内的地域分工网络。跨国企业在跨区域发展时,会根据国家、地区的差异来进行空间布局,如初期很多跨国企业由于政府的政策支持,将自己的中国总部、研究开发机构或者生产工厂都置于上海,再逐步以上海为支点,向长三角其他地区扩散。这种跨国投资行为伴随着空间阶梯式分散化的经营模式,使得分布在不同地区的企业更加活跃地参与到生产、研发等活动中去。从微观层面上看,企业所属的产业链中的不同环节的分散和集中是辩证统一的,分散体现在组织内不同部门(子公司)分散布局于不同的地理位置,一方面体现在处在价值链不同阶段的工序被跨区域的企业有机地结合起来,另一方面体现在相似分工环节中的不同企业又会选择集聚在一地,形成产业集聚;从中观层面上看,产业链的空间离散化使得产业在地区间的分工变得更为明显,产业集群在地区间的差异凸显;从宏观层面上看,企业的空间离散化为各地区要素流动和扩散提供了重要的渠道,尤其是人才和知识资本等。如在异质性企业追逐不同要素、异质性劳动力又选择不同企业集聚地的循环因果过程中,地区间的要素配置也受到了一定的影响。

有趣的是,不仅仅是跨国企业,上述情形在一国范围内也正在成为一种趋势,并且也可能会对一定区域内地区经济协调发展与改革产生深远的影响。在我国,企业跨区域发展一方面将可能成为推进区域经济一体化的主要动力,但同时也受到诸多因素的制约,如市场容量、劳动力要素的可得性、行政壁垒、地理距离、非均衡发展所面临的知识溢出的风险等等。以往研究尚存在三个缺陷:一是研究范围上,目前对企业跨区域发展的研究大多以跨国企业的区位选择为对象,鲜有研究系统地讨论一国之内企业跨区域区位选择的规律与机制;二是研究内容上,企业研发设计环节的离散会影响转出地与转入地之间的产业关联,但是对影响研发设计环节与生产加工环节的区位选择的因素究竟有何区别,很少进行深入的实证分析;三是研究对象上,缺乏对微观主体行为更为深入且全面的考量。以上缺陷很大程度上是由微观统计数据的缺失限制了研究者对微观企业空间问题的进一步探索造成的。

在第四章中我们已经描述了中国制造业上市企业的空间分布特点,也得出了一些初步的结论。在这一章中,本书着重解决以下三个问题:一是以往的研究大多置于跨国厂商的区位选择这一研究主题下,那么在中国一国范围内企业跨区域区位选择的规律又是什么? 这些企业是否存在一定的共性? 二是企业沿产业链的跨区域布局会影响转出地与转入地之间的产业关联,因此企业研发活动的选址就显得尤为重要。那么,研发环节的选址特征与生产环节有何不同,影响企业选择这种离散化经营模式的因素又是什么? 三是地理接近性与技术接近性对知识活动(研发子公司)的集聚的影响又是如何?

本章第二节结合相关的研究文献,针对所要研究的具体问题,提出影响企业空间离散化的因素的假说;第三节介绍研究方法与计量模型;第四节介绍涉及的变量及所采用的数据;第五节进行模型的计算,对假说进行求证,并对结论进行进一步的讨论。

第二节　异质性视野下的企业空间离散化

企业跨区域发展决策往往是与企业追求利润最大化结合起来的。多数研究还停留在对企业追逐较低的要素成本的分析上,如对生产加工环节转移到中西部地区的动因分析,而忽略了企业跨区域区位选择问题是一个综合决策,考虑的利润更有可能是一种预期利润而非短期利润,因此,企业考虑空间决策的成本时,除了生产成本、经营成本以外,也会考虑影响决策的机会成本,这是一个较为复杂但也更现实的情形。企业之所以放弃在一地展开所有的经营活动,而采取分散经营的战略,大多是因为多区位经营所带来的好处足以抵消跨区域发展所带来的成本。如第三章中所分析的,企业会倾向于集聚在市场容量较大、中间投入品和要素充分、知识活动活跃和制度条件优越的地区,同时也会选择嵌入一些技术水平较高的空间和企业网络,以在知识性活动中获得正向的知识流入,提高企业的技术创新能力。对于企业空间离散的问题,相关研究一直未形成系统的分析框架,探究企业空间离散的动因,实际上就是从微观的角度讨论产业集聚的动因。推动企业跨区域发展的动力机制有自身的内部因素,也有外部因素,有时这两者是相互联系的,如要素成本的增加会促使企业在空间上打破原有的地理界限,选择多区位发展以缓解要素成本增加带来的压力。因此,我们试图从多个维度来探究这个问题,将知识外部性纳入分析框架,在新经济地理学的框架下,充分考虑地理接近性与技术关系接近性。在第三章中本书已经从毗邻效应和嵌入效应两个角度对地理接近性和技术关系接近性进行了系统审视,在第三章第三节中对新经济地理学下的企业区位选择模型[见(3.7)式]进行拓展的基础上,结合第四章企业空间离散的特征性描述和行业、地区特征,提出了一个包含"要素—距离—市场—制度"的企业区位选择分析框架(见图5.1),来研究异质性视野下企业空间离散的动力机制,进一步分析不同的因素如何影响企业及其不同功能部门(生产型与研发型子公司)的区位选择。

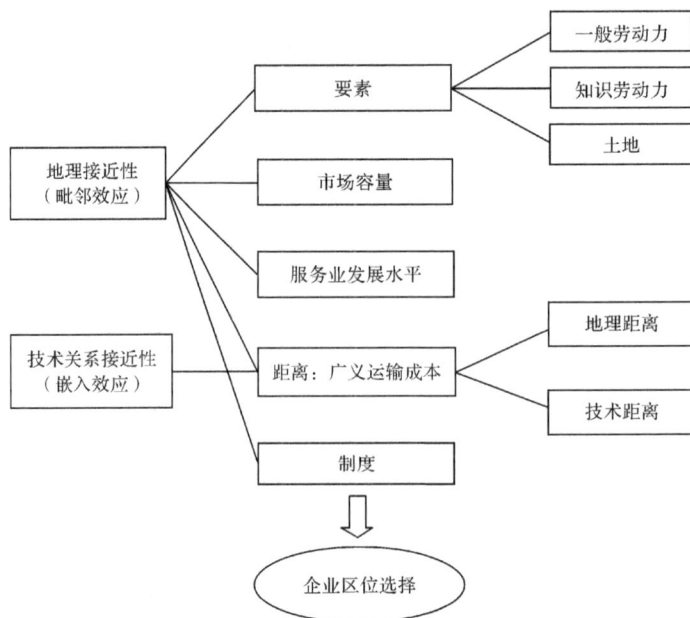

图 5.1　企业空间区位选择的影响因素

本章的实证研究内容分两个问题展开:首先,我们使用 Logit 离散选择模型来识别选择空间离散化的企业和地区特征;然后,我们假设企业的跨区域决策都是按照预期的潜在利润最大化做出的,在第三章第三节的基础上建立计量模型,用计量分析方法来揭示广义运输成本视角下的要素、距离、市场和制度因素对企业空间离散化的影响。因此,我们将会针对以下两个问题提出相关的假说。

第一个问题:什么样的企业会选择跨区域发展的空间战略? 影响因素有哪些?

第二个问题:在企业空间离散的过程中,影响生产加工环节与研发设计环节的因素有何不同?

传统的区位理论将企业的空间行为与企业追求规模经济,同时又寻求最小化跨边界成本、交易成本,以寻求利润最大化的需求结合起来。跨国企业往往在规模、技术和知识储备上具有一定优势,支付企业跨区域发展成本的实力也普遍较强。传统的新经济地理学中一个简便但与现实不符的假设就是企业是同质的,传统的 NEG 模型中的空间均衡都发生在集聚力与分散力相平衡的地方。较为普遍的是,跨区域发展的企业为克服空间距离的障碍需要支付有形运输成本。与效率较低的企业相比,效率较高的企业通常会面临较强的集聚力和较弱的分散力,较高的技术水平也往往意味着高利润(Baldwin,Okubo,2006),也就意味着它们抗击进入新的地区而受到本地市场竞争的危害的能力就越强。从企业成长角度来看,企业跨区域发展的过程和企业成长的过程也是高度相关的(陈建军,2009)。初期,企业的创立者会倾向于选址于家乡或者自身社会网络所在地,以规避成立新企业的风险。随着企业发展到一定规模,在原驻地市场、要素或环境等瓶颈的制约下,企业就会倾向于突破原有的地理空间的限制,寻求跨区域发展以充分利用不同地区的区位优势,因此通常认为跨区域发展的企业是具有一定规模的。由此,我们假设:

假设 5.1:规模较大、技术水平和研发投入较高的企业更有能力支付这些跨区域发展的成本,在空间上采取分散经营的决策。

厂商的跨区域行为可以被看作是一种投资或扩张行为,选择性扩张和复制性扩张是企业通常的扩张方式,与后者不同,选择性扩张保留了集群基本的结构性特征(符正平,曾素英,2008)。本书主要探究选择性扩张,这种扩张方式主要有三种形式:迁移、新建企业的部分功能部门、兼并其他企业。无论是哪一种,从空间上来看,又可以分为三种情况:总部、研发部门和生产部门在地理上的变化。以往研究较多关注于企业单一地通过在生产成本相对较低或者离市场较近的地区建立新的生产部门或子公司,从而降低成本,提高利润率。而近年来,企业研发环节在空间上与总部离散逐渐成为一种普遍的现象,这类研究的主要研究对象为经济全球化背景下,跨国经营过程中后进国接受国际技术扩散的特征、效果与影响因素(张化尧,王赐玉,2012),随后也涌现出了一些研究,分析了中国一国之内区域间的经济互动与知识溢出、技术扩散的关系(张勋,乔坤元,2016)。在宏观视角下,对于城市间的人才流动、城市中的人力资本外部性、知识溢出与区域经济增长之间的紧密关系已达成一定的共识(赵勇,白永秀,2009;Lesage,Fischer,2012)。那么从微观视角来看,企业研发子公司的转移也可以看作是一种技术扩散,这种转移通过兼并、所有权控制,或是直接设立新的公司等形式完成,以获得进入地的优势资源,诸如人才、技术、本地的知识网络等。当企业的研发子公司选址于一个新的区域时,免不了会面临信息不对称所带来的高信息成本,或是对自身有竞争优势的智力资本相关的知识渗漏的顾虑(Mariotti,Piscitello,Elia,2010)。此外,研发、设计部门所在地通常也是创新活动和人才的集聚地。在处于创新前沿、人力资本充裕的地区,由于创新活动的集聚会形成一种"知识场域",知识转移与共享的条件与人才的区位偏好可能会使它们特别钟情于某一些城市,会产生区位黏性问题。因此,我们假设:

假设 5.2:企业空间离散化中,与生产型子公司相比,研发型子公司的跨区域发展决策会更多地受到知识型要素(人才、知识等)区位黏性的影响。

一、要素成本:一般劳动力、知识劳动力与土地

所谓企业空间离散,实际上就是企业在一个"大组织"内的地域分工,充分利用不同地区的比较优势,在空间上企业的不同分工环节分布于不同的区域,以此来降低企业的经营成本,提高竞争优势。因此,企业空间离散也是企业内地域分工的一种空间表现形式,这种企业内地域分工的进行,与区域经济一体化的水平息息相关。例如,如果某一地域内,地区间核心要素的移动成本很高,那即使某个地区在其他方面具有较大的比较优势,从成本的角度也不足以吸引企业展开地域分工。

(一)一般劳动力

我国区域经济的非均衡发展使得我国的劳动力尽管在总量上占有较大优

势,但空间分布极不平衡。第二章中已经阐述了货币外部性会通过价格效应来对分工产生影响,也会影响企业的区位选择,其中就包括中间投入品和劳动力。韦伯的工业区位论也指出,工业企业会选址于劳动力成本较低的地区。劳动力这一概念从狭义上来讲,是指从事体力劳动为主的一般的劳动力,从广义上来说也包括了诸如企业家、技术人才、设计人才等具有创造力的高级人力资本。中国的东部沿海地区与中西部地区的发展水平有一定的差距。同时,工业劳动力的分布在数量上和结构上也呈现非均衡的空间格局[①]。同样,区域间收入水平也有不小的差距,东部地区与中西部地区的劳动力成本差距也很明显。国内早期研究较多地关注于劳动力成本与吸引 FDI 之间的关系,一些学者认为低劳动力成本更具吸引力(魏后凯,贺灿飞,王新,2001;徐杰,2003;潘镇,2005),同时也指出高劳动力成本意味着具有竞争优势的地区人力资本也可能成为吸引FDI 的因素(贺灿飞,魏后凯,2001)。这类研究也大多考虑到了企业选址的商务成本。在随后的一些研究中也有学者指出劳动力成本与 FDI 并无显著相关性,或者呈现出非线性的关系,劳动力成本具有一定的门槛效应(黄肖琦,柴敏,2006;冯伟,邵军,徐康宁,2011)。

一国之内劳动力流动的阻碍和跨区域成本显然比跨国流动要小得多,因此尽管近年来东部沿海地区生活成本的上升使得劳动力的回流现象凸显,但沿海地区的企业,尤其是劳动密集型企业仍然可以使用中西部地区的外来劳动力。但随着市场拥挤效应的显现,拥挤与不断上涨的土地成本一样,引致外部不经济的因素凸显,从而促使劳动力转移与生产分散。此外,即使是劳动密集型企业,其发展到一定阶段后也会根据自身的价值链进行升级,垂直化与深化分工是一大趋势。一些使用一般劳动力的部门或环节很难在平均工资较高的地区继续生存下去,在一般劳动力成本上涨的现实下,只能选择转移。地区一般劳动力要素的成本就成为追求低成本劳动力的企业或分工环节选址时的重要考量因素。

(二)知识劳动力

中国制造业企业面临着"招工难"和"就业难"并存的局面,这也从侧面反映了中国制造业企业与区域劳动力的问题是结构匹配问题(徐瑛,陈澍,2015)。因此,在同质性假设下单一地讨论劳动力短缺与成本问题,显然与现实不符。

[①]　根据《中国工业经济统计年鉴》数据,2007 年和 2010 年东部工业劳动力的比重超过 65%。

国内学者逐渐注意到了劳动力作为影响产业区位的外生资源禀赋,不仅要考虑成本,还要考虑素质的差异性(贺灿飞,谢秀珍,潘峰华,2008)。尤其是当中国经济进入新常态后,即使是传统制造业,随着垂直分工的加剧,企业价值链中某些专业技术性越来越强的环节分离出来,这类功能部门对于人才的需求也日益增强。中国劳动力市场二元化的特征日趋明显:知识型人才和一般劳动力并存,在 NEG 中引入异质性劳动的假设也是必然的(张文武,2012)。

假定人是异质的,也就是说承认人的多样性和预期效用的复杂性,这显然是一个更加贴近现实的假设。大多数的新经济地理学模型在分析产业集聚的力量时,都关注基于市场关联的货币外部性,而忽略了知识溢出等其他因素作为集聚力和分散力的来源的可能性。很大一部分知识,尤其是影响企业竞争优势的缄默知识,根植于个体。人才是知识的重要载体,早期的研究就已经将人才的流动与个体间的知识性活动视为知识溢出的主要途径(Almeida,Kogut,1999;Audretsch,Feldman,2004),同时也强调了群体与网络的重要性(Stuart,Sorensen,2005),企业中的知识通过不同的空间调动而传递,如任务型团队、信息网络,或者借由供应链与跨国企业的跨国团队(Amin,Cohendet,2005;Stensheim,2012)。在知识场域中,知识共享与创新活动的有效性对企业绩效都非常重要,这类知识活动高度依赖于特定的沟通与交流。长久以来,由于面对面交流对隐性知识交流的重要性,知识共享对于地理距离是相当敏感的(Gertler,2003;Broekel,Boschma,2012)。一些分散经营的企业倾向于将其分公司或研发部门选址于总部或同类的本地企业附近,以保持一定的地理接近性;也有一些企业出于对社会学习过程中所产生的外部性与知识溢出和技术渗漏风险的考量,会考虑地理接近性以外的因素(如社会接近性、认知接近性等),这一考量将会从技术关系接近性的视角得以体现和进一步讨论。

空间经济学家藤田昌久在其《集聚经济》一文中指出,要明晰集聚是如何发生的,就必须明确人类活动是由生产和创意活动两部分组成的,前者代表了生产有形物质的常规方式,而在现实经济活动中,企业的竞争优势往往来源于其知识性活动,一定区域内的互相交流对创意活动(如快速产品开发等)来说是一种极其重要的输入。当区域内的成员拥有相当的研发或设计水平、频繁而活跃的知识活动,以及嵌入在本地知识网络中正式、非正式的交流时,会产生巨大的经济规模效应,知识也会产生溢出效应,知识性活动本身就具有较强的集聚趋向,比如硅谷这一高效生产系统形成的核心要素就是知识。而随着近年来制造业中越来越多的研发活动从原来依附的企业内部的制造环节中分化出来,逐步演进为具有独立盈利能力的个体,特定的空间区位选择就形成了专业化的产业区。尽管知识要素同样会遇到成本上升的压力,但与一般劳动力相比,驱动研发活动集聚的外部性不单单来自特定产业的专业化,还来自城市的多样化,兼具产业、劳动者技能、文化的多样性城市能够协调多样化的知识(Flew,Cunningham,2010)。因此,与一般劳动力相比,作为知识的载体,知识生产者的流动受到多重因素的影响。而且运输成本占总成本的比例较低,运输成本下降这一现实背景对知识生产者的流动性影响并不如一般劳动力那样大。这就意味着,企业的研发环节在地理上有可能更倾向于接近其同行,而不是其消费者或者上游供应商(Wenting,2008)。

（三）土地

由于中国土地供给具有独占的特性,因此地区间地价差异较大,地价也会在很大程度上影响企业的区位决策。古典区位理论之后的经济学家在研究集聚的成因时,逐渐认识到这类要素的重要性。如胡佛阐述了隐藏在经济活动复杂模式下的三块基石:自然资源相对优势、空间集中的经济性、运输和通信成本。其中,他认为自然资源的非均衡分布有助于解释多种经济活动的不均衡分布。更准确地说,土地和其他生产要素的不可流动性是解释经济活动地理位置的核心要素,这种不可流动性就是不同地区专业化生产与贸易所依赖的相对优势的来源。传统贸易理论就强调了自然资源(包括了土地、能源等)对产业区位的影响。新经济地理学中有关产业集聚的经典模型(如 CP 模型和 FE 模型),不少是通过描述与分析假定的两区域的演化过程来展开的。这些模型在考虑生产函数时,并没有把土地纳入生产投入要素中,而在现实中土地的价格和可得性始终都是不可回避的因素。以 CP 模型为基础的模型大多回避了土地价格的问题,而在现实中,正是一些地区土地价格的上涨使得商务成本不断升高,驱使一些企业将生产基地向其他地区转移。土地使用成本的上涨不利于吸引外资(杨晓明,田澎,高园,2005)。而与劳动力不同的是,土地是不具备流动性的要素,这也是农业会因为受到土地的制约而表现出更大的分散性的原因。制造业企业对土地价格同样存在一定的依赖性,如厂房、住宅与办公楼的租金等(祁新华等,2010),而且制造业本身与农业区位也并非毫无关联,制造业对土地的依赖也是分散力的来源之一。周正柱和孙明贵(2012)在研究区域商务成本对纺织业相关产业中企业迁移的影响时,就发现土地价格是很关键的因素。除了制造业和农业,土地成本和租金的高低对城市生产性服务业的空间结构演化也同样重要(邱灵,2013)。

随着运输费用的不断下降,要素成本的上升就会成为一种重要的分散力。经常听到的逃离"北上广"是从劳动力供给面反映了要素成本上涨的拥挤效应,对企业而言也是如此。尤其是土地要素的不可移动性使得企业内运输成本较低的环节向周边土地价格较为低廉的地区转移和集聚。土地成本是我国工业企业迁移的主要影响因素之一(周正柱,孙明贵,2014),这种影响主要体现在两个方面:一是土地交易价格的上涨增加了工业用地成本,尤其是劳动密集型产业,通常用地面积比技术密集型产业要大;二是土地交易价格的不断攀升也增加了劳动力作为消费者时购买商品房、租赁房屋的支出。综上,可以得出假设:

假设 5.3:区位要素条件会影响企业的空间离散决策,其中生产型子公司的空间区位选择对劳动力价格和土地价格更为敏感,研发型子公司则对知识要素(知识劳动力)的依赖性更强。

二、广义运输成本:地理距离和技术距离

当某个区域被假定为是均质空间时,贸易自由度或者说广义的运输成本就会被忽略。从取值上来理解,就是假定区域间的地理距离为0,将贸易自由度设定为1。这一假设显然是与现实世界不符的,要素、人和企业的空间决策都会面临各种运输成本,运输成本的存在无疑减弱了原有的循环累积因果效应。运输成本的高低与各种距离息息相关,也与交通运输条件的改善有关(李新,苏兆国,史本山,2010)。以往研究较多关注的是地理距离,在交通运输条件相似的情况下,地理距离越远,运输成本也就越高,反之就低。地理距离也是解释企业区位选择的重要变量。

而当我们考虑广义运输成本时,企业可能不再仅仅考虑地理距离,无形要素(如信息、知识等)的运输成本也很重要,但其大小很难测量与确定。我们从多维度接近性的视角入手,从以往研究跨国企业选址决策的分析中,可以看到企业在考虑地理接近性的同时,也会出于对知识溢出风险的担忧而考虑和"谁"集聚的问题(Mariotti,Piscitello,Elia,2010)。也就是说,企业也会考虑关系接近性,以保证与备择地区其他企业或机构的良性互动。本书在第三章中,已经从地理接近性与技术关系接近性两个维度讨论了企业区位选择的问题。以下将进一步分析地理距离与技术距离在企业空间离散决策中的作用,提出相应的假设。

（一）地理距离

要素流动与企业转移是具有地理维度的概念。企业在跨区域发展的过程中，无论是在原驻地以外的地区设立子公司，还是通过兼并等所有权控制的方式进行扩张，都会呈现出由近及远的空间变动轨迹。这可以从需求和供给两方面来理解：从需求因素来看，结合第二章综述中对产业集聚力的分析，市场接近效应会影响经济活动的集约程度和类型。市场接近效应是指在同等条件下，工业企业在进行区位选择时偏好市场规模大的区域，因为在实现规模经济的同时，生产地接近大市场还能节省销售环节的运输成本。市场接近效应必然会产生吸引企业向市场规模大的区域集中的集聚力。从供给因素来看，市场接近效应也包括企业接近原材料、劳动力、技术和信息，地理上的接近使得获取这些资源或者与提供这些资源的组织交易的运输成本降低了。

从基于资源的观点来看：首先，不同地区的城市化和专业化水平都不尽相同，而且知识密集度的不同也使得不同的地区给予企业，特别是研发子公司不同的资源禀赋（Beaudry，Schiffauerova，2009）；其次，同一组织内不同部门或子公司之间的地理距离也会影响知识被转化的类型、数量和有效性，地理距离越近，越有可能会促进面对面的交流，进而更便于信任的产生和隐性知识的共享与创新（Knoben，2011），而这也正是研发环节在选择空间区位时会考虑的。因此，可以得出假设：

假设5.4：地理距离会显著影响企业空间离散决策，生产加工环节和研发设计环节与总部的地理距离会呈现出不同的特征。

（二）技术距离

尽管地理接近性在产业集聚机制中的重要性已被广泛讨论，但随着知识（特别是隐性知识）逐渐成为越来越多企业的核心要素，多维度的接近性，如关系接近性，由于在描述及理解企业间联系、知识创新与社会网络关系的嵌入效应时所能提供的新视野，被纳入企业区位选择的分析框架，成为一个有趣的课题。决策本质上是管理者权衡各种条件后做出的较为满意的选择，因此空间决策也带有一定的主观性，与决策者的感知有密切的关联，由此也涌现出了一些研究感知距离与企业区位选择之间关系的研究。除地理距离外，这些研究分析的距离因素还包括文化、语言、教育水平、宗教、政治和产业发展水平等（Dow，2006；张华容，王晓轩，黄漫宇，2015），这里的距离也可以理解为关系的远近或差异的大小。特别是目前大多数从微观主体出发的研究多关注于企业本身,企业其实被假设为独立的个体,而忽略了企业作为嵌入在社会网络关系中的行为主体的角色。

现在当我们聚焦于研发子公司与生产子公司的空间偏好的差异性时,现实中一些分散经营的企业倾向于将分公司或研发部门选址于生产部门或同类的本地企业附近,以保持一定的地理接近性;也有一些企业由于对社会学习过程中所产生的外部性与知识溢出的不确定,会考虑地理接近性以外的因素(如关系接近性、社会接近性、认知接近性等)。企业跨区域发展的过程,其实也是在致力于从不同的地区获得提升竞争优势的资源(Schoenberger,1997),如研发设计部门对区域行业相关的专业化产业知识和研发能力的追求。这类研究大致可以分为两类:一是企业在自身的经营目标下会对区位的特点进行评估,评估的标准就是将自己的相关能力与备择地相匹配,看是否能获得有利的资源;二是企业在空间离散的过程中,存在着多重关系:从内部来看是子公司与母公司之间的知识转移,从外部来看是子公司与所在地的其他企业之间的互动关系(魏欣仪,2005)。当子公司备择地的相关产业的其他企业的技术水平普遍较低时,该子公司将会感知到其面临着技术渗漏的风险,它们在与本地企业联合选址的过程中,往往获得的较少而失去的更多(Cantwell,Piscitello,2007)。因此,那些旨在创造竞争优势新来源的子公司,往往选址于创新活跃、技术前沿的国家或地区,在这些国家或地区,本地企业可能拥有更多有价值的知识。在这种情况下,从本地企业流动到跨区域企业子公司的知识可能会超过子公司流向本地企业的知识(Singh,2007)。与地理距离不同的是,关系距离的方向性更强,经济活动主体间的技术势差越大,也就是技术距离越大,技术水平较高的企业感知到的知识溢出与知识流入的差距就会越大。综上,可以假设:

假设5.5:技术距离(技术关系接近性)会显著影响企业空间离散决策,而且研发设计环节倾向选址于技术距离相近或行业研发水平高于本企业的地区。

三、市场容量

企业空间扩张和跨区域发展具有一定的空间轨迹,同样也会按照市场规模的大小进行扩张,也就是说,经济活动的轨迹也会遵循一定的市场序列。市场接近效应是指在同等条件下,工业企业在进行区位选择时偏好市场规模大的区域,因为在实现规模经济的同时,生产地毗邻大市场还能节省销售环节的运输成本。这种扩张不一定是按照地理距离进行的,而是按市场的规模和重要等级跳跃式地扩散(陈建军,2009)。因此,市场规模较大的城市或区域,自然也就形成了一种区位优势。市场接近效应必然会产生吸引企业向市场规模大的区域集中的力量。企业偏好选址于市场潜能较大的地区,消费者需求市场规模的大小对企业区位选择行为与集聚有较大影响(Krugman,Venables,1990;李新,苏兆国,史本山,2010;蒋含明,2015)。即使在不讨论销售子公司选址的情况下,生产环节和研发环节仍然会考虑地区市场容量的大小,与市场的毗邻效应给生产环节带来了更低的运输成本,给研发环节则带来了更快速、直观、准确的市场反馈。因此,可以假设:

假设5.6:较大的市场容量会成为一种区位优势,显著影响企业空间离散决策。

四、服务业发展水平

除了上述与本地相关企业的技术、知识互动关系外,研究表明跨国公司进入外国后,会面临"外国劣势"的不确定性(Mariotti,Piscitello,Elia,2010),而且会面临信息不对称所带来的高信息成本,尤其是需要考察本地要素、市场等地区专业化信息所带来的成本。较高的信息获取成本往往涉及相对较为稀缺要素的可得性和特性,以降低不确定性,尤其是关于服务业的信息。事实上,很多服务业具有与体验商品一样的特性,它们具有比较高的购前成本。服务业是区位约束的(location-constrained),跨区域的企业会面临缺乏对适当的产品质量的认知而产生的高风险。尤其是与厂商本身经济活动有着紧密联系的生产性服务业的发展水平对厂商的运营绩效相当重要,而且这些服务往往替代性很低,从其他地区引进的运输成本很高(Mariotti,Piscitello,1995;He,2002)。例如,有研究表明,服务业发展水平也与地区基础设施条件与宜居性的高低有着密切的关系(周正柱,孙明贵,2012)。在中国企业对外直接投资的空间选址决策的影响因素中,东道国的服务业发展水平也有重要影响,较高的服务业发展水平有利于降低企业交易成本,创造外部经济性。但也有研究发现,研发类分支的选址对东道国的服务业发展水平并不十分敏感(阎大颖,2013)。总体来说,服务业的集聚不但为企业提供了无形的中间投入,也降低了企业跨区域发展面对新的市场和竞争环境时,获取信息、开拓市场等所需要支付的交易成本。因此,可以假设:

假设5.7:较高的服务业集聚水平会成为一种区位优势,显著影响企业空间离散决策。

五、制度：政府的财政支出

在经济转型的背景下，地方行政壁垒是制度成本的主要组成部分，也可以看作是广义贸易成本的一个体现。制度环境是地区营商环境的重要组成部分（孙江永，2008）。较高的行政壁垒会阻碍要素的自由流动，也会影响企业跨区域发展的动机。从某种意义上看，制度成本和距离一样，也是一种区隔，是产业集聚形成的负面因素。如果说要素的流动是企业跨区域发展的一大动力，那么较高的制度成本就是企业跨区域发展可能性的减函数。反之，当一体化程度较高时，较低的制度成本也会吸引企业的转入。因此，以往对我国企业对外直接投资选址的研究大多认为企业偏好选址于具有优越的制度环境或更为相近的地区（祁春凌，邹涛，2013；王恕立，向姣姣，2015；Benassy，Coupet，Mayer，2010），但也有研究者持有不同的观点，认为企业有时也会选址于制度环境较差或者制度环境差异较大的地区（蒋冠宏，蒋殿春，2012）。

企业的区位选择行为是企业与供应商、竞争者、政府等组织在诸多方面，如价格、税收、基础设施等的一种协调（Pellenbarg，Wissen，Dijk，2002）。例如，大企业具有较强的谈判力，而中小企业的区位选择则更易受到政策的影响。随着中国区域一体化进程的推进，政府正在努力破除行政壁垒，除了考虑改善基础设施、提供招商引资的政策、减少进入壁垒，也致力于完善城市基础配套设施的建设，引进人才，引导有技术优势的企业、技术密集型产业集聚。财政支出水平较高的地区往往更有能力为经济欠发达地区选择合理的产业和企业以提供必要的推动力。通过第四章的描述性统计可以看出，制造业企业在东部、中部、西部地区的地理分布仍然存在显著的差异，尤其是研发环节更多地集聚在东部发达地区。政府虽然越来越重视通过招商引资来缩小地区间的差异，但仍聚焦于重振制造业，加上本地要素禀赋的制约，以往很多政府的政策倾斜并不一定有利于知识型环节的迁入，财政支出中科学技术支出比例不高。从知识外部性的角度来看，政府在科学技术与教育上较大的投入对地区知识场域的培养具有正向的作用，对研发型子公司也可能具有较大的吸引力。因此，可以假设：

假设5.8：政府的财政支出会显著影响企业空间离散化，与生产环节相比，研发环节倾向选址于科学技术支出及教育支出较高的地区。

第三节　模型的确定

在前文中,我们已经得到了在特定地区 r 中某一企业总的潜在预期利润 π_r 的函数(3.7)式。结合中国企业成长的情境,由于企业投资定位决策是典型的离散选择问题,我们使用离散选择模型 —— Logit 模型。Logit 模型的原理是:对于计量模型 $Y_i = \beta X_i + \varepsilon_i$,综上对利润函数(3.7)式的分析,我们假设企业在做出选址决策时,追求预期利润的最大化。

假设 $P(Y_i = 1/X_i)$ 表示企业选择跨区域经营的概率,Y 取值的概率累积分布函数为:

$$P_i = \frac{e^{\alpha + \beta_i X_i + \varepsilon_i}}{1 + e^{\alpha + \beta_i X_i + \varepsilon_i}} \tag{5.1}$$

$$1 - P_i = 1 - \frac{e^{\alpha + \beta_i X_i + \varepsilon_i}}{1 + e^{\alpha + \beta_i X_i + \varepsilon_i}} = \frac{1}{1 + e^{\alpha + \beta_i X_i + \varepsilon_i}}$$

因此,P 与 $1 - P$ 之比的对数为:

$$\ln \frac{P_i}{1 - P_i} = \alpha + \beta_i X_i + \varepsilon_i \tag{5.2}$$

在(5.2)式中,$P_i/(1-P_i)$ 为机会比率,$\ln P_i/(1-P_i)$ 为机会比率对数,也称为 Logit。在本研究中,我们观察不到 P,而只能观察到 Y 的结果,因此我们可以通过最大似然估计法来估计参数,得出 Y_i 对 X_i 的响应程度,其中 Y 服从伯努利(Bernoulli)概率分布。

第四节　变量的描述

在第四章的特征性统计中,可以注意到将微观企业的数据加总到省级层面的缺陷,其无法说明一省之内的差异。因此本章的实证分析将深入城市层面,以企业的空间区位决策为研究主体,设置因变量与自变量(见表5.1)。

表 5.1　计量模型中的因变量与主要自变量的说明

变量名	含义	数据
Y_i	是否跨区域、生产型或研发型子公司是否与总部空间离散	决策变量(0,1)
$Scale_f$	企业规模	企业的从业人员数量
$Tech_f/Edu_f/Res_f$	企业知识存量水平	技术人员的比例/员工受教育程度/研发投入的比例
Dis_{ij}	地理距离	城市间高速公路长度
$TDis_f$	技术距离	研发投入水平的差距
GDP_i/GDP_j	市场容量	城市的人均地区生产总值
GDP_Dis_{ij}	地理距离加权后的市场容量	
$service_i/service_j$	服务业水平	城市服务业从业人员的比重
$WAGE_i/WAGE_j$	劳动力成本	城市职工平均工资
$LAND_i/LAND_j$	土地成本	城市的土地供应出让成交均价
K_i/K_j	知识劳动力	企业大专以上学历的员工数比例
$Financial_i/Financial_j$	财政支出	城市的全市地方财政一般预算内支出
Res_exp_i/Res_exp_j	科学技术及教育支出	科学技术支出与教育支出的加总
$east_j$	虚拟变量	是否在东部地区(0,1)

1. 因变量 Y_i：企业空间离散的行为

在本研究中用到分类选择模型，样本中因变量 Y_i 的取值为 0 或 1。

首先，识别企业是否选择跨区域发展的企业特征与地区特征——情形一(模型 1)，企业跨区域(1)或没有跨区域(0)；其次，识别研发型子公司与总部是否存在空间上离散的企业特征与地区特征——情形二(模型 2)，企业的研发型子公司跨区域(1)或没有跨区域(0)；最后，考察生产型子公司与研发型子公司的空间区位选择差异——情形三(模型 3)，研发型子公司(1)或生产型子公司(0)。

2. 企业异质性变量：企业规模($Scale_f$)、技术水平($Tech_f$，Edu_f)和研发投入(Res_f)

通常只有效率、利润较高的企业才有能力支付这些跨区域发展的成本。因此，我们假设这一类企业往往在规模、技术和知识储备以及研发投入上具有一定优势。我们采用企业的从业人员数来衡量企业的规模($Scale_f$)。以往研究在讨论企业异质性时，通常按照企业所属产业将企业划分为劳动密集型和技术密集型，这实际上还是产业异质性。为了避免同产业部门内不同企业技术水平和研发投入的差异带来的干扰,我们直接采用企业自身的微观数据来衡量。知识不仅仅存在于文档、专利等实体中,也存在于员工例行的工作流程与文化中,储存在员工的大脑中。因此我们把参与工作流程的员工假设为储存知识的重要主体之一。按照上市企业的年度报表,企业的专业构成分为生产人员、销售人员、技术人员、财务人员和行政人员等,我们以技术人员占员工总数的比例(Tech_f)、大专以上学历员工数占总员工数的比例(Edu_f)来衡量企业的技术水平,以研发投入占主营业务收入的比例(Res_f)来衡量企业的研发投入水平。在中观数据上,我们同样用此法,通过对同一产业部门的微观数据加总,来衡量不同城市各个产业的技术水平和研发投入。

3. 距离:在广义运输成本的考量下,距离包括了地理距离(Dis_{ij})和技术距离(TDis_f)

地理距离:我们采用生产型子公司或研发型子公司所在城市与其总部所在城市 i 的地理距离(Dis_{ij})作为衡量地理距离的指标。我们在测算城市间的地理距离时,考虑到本研究涉及的地级及以上城市范围较广,有些城市间尚未开通铁路,主要以城市间高速公路长度来衡量城市之间的距离。另外,之所以取两地之间的最短高速公路距离而不是直线距离也是考虑到不同地方地形和地貌(如高山、江河、湖泊等)的差异性,选用高速公路的里程数更能反映真实的情况。用城市间的高速公路的长度来衡量地理距离,而非纯粹的直线距离,也在一定程度上考虑了运输条件,对运输成本的反映也就更为准确。

技术距离:我们通过总部的研发投入的比例(Res_f)与子公司所在城市的同一产业部门 c 的总体的研发投入比例(Res_c)之比,来反映企业在跨区域决策中,选址于某一特定城市可能存在的知识溢出风险的大小。取值 $\text{TDis}_f = \text{Res}_f - \text{Res}_c$,作为衡量关系距离的指标,这个指标也反映了一种"技术和知识的势差",并衡量其与市场准入、要素成本、地理距离等变量的交互作用。当 TDis_f 大于 0 时,说明企业自身的研发投入水平高于该地区相同产业部门的总体的研发投入水平。TDis_f 正值数值越大,说明企业与进入地的专业知识存量水平的差异也越大,因此更有可能存在较大的感知知识溢出风险;反之,则感知知识溢出的风险较小。

4. 市场容量:人均 GDP(GDP_i,GDP_j),地理加权后的 GDP(GDP_Dis_{ij})

市场容量反映了一个地区的市场规模。首先,遵循以往常用的衡量方法,选用城市的人均地区生产总值(GDP_i,GDP_j)来衡量该城市的市场容量。其数据来自2012 年的《中国城市统计年鉴》(滞后一年)。其中,在模型 1 和模型 2 中,主要考察总部所在地的市场容量 GDP_i,在模型 3 中,则考察子公司所在地的市场容量 GDP_j。此外,考虑到空间距离的衰减作用,我们除了考虑转入地的人均 GDP,还将考察各子公司所在城市的地区生产总值经过其与母公司所在地 i 的地理距离(Dis_{ij})加权后的情况,其中加权后的市场容量为:$GDP\_Dis_{ij} = GDP_i + \sum_j (GDP_j / Dis_{ij})$。

5. 服务业发展水平($service_i$,$service_j$)

选取城市服务业从业人员的比重($service_i$,$service_j$)来衡量该城市服务业水平。其中,在模型 1 和模型 2 中,主要考察总部所在地的服务业水平($service_i$),在模型 3 中,则考察了子公司所在地的服务业水平($service_j$)。其数据来自 2012年的《中国城市统计年鉴》(滞后一年)。

6. 区位要素条件:劳动力成本($WAGE_i$,$WAGE_j$)、土地价格($LAND_i$, $LAND_j$)和知识劳动力(K_i,K_j)

本研究主要通过劳动力成本、土地价格和知识劳动力的比例来衡量地区的要素条件。采用职工平均工资($WAGE_i$,$WAGE_j$)来衡量劳动力成本,用每个城市的土地供应出让成交均价($LAND_i$,$LAND_j$)来衡量该地的土地成本,其数据分别来自 2012 年的《中国城市统计年鉴》和《中国国土资源统计年鉴》(滞后一年)。知识劳动力的比例则采用微观数据加总获得,使用每个城市中样本企业大专以上学历的劳动力的加总占企业职工总数的比例(K_i,K_j)来衡量该地区的劳动力的质量。在模型 1 和模型 2 中,我们考察的是总部所在地的要素条件($LAND_i$,$WAGE_i$ 和 K_i),在模型 3 中,考察的是子公司所在城市的要素条件($LAND_j$,$WAGE_j$ 和 K_j)。

7. 制度因素:财政总支出($Financial_i$,$Financial_j$)和科学技术及教育支出(Res_exp_i,Res_exp_j)

采用所在城市的全市地方财政一般预算内支出($Financial_i$,$Financial_j$)来衡量财政支出,用科学技术支出与教育支出的加总来表示所在城市的科技教育支出,其数据来自 2012 年的《中国城市统计年鉴》(滞后一年)。在模型 1 和模型 2 中,我们考察的是企业总部所在地的财政支出与科技教育支出 $Financial_i$ 和 Res_exp_i。在模型 3 中,考察的是子公司所在城市的财政支出($Financial_j$)和科技教育支出(Res_exp_j)对不同环节的空间决策的影响。

在使用离散选择模型时,考虑到企业的决策是基于现有的区位条件做出的,上述有关要素、市场容量、服务业发展水平和制度因素的变量均滞后一年。下一节将对企业跨区域空间决策的影响因素的计算结果进行分析与讨论。

8.虚拟变量 $east_j$:是否在东部

如果生产型子公司或研发型子公司所在城市属于东部地区,则取值为 1,若属于中西部地区,则取值为 0。

第五节　模型的计算

从第四章的特征描述和分析结果来看,企业跨区域发展俨然成为一种趋势,而且呈现出更加多元化、更加复杂的特性:不同的行业与产业链环节,在东部、中部、西部地区和不同省份的分布均有一定的差异。本章为了能进一步探究企业空间离散的动力机制,在一定程度上弥补省级层面数据不能反映次级区域间差异的缺陷,样本数据涵盖了 277 个地级市及以上城市。本节的实证研究内容分两个问题展开:首先,我们使用 Logit 离散选择模型来识别空间区位选择离散化的企业特征;其次,验证第二节中关于要素、距离、市场容量、服务业发展水平和制度因素对企业空间离散化影响的假设,分析生产型子公司与研发型子公司的区位选择动力机制有何不同。

一、第一个问题的实证检验

主要变量的描述性统计结果如表 5.2 所示,主要解释变量间的相关系数如表 5.3 所示。

表 5.2　主要变量的描述性统计

变量	平均值	标准差	最大值	最小值
Y	0.6733	0.4692	1.0000	0.0000
$Scale_f$	7.7510	1.1141	11.9794	3.4340
$Tech_f$	0.1629	0.1170	0.8566	0.0065
Edu_f	0.4021	0.1924	1.0000	0.0186
Res_f	0.1919	0.0366	0.6548	0.0002
GDP_i	11.4662	1.0335	13.4771	7.4187
$LAND_i$	6.6012	0.8410	8.2264	2.8796
$WAGE_i$	10.5653	0.2756	11.1827	9.5338
K_i	0.3786	0.1020	0.8116	0.0863
$Financial_i$	22.6514	1.0555	24.8650	18.4550
$service_i$	0.1135	0.1229	0.8708	0.0047

注:表中除比重类变量,其他解释变量的数值均取自然对数。

从表 5.3 中可以看到,主要解释变量间的相关系数值并不是很大,也就是说这些变量存在多重共线性的可能性不大。其中,所在城市的财政支出(Financial$_i$)与平均工资(WAGE$_i$)的相关系数较高(0.8743),因此采用逐步回归的办法,进一步检验多重共线性问题。分别做被解释变量对各解释变量的回归,结果显示被解释变量和各解释变量之间并不存在拟合度较好的线性关系,而且各杜宾—沃森检验(Durbin-Watson test)统计量值均接近于 2,因此可以判断各解释变量之间不存在多重共线性。

表 5.3　主要解释变量的相关系数

变量	GDP$_i$	LAND$_i$	WAGE$_i$	K_i	Financial$_i$	service$_i$	Scale$_f$	Tech$_f$	Edu$_f$	Res$_f$
GDP$_i$	1.0000									
LAND$_i$	0.5456	1.0000								
WAGE$_i$	0.4378	0.7531	1.0000							
K_i	0.5897	0.6232	0.7232	1.0000						
Financial$_i$	0.3181	0.7562	0.8743	1.0000	1.0000					
service$_i$	0.6429	0.7382	0.5976	0.6101	0.6101	1.0000				
Scale$_f$	0.0949	0.1161	0.0660	0.0968	0.0968	0.1195	1.0000			
Tech$_f$	0.0903	0.1966	0.1983	0.1815	0.1815	0.1579	−0.0968	1.0000		
Edu$_f$	0.0200	0.1905	0.2142	0.2238	0.2238	0.2009	−0.0576	0.5751	1.0000	
Res$_f$	0.1356	0.0737	0.0396	0.0369	0.0369	0.1157	0.4019	0.0458	0.0652	1.0000

运用 EViews7.0 对模型进行估计,需要注意的是,Logit 模型的估计参数不像普通回归中那样被理解为是对因变量的边际效应。首先可以通过符号的正负来判断自变量的增加引起因变量的增还是减,再通过(5.1)式可以计算出概率。McFadden R^2 是似然比的一个指标,类似于线性回归中的 R^2。表 5.4 给出了第一个问题的 Logit 回归结果。

表 5.4　企业空间离散化决策(是否跨区域)的 Logit 回归结果

变量/模型	企业空间离散化(是否跨区域)		
	模型 1-1	模型 1-2	模型 1-3
Scale$_f$	0.5076***	0.3364***	0.3468***
	(7.1110)	(5.0108)	(5.1009)
Tech$_f$	0.9978**	1.2159**	1.1169**
	(1.3164)	(1.6880)	(1.5348)

续表

变量/模型	企业空间离散化(是否跨区域)		
	模型 1-1	模型 1-2	模型 1-3
Edu_f	0.8032**	1.8771***	2.1423***
	(1.7757)	(4.2592)	(4.7176)
Res_f	0.0215		
	(0.2228)		
$east_j$	0.7589**		
	(1.8963)		
GDP_i		−0.0035***	−0.0037***
		(−2.6760)	(−2.6062)
GDP_Dis_{ij}		0.0038***	0.0038***
		(2.7254)	(2.6852)
$service_i$		1.6137***	1.9853***
		(2.4491)	(2.5739)
$WAGE_i$			0.0013**
			(0.9185)
$LAND_i$			0.0030***
			(2.1290)
K_i			0.0559
			(0.0985)
$Financial_i$			−0.0055***
			(−2.2142)
Res_exp_i			0.0029**
			(−1.3751)
N	1001	1001	1001
McFadden R^2	0.4854	0.5979	0.6434
Log likelihood	−601.5528	−623.2012	−617.7776

注:回归系数下方括号内的数值为 z 统计量;* 表示 10% 的显著水平,** 和 *** 分别表示 5% 和 1% 的显著性水平。

在模型 1-1 中,我们首先对选择跨区域发展的企业特性进行了识别,结果表明企业异质性对区位决策具有显著的影响。就企业是否选择跨区域发展而言,企业的员工数作为企业规模的替代变量,对企业选择跨区域发展的概率有显著的正的影响,表现出了比较强的解释力。也就是说,当其他条件不变时,企业规模每扩大 1,估计的 Logit(对数机会比率)将提高 0.5076,机会比率 $p/(1-p)$ 将会提高 $e^{0.5076} \approx 1.6613$。这样给定自变量的取值,我们就可以根据(5.1)式估计企业选择空间离散化战略的概率。此外,从反映企业知识存量水平的三个指标(技术人员的比例、员工受教育程度和研发投入比例)来看,除了企业的研发投入比例,企业的技术人员比例和员工受教育程度都通过了显著性检验。这一结果也部分证实了先前的假设 5.1,跨区域发展的企业往往是规模较大、技术水平较高的企业。这类企业更有实力支付为克服空间距离的障碍而产生的有形的、无形的运输成本。然而值得注意的是,企业的研发投入比例的影响并不显著。也就是说,研发投入比例较高的企业并不一定更愿意采取跨区域发展的战略,这也从另一个侧面反映出了企业对技术知识溢出风险的担忧。

在模型 1-2 中,我们引入了反映总部所在城市区位条件的变量(市场容量和服务业发展水平)。回归结果显示,总部市场容量的影响显著为负,通过子公司和总部之间的地理距离加权后的市场容量有显著的正的效果。这说明了一方面总部所在城市的市场容量越大,企业打破地理限制、寻求多区位发展的动力就较小;另一方面市场容量越大的地区,被跨区域发展的企业选中的概率就越大。总部所在地服务业发展水平对企业的空间离散化决策的影响显著且为正。这说明较高的服务业水平促进了企业间分工与合作的水平,进一步强化了企业跨区域发展的能力与动机,为企业跨区域发展、多区位子公司协调提供了条件。这也证实了假设 5.6:市场容量会成为一种区位优势,显著影响企业空间离散化。这一结果也从微观的视角说明了中国现阶段产业转移具有一定的市场导向性,扩大市场与接近大市场成为企业跨区域发展和产业转移的一大动力。

在模型 1-3 中,我们考察了地区要素成本与制度因素对企业空间离散化决策的影响。就要素条件而言,总部所在城市的劳动力成本和土地成本对企业跨区域发展决策的影响显著且为正。也就是说,企业所在地的要素成本的增加会促使企业在空间上打破原有的地理界限,选择多区位发展以缓解要素成本带来的压力。而总部的知识劳动力的比例对企业跨区域发展的决策的影响并不显著。产生这一结果的原因有以下两个方面:一是本研究中对知识劳动力条件的测量并未直接选取宏观数据,而是通过微观企业的数据加总得来,因此更为直观地反映了活跃在各个行业中的劳动力的地区分布状况。从加总结果的排名来看,北京、上海、江苏南京、湖北武汉、陕西西安、天津等地的样本企业中员工的受教育程度普遍较高,这些城市大多集中在东部沿海地区,这也和我国大学分布的特征有所吻合,如湖北的武汉、陕西的西安,虽地处中西部地区,但都是著名高校集聚的城市。而诸如广东、浙江这些经济较为发达地区的城市,排名并不靠前。二是由于在模型 1 中,并未区分生产型子公司与研发型子公司,也就是说,总部所在地的劳动力质量水平对于生产型子公司与研发型子公司的空间偏好可能会呈现两种不同方向的、相互抵消的作用。例如,研发设计环节在人才充沛的地区转移的动力可能并不大,而生产加工环节则可能迫于较高的劳动力成本而产生较强的迁移动机。因此,有必要在模型2中对不同子公司的选址做进一步比较分析。

而在制度因素方面,总部所在城市的政府财政支出同样会显著影响企业是否跨区域发展,并且影响显著为负。结果显示,政府的财政支出越高,本地企业跨区域发展的可能性就越小。这和我们之前的设想一致,也较符合现实。而当政府的财政支出中用于科技和教育的支出较高时,本地企业跨区域发展的可能性较大。这也与在模型1中我们并没有区分生产型子公司与研发型子公司的跨区域行为有关,因此还存在大量的企业只是将生产加工环节转移到生产成本更低的地区,这类企业的存在一定程度上掩盖了政府教育研究支出的作用。

在模型2中,我们使用同样的方法考察企业特性、要素、区位优势与制度因素对因变量企业研发环节是否离散化的影响,实证结果如表5.5所示。模型1和模型2的分析结果从微观的视角说明了中国现阶段产业转移的市场导向、要素导向和制度导向。

表 5.5　企业空间离散化决策(研发是否跨区域)的 Logit 回归结果

变量/模型	企业空间离散化(研发是否与总部空间离散)			
	模型 2-1	模型 2-2	模型 2-3	模型 2-4
$Scale_f$	0.3165 ***	0.2895 ***	0.2925 ***	0.2985 ***
	(3.3737)	(3.0933)	(3.2028)	(3.2481)
$Tech_f$	1.1117 **	0.8424 *	1.0397 **	0.9844 **
	(1.6029)	(1.2032)	(1.4820)	(1.3862)
Edu_f	1.8677 ***	1.8542 ***	1.6010 ***	1.8180 ***
	(4.4041)	(4.2447)	(3.4051)	(3.7766)
Res_f	0.1097			
	(0.1229)			
GDP_i		−0.0015		
		(−0.5755)		
GDP_Dis_{ij}		0.0024 *	0.0012 **	0.0010 **
		(0.9717)	(2.3032)	(1.7722)
$service_i$		0.9044 *	0.8538 *	1.2019 *
		(1.2502)	(1.0132)	(1.2424)
$WAGE_i$			−0.0016 **	−0.0014 **
			(−1.8032)	(−1.4986)
$LAND_i$			−0.0357 ***	−0.0342 ***
			(−2.9143)	(−2.3434)

续表

变量/模型	企业空间离散化(研发是否与总部空间离散)			
	模型 2-1	模型 2-2	模型 2-3	模型 2-4
K_j				−0.9012*** (−1.8802)
Financial$_i$				−0.0005* (−1.2951)
Res_exp$_i$				−0.0012** (−1.4583)
N	1001	1001	1001	1001
McFadden R^2	0.4376	0.5545	0.5996	0.6145
Log likelihood	−646.3129	−638.4127	−635.3647	−634.3587

注:回归系数下方括号内的数值为 z 统计量;* 表示 10% 的显著水平,** 和 *** 分别表示 5% 和 1% 的显著性水平。

与模型 1 相比,模型 2 的回归结果中值得注意的差异点主要集中在以下三个方面:

第一,市场容量。模型 2 中总部所在城市的人均地区生产总值的影响不再显著,通过子公司和母公司之间的地理距离加权后的市场容量却仍然有显著的正的效果,这说明了研发子公司的空间离散受到本地市场容量的影响较小,而更关注于由多个子公司所在地的市场联合起来的统一的大市场。企业通过空间上的分散经营,有机地整合了距离较近的小市场,从而使得企业产品的总市场规模相应地扩大。这说明了,当企业选择将研发部门转移到其他地区时,可能更看重在比较优势原则下进入地的市场规模,从而形成与总部和生产环节的专业化分工,对总部所在地的市场容量反而呈现出较小的依赖性。

第二,要素成本和知识劳动力水平。企业所在城市的职工平均工资和土地价格的影响仍然显著,但均由正转为负。在模型 1-3 中,我们看到当不区分不同的子公司时,总部的知识劳动力的比例对企业空间离散化的决策的影响并不显著。而在模型 2 中,当识别研发子公司与总部空间离散的影响因素时,知识劳动力的影响就变为显著为负。这就意味着,当企业总部的知识劳动力的工资水平较高时,知识劳动力的数量越多,研发子公司打破地理界限采取跨区域发展战略的动机越小。反之,若总部知识型劳动力数量较少,则企业的研发设计部门有较大的动力与总部空间离散。

第三,制度因素。我们发现模型 2 中政府的财政支出中用于科技和教育的支出的显著影响也由正转为负,这反映出当企业所在地的制度环境有利于推动研究开发活动的展开时,这种优势也会强化研发活动的区位黏性。

二、第二个问题的实证检验

在上一节中,我们已经对影响企业空间离散化的因素进行了初步的识别,可以看出企业的跨区域发展会呈现出不同的形态,而研发通常是蕴含着企业竞争优势的环节,其区位选择的规律不仅与企业自身息息相关,也会对产业集聚、知识要素的地区分布与配置产生深远的影响。因此,本书接下去对跨区域发展的企业的生产与研发子公司区位选择的影响因素进行对比研究。第二节所分析的五大因素中,我们已经考察了要素条件、市场容量、服务业水平和制度因素,在此基础上引入多维接近性,主要关注不同子公司与总部之间的地理距离,以及企业与所选城市所处行业的技术距离对空间决策的影响。与解释第一个问题时的实证分析不同,这里所采用的城市指标反映的不再是企业总部所在地,而是生产子公司与研发子公司所在城市的区位条件变量。为了更好地分析企业不同分工环节(子公司)的空间区位选择的地理差异,本研究在模型 3 的设定上也引入了虚拟变量 $east_j$。根据第四章中的初步分析,假设其符号为正,即研发部门大多集聚在东部地区。表 5.6 给出了企业研发环节与生产环节空间离散化决策的 Logit 回归结果。

从城市层面对生产环节和研发环节的区位选择进行回归分析,实证结果部分验证了第二节中所提出的假设 5.2 至假设 5.8。从回归分析的结果来看,要素条件、地理距离和服务业集聚是研发环节空间离散化时区位选择的主要影响因素,尤其是知识劳动力的集聚对研发环节的区位选择具有最为显著的影响。

表 5.6　企业研发环节与生产环节空间区位选择的 Logit 回归结果

变量/模型	研发环节(1)与生产环节(0)的空间离散化		
	模型 3-1	模型 3-2	模型 3-3
$WAGE_j$	0.0039*** (7.0192)	0.0036*** (6.3928)	0.0022** (2.5093)
$LAND_j$	0.0021** (2.8178)	0.0018*** (2.1553)	0.0014** (1.6215)
K_j	3.8572*** (9.3930)	3.6631*** (8.8115)	4.0940*** (8.6840)

续表

变量/模型	研发环节(1)与生产环节(0)的空间离散化		
	模型 3-1	模型 3-2	模型 3-3
Dis_{ij}	-0.0016^{**}	-0.0016^{***}	-0.0017^{***}
	(-2.7972)	(-2.9124)	(-2.9291)
$TDis_f$	-0.0073^{*}	-0.0077^{*}	-0.0081^{*}
	(-0.9091)	(-0.9494)	(-0.9870)
GDP_j		0.0074^{**}	0.0048^{*}
		(1.7686)	(1.0582)
$service_j$		1.4841^{**}	1.3549^{**}
		(2.2417)	(1.9819)
$Financial_j$			0.0052^{*}
			(0.9853)
Res_exp_j			0.0053^{*}
			(1.5949)
$east_j$	0.3519^{***}	0.4246^{***}	0.4218^{***}
	(3.3963)	(3.8032)	(3.7711)
观测值 N	2405	2405	2405
McFadden R^2	0.3290	0.3309	0.3325
Log likelihood	-1437.868	-1434.989	-1432.361

注：回归系数下方括号内的数值为 z 统计量；* 表示 10% 的显著水平，** 和 *** 分别表示 5% 和 1% 的显著性水平。

(一)要素成本与不同分工环节的区位选择

从模型 3 的结果中我们看到，城市的职工平均工资和土地均价作为衡量城市劳动力成本与土地成本的替代变量，显著影响企业研发型子公司选择该地区的概率，且影响为正。这也说明了与生产加工环节相比，研发设计环节更倾向于集聚在劳动力成本和土地成本较高的地区。也就是说，企业在空间离散的过程中，生产加工环节更倾向于接近低成本的一般劳动力，以降低劳动力使用成本。土地是一种几乎无法流动的要素，运输成本无限大。众所周知，农业受土地资源的可得性影响分散经营，工业的生产环节虽然不如农业对土地的依赖性大，但与研发设计环节相比，生产环节需要的用地面积更大，而且受农业的束缚力也较大，因此对土地这一要素的价格也更为敏感，以达到规模经济与集聚经济。相对来说，研发环节则对劳动力价格和土地价格并没有那么敏感，对照虚拟变量 $east_j$ 对不同环节空间区位选择的影响系数来看，研发环节较多地集聚在东部地区，较高平均工资的城市可能是知识型劳动力的集聚地，而较高的土地价格则可能意味着有优越的地理和交通运输条件,以保证研发活动中信息的共享与传递、相关人员的交流和知识网络的建立。从接下来知识型劳动力比例对研发集聚的显著影响也验证了这一点。

(二)知识劳动力集聚与不同分工环节的区位选择

在表5.6中,模型3-1至模型3-3的结果均显示,知识劳动力的集聚对研发环节的区位选择具有非常显著的正向的影响,证实了与生产加工环节相比,企业的研发设计环节在跨区域发展的区位选择中,更倾向于追随人才。知识劳动力这一要素的流动,一方面伴随着知识和技术的转移,另一方面他们的集聚也反映了集聚地较高的劳动力成本。知识劳动力往往可以凭借较高水平的专业技能获得较高的收入,这类劳动者与体力劳动者不同的是,更追求便利、舒适和开放的居住环境,因此他们也更倾向于集聚在生活成本较高的核心城市。平均工资和房价较高的城市可能聚集了更多的人才,也就可能集聚了更多的研发活动,形成了一定的集聚效应。企业一旦最初选择了该地区,在可接受的要素成本下,其在未来将自身研发活动离散到异地的可能性就会变小,这也从一定程度上证实了我们在假设5.2中对于研发环节的空间离散行为会受到人才区位黏性的影响的假设。对照虚拟变量 east,对不同子公司空间区位选择的影响系数来看,研发环节大多集聚在东部地区,这也从另一个侧面反映了地区高级人力资本对企业分工环节中知识创造活跃的环节的磁力作用。以上两点也证实了假设5.3中生产环节的空间区位选择对劳动力价格和土地价格更为敏感,研发环节则对知识要素(知识劳动力)的依赖性更强的假设。

(三)地理距离、技术距离与不同分工环节的区位选择

在模型3-1至模型3-3中,我们也注意到地理距离对企业生产型子公司与研发型子公司的选址概率的影响,地理距离对研发环节的空间区位选择的影响显著且为负向。这也证实了假设5.4中生产环节和研发环节与总部的地理距离会呈现出不同的特征的假设。从影响显著为负这一回归结果来看,与生产环节相比,研发环节更倾向于集聚在总部的附近。呈现这一结论的原因之一是所选样本来源于上市企业,如第四章所统计的,上市企业大多集聚在东部地区,由于东部地区城市要素成本的上升和运输成本的降低,企业更倾向于将生产环节迁移到较远的地区。也就是说,大量集聚在东部地区的公司并不愿意把自己的研发环节选址于较远的中西部地区,尽管有较大的政策倾斜。一方面,研发型

子公司由于对高技能人才的需求,反而会倾向于选择离总部地理距离较近的地区。另一方面,尽管通信技术取得了巨大的进步,但地理距离仍然是影响知识扩散的主要因素之一(Wallsten,2001)。Anselin、Varga 和 Acs(1997,2000)基于美国城市层面数据展开研究,发现大学研究和创新活动中的知识溢出效应具有显著的地理界限,随着地理距离越来越远,空间相互作用会逐渐减弱,知识地理溢出效应减弱。从产业集聚与知识溢出之间的关系来看,某些嵌入当地集群中的技术不可轻易移植,使得企业为了获得这些知识流入的机会而更多地向创新活动密集的地区集聚。总体来说,结合上市企业总部更多地集聚在东部沿海地区这一现实,研发子公司的选址与总部保持了更为强烈的地理接近性,而生产子公司则在运输成本不断下降的背景下,为了追求低成本投入,更多地远离总部。

我们还引入了企业自身的研发投入比例与所在地同行业的研发投入比例进行比较,作为一种"技术距离"来衡量感知的知识溢出风险,来考察其对企业选址的影响。尽管模型 3-1 至模型 3-3 的回归分析结果表明,技术距离对企业空间离散的影响虽然不如地理距离显著,但也有显著的负向效果。这说明了决策者感知的知识溢出风险会显著影响他们将研发活动转移到某一地区的概率,当技术距离较大时,说明企业的研发投入水平高于该地区同行业的水平,则决策者感知到的知识溢出的风险也较大,因此企业将研发环节选址于该地区的概率就越小。与地理接近性相比,技术关系接近性的作用并没有那么显著,但技术关系接近性本身和地理接近性就密不可分,知识的共享离不开一定空间距离约束下的沟通。

(四)市场容量、服务业发展水平与不同分工环节的区位选择

我们在模型 3-2 中考察了市场容量与服务业的发展水平对因变量的影响,结果表明,市场容量对企业不同环节的选址影响显著为正,这也意味着研发环节倾向于选址于市场容量较大的城市。尽管市场容量的影响并没有要素条件与地理距离等因素那么显著,但也在一定程度上验证了企业在进行研发环节选址时,对于需求导致的市场外部性的追求。服务业的发展水平也会显著影响企业的空间区位选择,且表现出正向的影响。通常认为,服务业主要是市场导向的,因此更需要接近市场和消费者,具有较大的区位黏性,迁移的可能性也就较小(Pennings,Sleuwaegen,2000)。而企业研发环节的重新选址则体现了企业对于更好的市场通达性与服务业的可得性极大的偏好。一方面,接近服务业降

低了面对面沟通以及为其他环节提供支持性服务的成本。另一方面,接近金融、法律及其他商业服务业同样便于与产品或市场相关的知识和信息的流动。而相对来讲,诸如土地价格竞争的替代效应等因素使得较高比例的服务业从业人员对生产环节的离散呈现出相反的影响。

（五）制度因素与不同环节的区位选择

与之前的模型2对跨区域发展的企业的总部所在地的考察相比,在模型3-3中我们转而纳入了子公司所在地的制度因素以探究其对企业空间离散的影响。政府的财政支出对企业不同环节的空间离散的影响显著为正。与生产环节相比,研发环节的空间离散决策更倾向于财政支出较高的城市。而政府的财政支出中,科技与教育支出的比例的影响也显著为正。尽管制度因素对研发环节的选址的影响并没有要素条件与地理距离等因素那么显著,但可以从回归分析的结果来分析,科技与教育支出比例越高,该城市的人才和知识存量也就越多,尤其是专业知识的供给就越充分。企业进入某一新地区时,还会面临诸如政策、制度、文化和信息、知识溢出风险所带来的无形的成本,备选城市的制度优势有利于城市知识场域的培育,降低了企业研发环节跨区域发展时搜索信息的成本和知识溢出的风险。

第六节　关于地理接近性与技术关系接近性融合的进一步讨论

随着垂直分工的深化,在考虑企业跨区域发展的影响因素时,很难将企业及其子公司看作是一个孤立的个体。无论是经济关联还是知识关联,企业都会与其他企业、机构或集群产生更多的互动。这种互动会依不同的分工环节呈现出不同的侧重点和强度,例如研发型子公司显然比生产型子公司更多地参与知识性的互动。企业在进入新市场时会面临进入市场的成本,其中就可能包含了企业在互动中所产生的、短期内无法在财务监督下被观察到的隐性成本。而在现实中,企业决策者不仅会考虑要素成本,还会关注企业空间离散所造成的信息不确定、技术渗漏所带来的风险。诚然,要素成本对空间区位选择的预期利润非常重要,之前第五节的实证分析也证实了区位要素条件是最为显著的因素。但企业的区位选择常常就是为了规避成长过程中的各种风险,尤其是研发部门选址时,免不了会考虑知识的获取成本与溢出风险。而识别企业研发子公司在企业跨区域发展时的区位选择的特点,对深入分析异质性劳动力要素流动、产业集聚的形成机制与地区经济差异也尤为重要。

在上述实证分析中,可以看到企业研发子公司与所在城市同行业企业集群之间的技术关系接近性并不如地理接近性来得显著。从这一结果来看,企业的研发环节的选址更倾向于在地理上接近总部,而非同类。与技术水平相近或更高的企业或集群保持接近性的动机对研发子公司来说可能并不如与总部保持接近来得大。在讨论企业的创新活动集聚与地理空间之间的关系时,大致会从两个方面入手:一是讨论企业的选址与备择地资源的匹配性问题。企业会评估自身的能力选择较为有利的区位来布局新的子公司或功能部门(如研发中心等)。二是讨论知识转移与共享的过程。这里不仅包含了外部的企业的子公司在迁入地与本地网络中的其他企业、机构之间的知识互动活动,也包括了在企业内部总部与子公司之间的知识转移。

事实上,无论是接近总部还是技术水平较高的企业,厂商都期望能从不同区位中获得知识和能力,只是获取知识的方式和来源不同,可能是来自企业内部,也有可能来自企业外部。因此,以上的实证结果除去指标与对象选取的局限性外,是否存在一种可能性,即技术关系接近性本身与地理接近性就存在一定的关联性?尽管单独来看对企业空间区位选择的影响并不大,但若将地理接近性和技术关系接近性结合起来考虑,或许会对企业研发活动的区位选择产生显著的影响。一些研究也指出了,地理接近性有助于经验的共享,这也可能会促进技术关系接近性,或者说地理接近性有助于对一种"非交易性的相互依赖关系"的感知(Zeller,2004)。因此,为了检验这一观点,我们在模型3的基础上引入了子公司与母公司之间的地理距离与技术距离的交叉项 $Dis_{ij} \times TDis_f$ 作为解释变量(模型4),回归结果如表5.7所示。通过加入这一交叉项变量,我们考察了地理距离和技术距离的共同作用。结合之前的描述,我们假设如果企业技术水平和知识存量较高,其研发环节为了寻求人才和优越的地理位置,可能愿意选择要素成本较高、行业专有技术水平相当或较高的地区,技术关系接近性经过与地理距离交叉后对企业研发环节的子公司的空间区位选择的影响显著。

从模型4的测算结果来看,地理距离与技术距离的交叉项对企业研发子公司在空间离散时的区位选择的影响显著为负,其显著性水平比单独考虑技术距离大大提高。这意味着,如果备择地离总部的地理距离较远,且企业的研发投入比例高于该地区行业总体研发投入比例,则这种差距较大。也就是该企业面临的技术知识溢出风险越大,其将研发子公司选址于该地区的概率就越小。

表 5.7　考虑两种接近性交互作用的 Logit 回归结果

变量/模型	研发环节(1)与生产环节(0)的空间离散化	
	模型 3	模型 4
$WAGE_j$	0.0022**	0.0021**
	(2.5093)	(2.4899)
$LAND_j$	0.0014**	0.0013**
	(1.6215)	(1.6133)
K_j	4.0940***	4.0980***
	(8.6840)	(8.6897)
Dis_{ij}	−0.0017***	−0.0018***
	(−2.9291)	(−2.9430)
$TDis_f$	−0.0081*	−0.0104*
	(−0.9870)	(−0.9920)
$Dis_{ij} \times TDis_f$		−0.0062**
		(−2.2546)
GDP_j	0.0048*	0.0046*
	(1.0582)	(1.0189)
$service_j$	1.3549**	1.3634*
	(1.9819)	(1.9928)
$Financial_j$	0.0052*	0.0051*
	(0.9853)	(0.9801)
Res_exp_j	0.0053*	0.0053*
	(1.5949)	(1.5937)
$east_j$	0.4218***	0.4205***
	(3.7711)	(2.7569)
观测值 N	2405	2405
McFadden R^2	0.3325	0.3327
Log likelihood	−1432.361	−1431.298

注:回归系数下方括号内的数值为 z 统计量;* 表示 10% 的显著水平,** 和 *** 分别表示 5% 和 1% 的显著性水平。

　　和生产加工环节相比,企业的研发设计活动对人才的迫切需求会促使其向平均工资较高的地区转移。结合之前的研究结论,由于上市企业多集聚在东部沿海地区,东部沿海地区的人才相对充沛,劳动力要素成本也随之较高。因此,我们也可以理解为研发子公司大多集聚于总部附近主要有三个方面的原因:一是出于对总部的技术转移与共享的需求,寻求知识共享与转移的空间外部性;

二是对接近总部所在城市的可能的本行业技术和知识流入的需求;三是对接近总部所在城市的本行业专业人才的需求。从表面上看,接近总部是地理学上的特征,而由于总部本身的地理分布特性,以上三个方面的原因归根结底都是由于研发环节本身对知识创新活动所需的稀缺要素的需求,以及知识性活动具有一定的空间界限。

研发子公司从某种程度上代表了企业知识活动较为活跃的经济主体,它们的地理尺度在以往对企业空间区位选择的研究中是较易被忽略的领域。跨区域发展的企业在更为广阔的地理范畴考虑其不同功能部门的地点,进行策略性的布局,成为一国经济活动的主要塑造者。在市场经济的推动下,交通、通信技术的革新以及要素在地区间的自由流动使得很多人开始提出空间差异性缩小的观点,似乎距离变得越来越不重要了。但事实上,除了自然资源,仍然存在着其他一些黏滞于固定空间、流动性较弱且难以复制的要素。本章的实证研究并不是一味地否定技术关系接近性的重要性。事实上,从实证结果来看,企业的研发子公司在选址时,也的确比生产子公司更在乎进入地的技术、知识水平与自身的差距,以此来考量知识溢出的风险,但地理接近性仍然是更为显著的影响因素。知识的共享、创造与企业地理空间之间的关系,具有一定的不可分割性。地理接近性本身对知识转移与共享就具有很强的促进作用。企业,尤其是其知识活动活跃的分工环节,所追求的知识的正外部性往往是存在区域边界的,也就是会受到空间距离的约束。

第七节　本章小结

本章通过对 2013 年我国 31 个省(区、市)的 277 个地级市及以上城市,涵盖 15 个主要产业部门的 3046 家制造业企业及其子公司的跨区域发展行为及其影响因素进行 Logit 回归分析,识别了跨区域发展的企业的特征,以及要素、广义距离、市场容量、服务业发展水平和制度因素对企业跨区域发展行为决策的影响,尤其是企业在空间离散的过程中,生产环节与研发环节在空间选址上的差异,为更好地理解新的背景下产业集聚的形成机制与地区要素配置提供了微观基础。

一、企业异质性：跨区域发展企业的特征

我们在第五节的第一部分中对跨区域发展的企业的特征进行了识别，从实证分析的结果来看，首先选择打破地理边界的企业往往是规模较大、技术水平较高的企业。在衡量企业技术水平的三个指标中，技术人员的比例和员工受教育程度的影响的显著性大大高于企业研发投入的比例。企业的技术能力很大程度上是由员工集合而成的，劳动力要素的受教育水平、经验、能力等特质，在企业自身的组织结构、关系、文化、规章、惯例的协调下，调和出企业独特的技术能力与学习能力，这也是企业在跨边界知识转移与共享过程中的关键力量。此外，研发投入比例的非显著影响也说明了企业在进行跨区域发展决策时的确存在对技术知识溢出风险的担忧。具有一定市场势力的企业有实力支付跨区域的成本，而且这类企业从多区位中寻求具有竞争优势的要素、资源，以提升企业在区域乃至全球的核心能力的动机也更为强烈。因此，以这类企业作为研究对象也具有一定的代表性与前瞻性。与生产环节离散化的企业相比，研发环节跨区域的企业也表现出规模更大、技术水平更高的特征。因此，可以得到结论：

结论5.1：企业跨区域发展的过程与企业自身成长的过程是高度相关的，规模较大、技术水平较高的企业往往首先打破地理边界，寻求多区位发展的空间战略。而研发投入比例较大的企业未必一定会选择跨区域发展。

二、空间异质性：企业区位选择离散化的影响因素

企业跨区域发展归根结底是突破原驻地的约束，进行多区位的策略性空间布局，期望利用不同地区的要素、资源优势，以实现利润最大化。中国国土辽阔，人口众多，地区资源分布和经济发展水平差异较大，空间的差异性加剧了企业跨区域发展的复杂性。本研究的实证分析结果显示，企业跨区域发展的决策受到原驻地市场容量、劳动力成本、土地成本与制度因素的影响。服务业发展水平较高、知识劳动力更为充沛的地区对研发环节的空间离散的影响更为显著。因此，我们可以得出结论：

结论5.2：企业跨区域发展具有一定的市场导向、要素导向和制度导向，寻求较大市场、要素优势和制度支持是企业跨区域发展的动力。发达的服务业和丰富的人才资源也是吸引企业研发环节落地的重要的空间因素。

三、要素异质性:研发环节空间区位选择的影响因素

从前一部分的实证分析结果来看,与生产环节相比,知识型劳动力的比例以及与总部的地理接近性对研发环节的选址体现出了较强的显著性影响;其次是劳动力成本、土地成本以及服务业的发展水平;企业与转入地之间的技术距离、市场容量和制度因素的影响较弱。在第三章中的理论分析部分,我们对劳动力的异质性的分析主要概括为劳动力在预期效用和流动性上的差异,异质性劳动力在流动性上的差异造成了劳动力要素在数量和质量上的不均衡分布。而企业中创新活动活跃的部门或子公司大多是追随更具竞争优势的要素或资源而进行空间布局。人才正是最为核心的要素,而我们对知识劳动力在空间上较强的流动性与较高的区位黏性的分析,也说明了企业知识含量较高的环节在空间离散化过程中比生产环节更倾向于集聚在总部附近,或者说集聚在人才密度较高的东部核心城市。因此,我们可以得出结论:

结论 5.3:企业跨区域发展的过程中,与生产子公司相比,研发子公司更倾向于集聚在总部附近以及人才集聚的城市,地理接近性和技术关系接近性对研发环节选址都有显著影响,但前者表现出了比后者更大的影响。

四、两种接近性和产业集聚

通过对地理接近性与技术关系接近性之间关系的进一步讨论,我们可以得出,两者不仅不是对立的,而且是无法割离的。企业间之所以能形成互动,其中很大的原因就在于双方有知识共享与交流的需求,而这种正的知识外部性是存在地理边界的。从个体间的知识交互来讲,地理距离越近,这种正的外部性就会越凸显,知识溢出也会随着地理距离递增而递减。我们采用技术距离来衡量企业与进入地的所在行业的其他企业集合之间的技术水平的差距,这是对关系接近性的一种初步的尝试。因此,我们可以得出结论:

结论 5.4:现阶段我国企业跨区域发展的过程中,地理接近性可以促进技术接近性发挥作用,知识外部性是具有一定地理边界的。

实证分析的结果也使得我们有了以下猜想:现阶段,国内跨区域发展的企业在获取知识的来源上,更依赖于总部的知识转移以及转入地的人才禀赋,在与本地的企业所建立的正式或非正式的外部网络的联结中获取知识与技术的

表现可能并不如前者明显。当然,本地网络的联结并不仅仅以获取知识为目的,还存在降低市场进入成本,结成战略同盟规避风险等一系列目的。

在企业跨区域发展的过程中,研发子公司作为创新活动最为活跃、知识存量较高的经济主体,其在空间选择上具有以上所述的接近总部与人才的地理特性,也就是说具有一定的空间上的锁定性。而从知识的外部性来看,企业的空间决策在很大程度上取决于对不同城市所提供的有助于企业技术进步的要素和资源条件的考量。在促进企业技术进步的诸多因素(如人才、资源、市场容量和消费者偏好等)中,从国内企业发展正经历着转型升级的难关这一现实考虑,人才无疑是最大的问题,我们在实证分析中也证实了这一点。创新活动的活跃性对产业集聚具有一定的促进作用,但在不同的产业间会存在一定的差异。知识密集型产业和企业对知识型人才的依赖度也会相应较高,人才在区位选择上与一般劳动力的差异性也会使得在跨区域发展的过程中,企业不同产业分工环节在空间分布上存在联系与差异,进而与人才的空间区位选择又形成了因果累积效应。而且,这种关系会随着产业的不同而不同。我们将在第六章进一步讨论这一问题以及企业跨区域发展在中观产业层面上的表现形式。

第六章 异质性劳动力、产业内分工与产业集聚

第一节 引 言

改革开放以来,尤其是近 10 年来,跨区域发展俨然已经成为中国企业最具代表性的空间行为之一。当这一企业微观层面的区位选择行为成为一种趋势时,从产业层面来看,会促使产业链上的分工环节在特定的区位集聚,这成为新的经济背景下产业集聚与转移重要的微观基础。

现实中,一些初具规模的企业在发展到一定阶段、具有一定竞争优势后,会按照产业链的盈利空间的不同将部分生产环节转移出去。这种转移通常是有方向性且非单向的,企业在地理扩散时并不再像以往那样为了追求低成本的劳动力而单一方向地向边缘地区迁移,还会将研发设计等知识密集型的部门向核心地区转移,沿产业链进行空间优化布局。例如在长三角地区,一些企业纷纷在上海、南京、杭州等核心地区设立子公司,开展研发设计活动,久而久之呈现出"双向集聚"的特点:劳动密集型、技术含量低、污染较大的环节倾向于往边缘地区转移;技术密集型、技术含量高、知识活动活跃的环节则转移到或保留在核心地区。这里的核心地区和边缘地区不仅仅指绝对的东部沿海地区和中西部地区,而是一个相对的概念,也可以指一省之内或城市群中的核心城市与次级城市,或是相邻两省之间等多种情形。

桑瑞聪和刘志彪(2014)以长三角地区与珠三角地区的 498 家制造业上市企业为研究对象,分析与探讨了产业转移的路径与影响因素。结果表明,在转移的行业与路径上,劳动密集型产业率先开始转移,随后是资源密集型产业,最后是技术密集型产业,但目前出现了资源密集型产业与技术密集型产业后来居

上的趋势。在转移的动因上,要素成本、地理和制度环境因素共同作用形成了一定的区位优势是产业转移的主要动因。我国中西部地区具有承接东部产业转移的潜力,但不同产业的转移进程也具有一定的差异性,劳动密集型产业要先于资本技术密集型产业,从空间上也逐渐从省内转移向区域内、区域间转移发展(张公嵬,2010;张公嵬,梁琦,2010)。孙久文和彭薇(2012)借助于对劳动报酬增长与产业规模扩张之间关系的探讨,得出地区间劳动力成本的差异是产业转移主要原因的结论,并指出技术密集型产业会先于劳动密集型产业向中西部地区转移。上述对我国产业转移的微观与中观层面的研究主要表现出了两大特点:

第一,大多聚焦于由核心地区向边缘地区沿地区梯度转移的"单向转移",少有剖析知识型活动的区位黏性问题。而现实中,越来越多的企业全部或部分地从次级地区向核心城市迁移,即使是劳动密集型的制造业企业,其研发、设计中心迁移到北京、上海的情形也很常见。例如,纺织服装业作为传统的劳动密集型产业,其中诸如山东潍坊的孚日、福建泉州的七匹狼等企业,纷纷在上海或北京设立研发、设计子公司。一些研究也注意到了劳动密集型与技术密集型产业或部门对不同集聚经济的偏好不尽相同。劳动密集型产业倾向于集聚在专业化城市,而技术密集型产业则更倾向于集聚在多样化城市(陈建军,崔春梅,陈菁菁,2011)。刘红光、王云平和季璐(2014)通过对投入—产出、出口、消费、投资等数据的测算,对2007—2010年区域间的产业转移现象进行了定量分析,发现能源密集型和劳动密集型产业主要从东部地区向中西部地区迁移,而技术密集型产业则表现出了向东部地区集中的特点,长三角、珠三角和京津冀等经济较为发达的地区仍是技术密集型产业转入的主要地区,不过该研究采用的是省级层面的数据。

第二,以往研究通常将产业分为劳动密集型、资源密集型和技术密集型三类来讨论产业转移问题,而忽略了同一产业部门内的不同分工环节。例如,即使是劳动密集型产业也有知识含量较高的环节。同理,技术密集型企业中也有依赖于低成本劳动力的生产部门。仅按照这种分类研究产业转移可能会使得结果产生偏差。一些研究得出劳动密集型产业并未发生转移的结论,一定程度上就是由于忽略了产业链中不同分工环节的空间差异性。

在上述几章中我们已经描绘了我国制造业企业空间分布和跨区域发展的基本景象,探究了企业空间离散与不同分工环节区位选择的影响因素,证实了地理接近性和劳动力要素对现今我国制造业企业空间选址的重要性。地理接近效应的重要意义在于表明了现阶段,中国制造业企业在跨区域发展的过程中,对在空间上与总部分离的子公司来说,来自企业内部的知识溢出效应要大于本地网络。而劳动力要素的重要意义主要体现在要素流动通常伴随着产业转移,对劳动力在预期效用、流动性和区位黏性上的"差异之谜"的分析可以进一步剖析中国制造业企业"双向集聚"的原因,这也有助于对产业集聚的新趋势以及区域经济格局的理解。本章我们将基于前两章数据分析的结果,延续第三章中对异质性劳动力要素与产业集聚之间关系的分析,运用探索性空间数据分析的方法,从产业链分工视角来分析我国制造业不同部门和分工环节的双向集聚,以及产业链空间离散与关联的二重性。

第二节　异质性劳动力与产业的双向集聚

一、劳动分工、技术进步与产业集聚

技术进步是经济内生增长的源泉,而劳动分工与技术进步则密不可分,主要体现在以下三个方面。

(1)专业化和多样化的统一。专业化很显然来自劳动分工,而大量的专业化分工则会带来多样化,两者是辩证统一的:本地专业人才、专业化的生产过程和专业信息等形成了地区专业化。各种专业化人才和信息集聚在一起,形成多样化的资源和知识以及丰富的人才与活动,又给城市空间带来了多样化。多样化的城市又进一步对劳动力、企业和产业产生巨大的向心力,复杂劳动力的集聚促进了经济活动的内部规模经济。人才的空间集聚更是企业与地区产业转型升级进程中的关键因素。产业的创新和转型需要地区劳动力的配置从简单的、低成本劳动力资源优势向复杂的、知识型的劳动力资源优势转变。

(2)劳动分工促进了空间集聚经济效应。劳动分工深化的一大结果,就是单个劳动力的专业技能与熟练程度都大大提高。这种劳动力生产效率上的提高所带来的益处会受到劳动力市场规模的影响。随着劳动力市场规模的不断扩大,劳动者生产力的提高也会促进整个地区总产出的增加,由此产生这一地区的集聚经济效应。这其实就是技术进步产生的规模报酬递增,劳动分工促进

了技术进步，技术进步又进一步深化了劳动分工，形成了一种循环累积因果机制。

假设某地区的技术进步率为 L_r，劳动力是该地区产业 i 中唯一流动的要素，也就意味着产业 i 原本需要 L_{ir} 个劳动力才能完成的工作，现在只需一个劳动力就能完成，现有的劳动效率是原本的 L_i 倍。按照 S 形增长曲线进行扩展，测算地区 r 产业 i 的技术进步率 L_{ir}[①] 即为：

$$L_{ir} = L_r \times \frac{1/(1+e^{-a(x_{ir}-b)}+c)}{1/(1+^{-a(0-b)}+c)} \tag{6.1}$$

在(6.1)式中，a,b,c 分别为决定 S 形增长曲线位置和斜率的参数，x_{ir} 可以理解为两种就业人口之间的比例，可以是非农就业人口与农业就业人口数量之比，也可以是知识型劳动力与一般劳动力数量之比，这取决于模型设定中对于不同产业的界定。该公式说明了局部的技术进步率与总体的技术进步率是息息相关的。

(3)劳动分工通过生产过程组织的协调来促进生产率的提高。复杂的生产过程可以被分解成较为简单的环节，以此提高个体的专业化程度，但这也会带来分工环节之间的协调问题。出现企业空间一体化的情形时，这种协调大多发生在组织内部。而当企业所处的产业链呈现出空间离散化的情形时，这种协调就是跨区域的，由此产生的成本也会成为企业空间区位决策时考量的一大因素。

由此可见，劳动分工与技术进步相互影响，互为因果，起始于分工过程中劳动者技能的提高，与劳动者和分工环节本身的特性密不可分。一方面，劳动分工的不断推进促进了技术进步，伴随着通信技术的日益进步和分工环节复杂程度的降低，一系列分工环节可以较为容易地被复制或跨区域移动；但另一方面，仍然存在一些复杂程度较高、非标准化的分工环节，或者这些分工环节依赖于人的大脑，会受到脑力劳动者流动性的约束。一个较为典型的例子就是，一些产业链较长的行业(如服装行业、汽车制造业等)，成衣制造一系列简单的分工环节都大量地向经济边缘地带转移，如由江浙沪等传统的服装制造基地向劳动力成本更低的安徽、江西等地转移。如前所述，这种劳动环节的空间移动依赖

---

① 地区的技术进步率主要采用 S 形增长曲线进行修正，具体可以参见安虎森和刘军辉(2014)。S 形增长曲线最初是用来解释自然界在环境条件有限的情况下种群数量增长过程的曲线，后来也被应用到对产业增长过程的解释中来，指特定产业增加值占 GDP 的比重与人均收入水平之间的关系。鉴于收入水平与技术进步率之间的关系，其也可以用来表示技术进步率与特定产业增加值占 GDP 的比重的关系。

于低技能劳动力的自由移动。相比之下,时装设计环节的移动就会受制于服装设计人才(设计师)的区位黏性。

当考虑劳动分工与产业集聚的关系时,通常很容易忽略的是,同一产业中沿产业链不同分工环节对劳动力要素的需求也是不同的。而当我们从研究企业产业链空间离散的这一情形入手,探讨不同分工环节的区位选择时,深入分析异质性劳动力的流动性就很有必要。然而以往研究对劳动力预期效用的不充分理解局限了对企业跨区域发展中要素流动性的解释。尽管诸多研究对不同劳动力的特性有所阐述,但在讨论产业集聚的内在机制时,仍广泛地基于同质性劳动力的假设展开。尽管本研究将产业链中的生产环节与研发环节区分开来进行比较研究还不足以包涵所有分工环节,但可以以此作为一种从异质性劳动力的视角来研究产业集聚机制的有益尝试。

二、异质性劳动力的流动性分析

(一)要素所有者的非理性人假设

产业集聚往往和要素流动,或者说与要素集聚息息相关,而很多研究实际上就是在讨论在一定的市场条件下,影响要素流动的方向与强度的因素是什么。城市地理学可以解释区域经济一体化中的地理经济现象,如城市群和城市带现象,但是对市场经济条件下推进区域经济一体化和城市群形成的最重要的动力因素——人的行为——的研究就有束手无策之感。劳动力要素比较特殊的一点是,要素所有者即要素本身,因此要素流动的方向也是由人通过接收到的信息,经过对决策的收益与成本的计算,来最终做出决策的。通过第二章对CP模型基本观点的梳理可以看到,在CP模型中,工人被假设为是短视的,不会以长远的眼光去考虑收益问题。而现实中,工人的这种决策往往不单单通过计算短期的收益与成本计算做出,即使假设工人是理性人,由于市场信息的不完全性与工人个体判断力的差异,工人对收益与成本的判断也会存在误差。另外,人作为要素的所有者也具有社会属性,也会关注居住环境、气候、人际关系、交通设施等空间区位因素,其中很多影响要素所有者决策的决定性因素是较难被准确衡量的。

以往城市地理学和传统的产业集聚的研究在解释经济地理现象时,对于人的行为,如人的趋利行为的研究通常是基于劳动力是追求最高工资的理性人假设(刘文超,2015)。即使是在新经济地理学的核心—边缘模型中,劳动力也被假设为是具有短视特征的行为个体,不会以长远的眼光去考虑收益问题(Berliant,Fujita,2009)。因此,传统的新经济地理学模型在讨论异质性劳动力的流动性时,也假设体力劳动者是不能流动的,而高技能劳动力是自由流动的(Pfluger,2004)。这一假设更多是从流动能力与供给层面考虑,而在一定程度上忽略了劳动力在需求层面上的复杂性,只从物质层面考虑了劳动力显性的迁移成本,而忽略了在现实中人对于区位的长期偏好还蕴含了精神层面的需求。而富有创意的知识型劳动力与一般劳动力在预期效用和区位偏好上存在较大的差异(Chen,Peng,2011;Storper,Manville,2006;陈强远,梁琦,2014;Lazzeretti,Capone,Boix,2012)。综上,更贴近现实的做法是,将对要素所有者的假设从追求最高工资的理性人转变为同时追求最大效用的社会人,其效用具有物质—精神的双重性,而这一点恰恰很容易被产业集聚研究所忽略。

(二)异质性劳动力的预期效用和流动性

本书在讨论异质性劳动力在不同产业中的角色时,把制造业分为劳动密集型制造业、技术密集型制造业和资源密集型制造业。技术密集型制造业的核心要素是技术和知识,不同于劳动密集型制造业和资源密集型制造业中的机械式劳动。深入产业链的分工环节来看,即使是劳动密集型制造业,也会存在技术水平要求较高的环节,因此这里的分析仅限于区别不同产业中较为重要的因素,对劳动密集型制造业和技术密集型制造业中劳动力要素的分析也可以拓展到对生产环节与研发环节的差异性研究。下面主要从预期效用与要素流动两方面进行分析,表6.1概括了不同制造业和分工环节中异质性劳动力的角色与特征。

表6.1 现阶段不同制造业和分工环节的核心要素比较

产业	核心要素	主要载体	需求层次	流动周期	区位黏性
劳动密集型制造业/生产环节	一般劳动/体力	人(低技能劳动者)	低(偏物质)	短期	低
技术密集型制造业/研发环节	知识型劳动/知识	人(高技能劳动者)	较高(物质和精神)	长期	高
资源密集型制造业	劳动/自然资源	人(体力劳动者)/土地	低(偏物质)	短期/不可流动	低/很高

（1）预期效用。人对效用的预期决定着其流动的方向，在信息不完全的情形下，个体对效用的预期通常是模糊的。效用本身不仅包括对物质层面需求的满足，还蕴含了精神上的需求，如生活环境、人际关系和沟通、娱乐便利性等。不同的技能水平和社会文化背景使得不同的劳动力对区位的偏好也有所不同。技术密集型制造业与劳动密集型和资源密集型制造业的相同之处在于人都是要素的重要载体，不同之处在于前者的核心主体为高技能劳动力，或者说知识型劳动力，而不是从事较为简单的操作的一般劳动力。富有创造性的人才倾向于生活在舒适、便利、资讯发达的地区。多样化的大都市中宽容的环境和学习效应也对吸引人才、激发创新和促进经济增长具有积极作用（Bontje，Musterd，2009；Clark，Storper，Manville，2002）。这一观点强调了开放性和多样化环境对吸引人才的重要性。与以往假设要素所有者是追求最高报酬的理性人的研究有所不同，这一解释显然与现实更贴近，一旦需求得不到满足，这些知识型劳动力就会选择迁移。相应地，若高级劳动力预期迁移会比原来的状态获得更大的效用，就会倾向于集聚到某一特定地区。

例如，在田野调查中我们发现，现实中一些二三线城市的企业管理者抱怨，常常是投入大量资金来引进人才甚至整个研发团队，但引进人才一段时间后，人才流失现象就日趋严重。究其原因，人才在短期内可能会被优越的薪酬所吸引，但长期下来，很多员工离职的首要原因就是"不喜欢这个城市，有点无聊"。由于技术创新通常是长期的行为，这就使得企业创新活动的展开举步维艰，半途而废。

（2）要素流动。知识型劳动力的迁移不仅会面临由空间距离造成的显性的迁移成本，还会更多地受到隐性迁移成本的影响，诸如迁移到新的环境，放弃原有熟悉、舒适的生活和社会网络所要付出的代价，支付所产生的信息搜索成本，以及面临新环境带来的不确定性和风险。这些隐性迁移成本往往会被产业集聚研究者所忽略，这也是以往研究在考虑异质性劳动力流动性时，将高技能劳动力假设为更具流动性而区位黏性较小的劳动力的原因。与一般劳动力相比，高技能劳动力一旦迁移到某地，其实现户籍转移的能力高于一般劳动力，实现户籍转移的可能性也会大大提高，转移的周期也更有可能是长期的。目前有诸多研究都指出了户籍制度对劳动力流动的约束（姚先国，许庆明，2013）。由此，虽然高技能劳动力与一般劳动力相比具有更高的流动性，但同时可能具有更高的区位黏性。更高的流动性与更高的区位黏性这两者并不矛盾，前者说明了一种行为，后者则是一种状态，或者说"愿意以及有能力"留下的状态。

　　进一步地,知识型劳动力的区位黏性可能具有锁定效应:集聚给产业链中的各环节带来了技术外部性,促进了地区人力资本的积累,又会进一步地吸引越来越多的知识型劳动力选址于此地,嵌入本地知识网络来获得更大的竞争优势,进而影响地区经济增长与分异。这种区位黏性也可以称为路径依赖,对地区经济政策的分析具有重要的意义。例如在国内,中西部地区一些高等学府云集的城市,是储备了各类人才的"人才池",但这些地区对创新活动的吸纳还是远不如东部城市,大学集聚这一区位优势条件在促进地区经济增长上略显无力。对这一现象的解释,一类研究认为这些地区缺乏吸引人才的氛围,导致了人才的流失,而且这种流失是长期性的。吸引人才的氛围的存在要比商业环境更关键(Florida,2002;Florida,Mellander,Stolarick,2008)。这也引发了学术界关于"硬"区位因素和"软"区位因素哪一个更重要的讨论(Derudder,Taylor,Witlox,2003)①。另一类研究则直接将高技能劳动力界定为人力资本,以区分一般劳动力,再来讨论其对生产和技术效率提高的作用,以此讨论对产业集聚和经济增长的贡献。

　　资源密集型产业的不同之处则在于其核心要素还包括了自然资源,土地是大部分矿产、能源的载体,是一种基础性自然资源。土地几乎是不可流动的,具有极高的区位黏性。而就土地资源而言,研发环节对土地的依赖性也要弱于生产加工环节,而劳动力要素本身的流动性也会受到土地产权政策的影响。

第三节　要素流动与产业的双向集聚:一个分析框架

　　劳动力跨区域的流动会对产业转移与地区的产业格局产生深远的影响。以往在研究劳动力要素流动时,由于是基于同质性劳动力的假设,对流动性的解读主要集中在三种情形:①完全不能流动;②完全自由流动;③不完全流动,即流动受到一些制约因素的限制,这也是最为贴近现实的一种情形。当考虑劳动力是异质性的时,劳动力流动则会呈现出更为丰富的模式。

　　如前所述,以往研究大多聚焦于由核心地区向边缘地区转移,沿地区梯度

---

　　①　"硬"区位因素包括租金水平、办公空间、交通条件、基础设施和税制等,"软"区位因素则包括住宅区的设施、文娱设施、对个性化生活方式的宽容度等。

的"单向集聚",而这类研究大多将其和劳动力的流动特性联系起来。如安虎森和刘军辉(2014)在分析劳动力的钟摆式流动对地区经济发展差异的影响时指出,跨区域工作的农村劳动力,由于无法享受到迁入地的福利,从而产生了生产与消费在空间上部分地分离的现象。加上沿海地区生活成本不断上涨,部分产业向内陆地区迁移,相当一部分农村劳动力重新流向内陆地区,这也为产业进一步向中西部地区迁移提供了劳动力要素供给上的条件。

对以上观点进行进一步解释和拓展,农村劳动力也可以归为前文中所提到的一般劳动力,虽然具有一定的流动性,但区位黏性较小,在流入地长期居住的可能性较小。如果一般劳动力无法实现在流入地落户,这类劳动力流动的方向就会受到产业转移方向的影响。因而当经济发展到一定阶段时,会出现这类一般劳动力反向流动的情形,这一现象也会对劳动密集型产业或环节向中西部地区转移产生影响。相对应地,倘若知识型劳动力的流动性如本章第二节第二部分中分析的那样,则会表现出较大的区位黏性。这种区位黏性是否同样会对技术密集型产业或知识含量较高的环节的转移与集聚产生影响?现阶段我国技术密集型产业或环节是否会呈现出较为明显的区位黏性?在本章中,我们将从异质性劳动力和不同分工环节的空间分布出发,运用空间计量方法来更为准确和深入地分析劳动力流动,以及制造业企业的双向集聚。

首先我们假设一国有两个地区,分别为内陆地区 R_1 和沿海地区 R_2,除了农业以外,制造业分为两个产业部门,分别为技术密集型产业 M_1 和劳动密集型产业 M_2。①然后我们假定只有劳动力这一种流动要素,但劳动力是异质的,分为以从事体力劳动为主的一般劳动力 N_1 和以从事脑力劳动为主的知识型劳动力 N_2。两种劳动力都可以在地区 1 和地区 2 之间流动。两种劳动力的流动性和区位黏性如前所分析的,均存在差异,每个地区劳动力总数为 1。从第二节第一部分技术进步率的公式中,我们可以看到两种劳动力的比例,即知识型劳动力与一般劳动力的比重 x_{ir} 与产业的技术进步率 L_{ir} 是成正比的,这一关系与现实也是相吻合的。因此,我们将根据技术进步的不同阶段来阐述劳动力流动的不同模式。图 6.1 是劳动力由内陆地区向沿海地区流动的示意图。横轴是技术进步率 L,纵轴是由地区 R_1 向 R_2 流动的人口数量 $\Delta N = \Delta N_1 + \Delta N_2$。从内陆地区 R_1

---

① 为了更清晰地说明两者的关系,我们将产业简化为劳动密集型产业和技术密集型产业,将地区简化为沿海地区与内陆地区来进行梳理,也可以拓展到核心地区和边缘地区与不同技术含量的产业与环节的解释中去。

向沿海地区 R_2 转移的一般劳动力为 ΔN_1，从内陆地区 R_1 向沿海地区 R_2 转移的知识型劳动力为 ΔN_2。

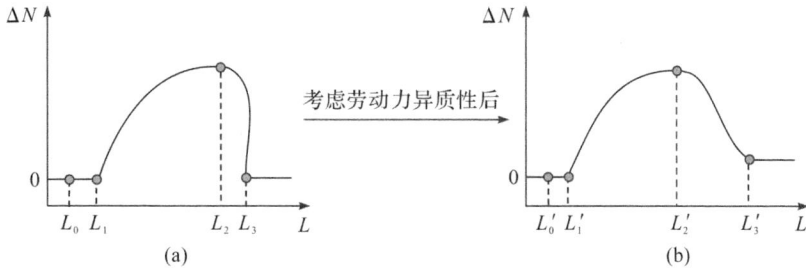

图 6.1　内陆地区劳动力向沿海地区流动的情况

第一阶段：一般劳动力和知识型劳动力向沿海地区流动。

1978 年改革开放以来，中国经历了从前期重工业型的、以满足内需为主的计划经济，转向大量承接产业转移的外贸加工型经济的过程。前期虽然改革已经取得很大的成功，但是当时的改革还处于分权改革阶段。尽管传统的计划经济体制受到很大冲击，但各个省（区、市）之间的要素流动还是受到很大限制，此时劳动力的跨区域流动尚未形成规模，$\triangle N \approx 0$。而后在承接产业转移的过程中，一些外资企业利用我国区域内各次区域之间紧密的经济社会联系和资源禀赋差异，分别在各次区域进行投资。沿海地区相对于内陆地区的比较优势成为国际资本进入中国内地市场的主要通道，大量的外资企业进入上海、北京、广州、深圳等地，并逐渐向周边地区扩散。

如图 6.1(a) 所示，当技术进步率为 L_0 时，大量承接国外的产业转移。通常国外产业转移的环节是劳动密集型的生产环节，主要是利用发展中国家丰富的劳动力资源与低廉的劳动力成本。在这一过程中，一方面大量劳动密集型产业在沿海地区集聚，加大了沿海地区对一般劳动力的需求；另一方面经过一段时间的发展后，沿海地区 R_2 的企业相对于内陆地区 R_1 具有一定的技术优势，自身产业结构转型升级的速度与内陆地区的差距进一步拉大，也就加大了对知识型劳动力的需求。因此，一开始在技术进步率为 L_1 值时，一般劳动力和知识型劳动力都会发生迁移，即 $\Delta N_1 \geq 0$，$\Delta N_2 \geq 0$，但从数量上还是以向劳动密集型产业 M_2 转移为主。

以上转移有一个理论上的临界条件，就是沿海地区 R_2 的技术密集型产业 M_1 和劳动密集型产业 M_2 的潜在工资水平 W_2 要高于内陆地区 R_1 的人均收入水平 W_1。区域间的收入差成为劳动力区际转移的必要条件。但分析劳动力在区际的转移,仅考虑收入差距是不够的,工人的转移成本也不容忽视。前文中我们已经分析了企业跨区域迁移时存在显性和隐性的迁移成本。同样,劳动力的区际转移也会产生迁移成本 C_f,包括交通路费、房租和较高的生活开销等显性成本和陌生环境带来的精神上的不安和不确定性风险等隐性成本。因此,当劳动力感知到内陆地区 R_1 和沿海地区 R_2 之间的收入差值大于显性和隐性的迁移成本之和时,就会发生劳动力的区际转移。劳动力区域间转移的均衡条件即为:$W_2 = W_1 + C_f$,当 $\Delta N_1 \geqq 0$,或 $\Delta N_2 \geqq 0$ 时。

第二阶段:一般劳动力向边缘地区反向流动,知识型劳动力向核心地区流动。

由于承接了大量的产业转移,沿海地区的企业竞争日趋激烈,本地企业要想在同外来企业的竞争中争得一席之地,就必须降低成本、优化企业的组织结构并提高企业的创新能力。企业和地区的技术进步率不断提升,随着大量的劳动力从内陆地区转移到沿海地区,流动劳动力数量会在某个技术进步率 L_2 值上达到峰值。加上 20 世纪 90 年代中期兴起的企业产权改革逐渐产生效应,这项改革产生的一种副产品就是企业跨区域发展和产业区域转移的兴起,由此,劳动力和企业在东部沿海地区大量集聚,使得东部地区的经济得到飞速发展。

然而,当沿海地区的技术进步率达到一定值 L_2 后,开始出现劳动力反向流动的趋势。究其原因,从内部因素来讲,一般劳动力由于户籍制度的限制,迁移的周期较短,有相当一部分消费需要返回到原居住地,因此对扩大当地市场规模的作用就会减弱。即使是在本地消费,沿海地区在经济发展的同时,区域的价格指数也在不断上升,一般劳动力会同时衡量区际的名义工资差与消费品价格差。从外部因素来讲,劳动力和其他要素成本的上升使得国外的一些产业会转向其他劳动力成本更为低廉的国家和地区。自 1998 年取消了福利分房后,商品房逐步推出,推动了土地价格的上涨。随着时间的推移,沿海地区一些本土企业也会迫于劳动力成本和土地租金上涨等压力向中西部地区转移。如前分析,尤其是一些劳动密集型企业或环节,对劳动力数量和土地面积的需求远高于技术密集型企业与环节。由此,当技术进步率达到 L_2 后,开始出现劳动力的反向流动。这种反向流动也与内陆地区制造业的兴起、经济规模不断扩大有一定的关系。

当我们未考虑异质性劳动力假设时,劳动力回流速度刚开始比较平缓,随之会在一个较短的期间内快速上升,最后出现人口反向流动的高潮[见图 6.1(a)L_2—L_3 段]。在这种假设下,沿海地区与内陆地区的差距似乎在缩小。而事实上,当我们考虑劳动力的异质性时,劳动力的流动会呈现出不同的格局[见图 6.1(b)]。基于第二节第二部分中我们对异质性劳动力的流动性分析,知识型劳动力与一般劳动力相比,实现户籍迁移的阻碍要小得多,如一些城市的落户政策普遍向高学历人员倾斜。而一般体力劳动者想要实现户籍迁移,获得长期性的转移则困难重重。以往的研究大多注意到了户籍制度对于劳动力自由流动的阻力(蔡昉,都阳,王美艳,2001),这类研究大多围绕着东部地区对中西部地区劳动力的单向吸纳展开,很少在讨论劳动力双向流动时考虑户籍制度的影响。当然,影响劳动力双向流动的因素不局限于户籍制度,还有知识型劳动力的多样化需求和多样化城市的优势等因素。在这里当我们讨论劳动力回流的现象时,一旦考虑到劳动力的异质性,其回流的速度和形式也会有所不同。当一般劳动力大规模地向中西部地区回流的同时,知识型劳动力在核心地区有较高的区位黏性,其反向流动的可能性与速度都会比一般劳动力小得多,因此当考虑劳动力是异质的且流动性不尽相同时,如图 6.1(b)中的 $L_2' - L_3'$ 段所示,劳动力回流的速度会较为缓慢,并且当达到一定的技术进步率 L_3' 后,其流动的劳动力数量趋于稳定,且比左图中的数值要高。

在第四章的实证分析中,我们已经对目前中国制造业企业的空间布局有了初步的认识,从东部、中部、西部地区的对比结果可以看到,一系列的政策措施使得中西部地区的经济增速加快,中西部地区在经济总量上和东部地区的差距的确在减小,但中西部地区在承接东部地区的产业转移时,往往引入的都是技术含量较低、附加值较低的环节。而且不仅是东部企业的产业转移,即使是中西部地区的本土企业,出于自身发展的需要,在跨区域发展的过程中,也更有可能将研发设计环节迁移到东部地区。当然东部、中部、西部地区的比较只是这一问题的一个较为广泛的层面,在一省之内或者城市群内,同样存在劳动力和产业分布的核心地区与边缘地区。如总部在浙江台州的京新药业就在上海设有研发机构,拥有院士工作站、博士后科研工作站和省级研究院,并和上海医药工业研究院、中国科学院上海有机化学研究所等国内著名科研院所以及部分高新技术服务企业建立了密切的技术合作关系。浙江永康的哈尔斯、兰溪的康恩贝都在杭州设有子公司,从事技术开发、技术服务、技术咨询等活动。

企业空间选址的双向集聚就是由对劳动力的不同需求所形成的不同生产效率的环节分别向核心地区(如东部沿海地区或核心城市)和边缘地区(如中西部地区或次级城市)转移的现象,这也是我国制造业产业转移的微观基础。

第三阶段:一般劳动力向边缘地区反向流动,相当多的知识型劳动力也开始向边缘地区反向流动。

这一阶段的出现通常是由于劳动力集聚的分散力的凸显,如交通阻塞、城市的空气污染、竞争压力等拥挤效应的不断加强。就如同企业在选址时会考虑竞争对手的数量,劳动力在就业时也会衡量就业机会的多寡,核心地区的企业数量较多,但竞争也更为激烈。城市的专业化和多样化通常是辩证统一的,专业化发展到一定阶段必然会带来多样化,核心地区如大城市通常具有更高层次的多样化,这种多样化也是由形形色色的专业化交织而成的。当多样化的城市发展到一定的规模且存在较强的拥挤效应时,一些技术密集型产业也开始向外(次级地区)扩散,将产业和企业具有知识性的环节和部分创新成果向次级规模城市逐级扩散和转移。在这一过程中,上述的城市规模与拥挤效应这两个条件都很重要。现如今,科技的进步、建筑产业的发展以及交通工具的不断改进推动了城市化的进程,也减轻了城市的拥挤效应。例如,原本需要出差才能完成的工作,现在只需要电话会议就可以完成,从工作地回家看望父母的交通时间也大大缩短。这些进步都促进了城市吸纳更多的人口和经济活动,也就大大地扩大了城市规模。这也使得在一定程度上,这一阶段的实现在时间上被延后了。

上述现象是企业空间分布模式中所存在的一种区位黏性,当企业在空间自选择的决策中,将劳动力要素作为重要的考量因素时,这种区位黏性就可能与我们在前文中所分析的知识型劳动力的区位黏性相关。基于以上的分析,异质性劳动力要素的流动与产业双向集聚的特点与作用机制可以初步概括为以下三点初步结论:

第一,中国目前的劳动力集聚主要处在上述的第二阶段,劳动力的流动呈现出一定的双向流动的特征,总体上劳动力的分布呈现出一定的区域性差异。

第二,制造业的分布呈现出双向集聚的特征,从产业和分工环节的角度来看,产业链中技术含量较高的环节会在核心地区表现出更大的区位黏性。

第三,技术密集型产业或环节与劳动密集型产业或环节相比,在空间上会呈现更为集聚的特征。

在第五章的实证分析中我们已经发现,地理距离在知识创造与溢出的过程中具有非常重要的影响作用。知识溢出效应随距离衰减,这也就意味着离知识源越近,溢出效应越强,资本的创造成本越低。邻近知识创造中心的区域获得的知识溢出效应也就越强,经济增长率提高相对越快。当然还可以进一步拓展,现实中影响知识溢出自由度的因素是多样的,如区域间文化背景、产业关联度、政府相关政策等,但这些因素往往也与空间距离因素有着不可分割的关系。从经济发展规律来看,邻近区域之间产业发展、文化背景、政府政策等的相互作用较强,知识溢出和知识资本流动的障碍往往也相对较小。

第四节　企业空间离散与产业集聚：
双向集聚的探索性空间数据分析

离散和集聚是辩证统一的。企业的跨区域发展,对企业来说,是不同分工环节在空间上的离散,对产业和地区来说,就是不同技术含量或盈利空间的分工环节在不同空间的集聚。在第四章、第五章中,我们已经对我国制造业企业及其研发环节与生产环节的空间集聚的特征进行了初步的测算与分析,已经证明了不同技术含量的分工环节在区位选择上存在一定的差异性。基于之前章节的分析和以往研究,我们提出假设:

假设 6.1:我国制造业的分布处于上述的第二阶段,呈现出明显的双向集聚的特征,一般劳动力(生产加工环节)更多地在边缘地区集聚,而知识型劳动力(研发设计环节)仍更多地集聚在核心地区。

一、探索性空间数据分析方法

探索性空间数据分析方法是传统计量经济学与地理空间相结合的一种重要研究方法,主要研究空间依赖性和空间差异性。传统的计量分析大多假设个体间是相互独立的;探索性空间数据分析法则更多地关注个体之间的空间依赖性或空间自相关性,进而在分析某一地理单元的属性时,将其与邻近地理单元联系起来考虑。其探索性主要体现在其通过数据对研究对象的空间分布、空间关联模式进行探索的过程。

以往对产业集聚程度的测量中,无论是城市、省份还是地区,常常被当作一个独立的个体来进行分析。在第四章中,我们已经使用赫芬达尔指数和空间基尼系数测算了制造业企业和产业的空间分布的集中程度。而当我们讨论企业空间选址的影响因素时,已经将企业看作是和外界不断进行交互的非独立个体。同样,区域间也是互相影响的,很难找到一个地区的经济是完全独立存在的。跨区域发展的企业作为经济活动的微观主体，在空间扩张的同时，也会通过总部的协调和控制，有机地管理各个离散化的功能部门，这也无疑深化了地区间的交流与协作。

随着研究者对区域经济活动复杂性的充分考虑，空间计量分析已经逐渐成为研究产业空间的一种重要的视角与方法。空间效应包括空间自相关与空间异质性两种。其中，空间异质性模型主要是指样本的变量，或者是干扰项的方差关系会随着空间地理位置的不同而呈现出一定的差异性。下面我们具体介绍本章使用的空间自相关的方法。

空间自相关是指经济活动的主体由于经济活动的行为的互相作用而产生了空间截面依赖性。空间自相关分析则是对同一地理现象或同一属性在不同空间位置上的相关性进行研究。空间自相关又可以分为因变量的空间自相关、自变量的空间自相关和误差项的空间自相关。空间自相关的强弱和正负可以用空间自相关的指数来进行测算，空间自相关指数包括 $Moran's\ I$，$Geary's\ C$、$LISA$等。此处首先对较为常见的 $Moran's\ I$ 指数进行说明，$Geary's\ C$ 指数将在本节第三部分中再做具体说明。用 $Moran's\ I$ 指数来估计空间自相关，其计算公式如下：

$$I = \frac{1}{\sum\limits_{i=1}^{n}\sum\limits_{j=1}^{n}w_{ij}} \times \frac{\sum\limits_{i=1}^{n}\sum\limits_{j=1}^{n}w_{ij}(x_i - \bar{x})(x_j - \bar{x})}{\frac{1}{n}\sum\limits_{i=1}^{n}(x_i - \bar{x})^2} \tag{6.2}$$

在(6.2)式中，x_i 和 x_j 分别表示位置 i 和位置 j 的某个属性值，$\bar{x}$ 为这一位置上该属性值的平均值。n 为研究区域内地理单元的数量，例如用城市作为不同的地理位置来考量，n 则为一定区域内的城市总数。x_{ij} 是两个空间位置上同一属性值之间的协方差。w_{ij} 为区域内不同空间单元的空间权重矩阵（Griffith，2003），通常采用二元空间权重矩阵，可以根据邻近标准或距离建构，如目标单元的面积和两个目标单元共享的边界长度。总而言之，w_{ij} 反映了目标单元之间的位置相似性。

$Moran's\ I$ 指数反映了不同空间区位的目标单元的某一属性的相似程度，它的取值和相关系数一样，在 -1 到 1 之间。$Moran's\ I$ 指数为正表示空间单位间在此属性的取值分布具有极强的正的空间相关性，若以城市为空间单位，则表示空间区位相似的城市在该属性上比较接近。相反地，$Moran's\ I$ 指数为负则表示空间单位间在此属性的取值分布具有极强的负的空间相关性，若以城市为空间单位,则表示空间区位相似的城市在该属性上差异性较大。$Moran's\ I$ 指数为 0 表示空间单位间在此属性上不存在空间相关性。

Griffith(2010)在对 $Moran's\ I$ 指数的讨论中指出:当 $Moran's\ I$ 取值为 $-1/(n-1)$,即 $Moran's\ I$ 的期望值 $E(I)$ 时,表示一种随机的地理分布模式。当 $Moran's\ I$ 取值 $\neq -1/(n-1)$ 时,存在两种可能:一是显著不同,二是不存在显著差异。$Moran's\ I$ 分析的显著性检验一般采用双侧 z 检验。检验的零假设为 $H_0:I=-1/(n-1)$,即不存在空间自相关;备择假设为 $H_1:I\neq-1/(n-1)$,即存在空间自相关。

z 检验统计量为:

$$z = \frac{1-E(I)}{\sqrt{Var(I)}} \tag{6.3}$$

其中,$E(I)$ 为 $Moran's\ I$ 的期望值,$E(I)=-1/(n-1)$。

$Moran's\ I$ 的方差 $Var(I)$,在正态假设检验和随机假设检验下,会有所不同。在正态假设条件下,$Moran's\ I$ 的方差 $Var_N(I)$ 为:

$$Var_N(I) = \frac{(n^2 w_1 - mw_2 + 3w_0^2)}{w_0^2(n^2-1)} - E_N^2(I) \tag{6.4}$$

在随机假设条件下,$Moran's\ I$ 的方差 $Var_R(I)$ 为:

$$Var_R(I) = \frac{n[(n^2-3n+3)w_1 - mw_2 + 3w_0^2] - K[(n^2-n)w_1 - 2mw_2 + 6w_0^2]}{w_0^2(n-1)(n-2)(n-3)}$$
$$- E_R^2(I) \tag{6.5}$$

其中,w_0 是空间权重矩阵中各元素的加总之和,则根据统计量 z 的计算,在选定的显著性水平下即可做出是否拒绝零假设的判断:当 $I>1/(n-1)$ 且 I 显著时,观测变量存在正的空间自相关;当 $I<-1/(n-1)$ 且 I 显著时,观测变量存在负的空间自相关。

二、我国制造业空间集聚的总体特征:省级层面

我们首先使用统计数据刻画我国制造业在省级层面的集聚现状。以人均规模以上工业总产值作为衡量各地区制造业发展水平、产业集聚和知识生产的空间分布的指标。其中,人均规模以上工业总产值是用省(区、市)的规模以上工业总产值除以当年该省(区、市)的年末制造业就业人数计算得到的,数据来源于《中国城市统计年鉴》。为保证年份的统一性,我们选取了 2009—2013 年 5

年间的数据,对各年份的数据进行描述性统计和空间自相关分析,计算结果具体如表 6.2 所示。

表 6.2　2009—2013 年制造业的描述性统计与空间自相关分析(省级层面)

年份	均值	标准差	最小值	最大值	Moran's I 值	t 统计量	p 值
2009	13.62	12.88	12.34	14.45	0.387606***	4.04	0.000361
2010	13.85	13.11	12.95	14.60	0.305305**	3.13	0.003970
2011	13.91	13.07	11.84	14.68	0.266754*	2.30	0.028600
2012	13.92	13.17	11.75	14.77	0.264569*	2.43	0.021800
2013	13.85	12.93	11.64	14.40	0.303344**	3.30	0.002600

注:表中的均值、标准差、最小值和最大值均取自然对数。

从表 6.2 的描述性统计结果中可以看到,各省(区、市)人均工业总产值在 2011 年之前呈现上升趋势,2011 年开始增速放缓,2012 年后有所回落。另外,从标准差来看,制造业的地区分布的差异性在 2010 年之前均是逐年拉大,2010—2013 年有小幅的波动。为进一步检验我国不同省份间的制造业发展是否存在空间自相关性,运用空间计量经济分析软件 Geoda 1.4.0 进行检验。表 6.2 也给出了 2009—2013 年我国省级层面人均工业产值的全局空间自相关系数 Moran's I 统计值,计算 Moran's I 统计值时权重矩阵使用 K 值最邻近空间矩阵[1]。

从表 6.2 的 Moran's I 统计值来看,省级层面上我国制造业在不同空间位置上存在显著的相关性,形成了产业集聚的格局。但比较各年份的 Moran's I 统计值和显著性水平可以发现,2009—2013 年这 5 年间,我国各省(区、市)的制造业的空间依赖性在保持一定的稳定性的同时,也存在着一定的波动性。用折线图(见图 6.2)可以更清晰地描绘 Moran's I 先降后升的特点,其在 2011—2013 年保持了一定的稳定性,整体上保持在 0.3 左右。

---

[1]　K 值最邻近空间矩阵是由 Anselin(2003)提出的,通常使用门槛距离(threshold distance)的简单空间矩阵会碰到不平衡邻近结构。在空间单元的面积相差较大的情况下,如中国幅员辽阔,省份之间在地理单元、方位和形状上差别很大,一般地理单元较小的、中部地区或形状特殊的省份就会有更多的邻近单元。比如内蒙古和黑龙江,邻近的省份数量差别就很大。在这种情况下,我们在这里考虑 K 个最近的邻近单元,一般为给定的地理空间单元选择最邻近的 4 个单元,也可以选择 4 个以上。

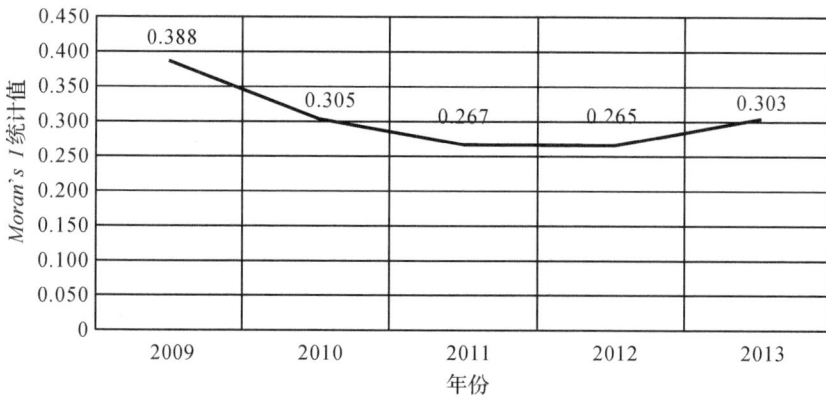

图 6.2　2009—2013 年省级层面制造业的空间自相关 Moran's I 统计值

我们选取 2013 年的 Moran's I 指数截面数据作为代表绘制出相应的空间散点图。各省(区、市)的人均工业产值把各个区域的相关指标分为四个象限：第一象限(高—高)、第二象限(低—高)、第三象限(低—低)和第四象限(高—低)四种空间关联模式。其中,第一象限和第三象限表现出正的空间相关性,第二象限和第四象限表现出负的空间相关性。图 6.3(a)给出了 2013 年的 Moran's I 散点图。

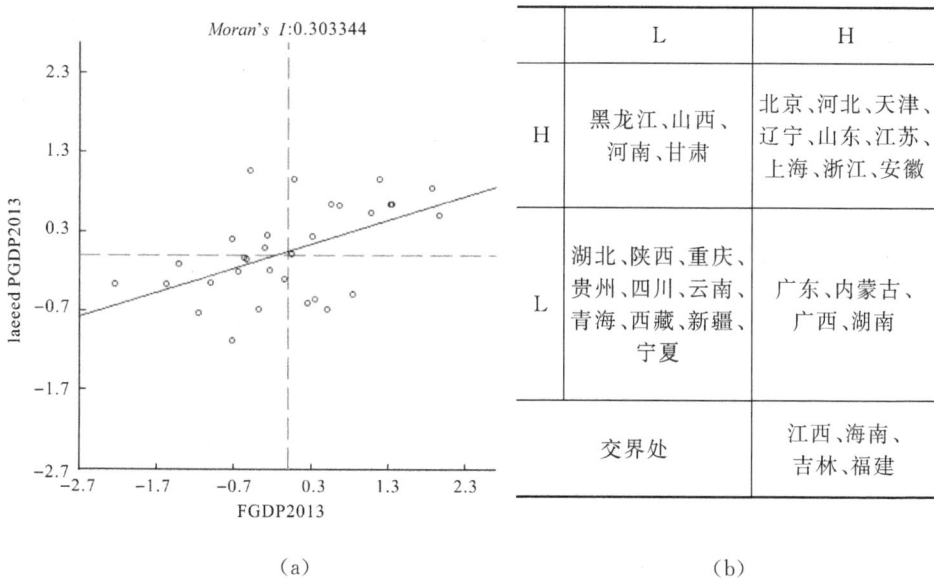

	L	H
H	黑龙江、山西、河南、甘肃	北京、河北、天津、辽宁、山东、江苏、上海、浙江、安徽
L	湖北、陕西、重庆、贵州、四川、云南、青海、西藏、新疆、宁夏	广东、内蒙古、广西、湖南
交界处		江西、海南、吉林、福建

(a)　　　　　　　　　　　　　　(b)

图 6.3　2013 年我国各省(区、市)制造业的人均工业产值 Moran's I 散点图

注:图 6.3(b)标示了图 6.3(a)中的对应省份。

图 6.3(b) 刻画了我国 2013 年 31 个省(区、市)制造业的空间关联模式:位于第一象限(HH)的省份有北京、河北、天津、辽宁、山东、江苏、上海、浙江、安徽,代表了这些制造业集聚程度较高的省份被其他制造业同样高度集聚的省份包围;位于第二象限(LH)的省份有黑龙江、山西、河南、甘肃,代表了这些省份制造业的集聚程度比周围的省份要低,高集聚区包围着低集聚区;位于第三象限(LL)的省份有湖北、陕西、重庆、贵州、四川、云南、青海、西藏、新疆、宁夏,代表了这些省份自身和周围地区的制造业集聚程度都较低;位于第四象限(HL)的省份有广东、内蒙古、广西、湖南,代表了这些制造业较为发达的省(区)被其他制造业低集聚区包围。此外,吉林位于第一象限和第二象限的交界处,江西、福建位于第二、第三象限的交界处,海南则位于四个象限的交界处。

其中,可以看到处于第一象限的省份大多位于长三角地区和渤海湾地区,或者诸如安徽省这类核心经济圈的延伸辐射地区。处于第三象限的 10 个省份则大多位于中西部地区,是我国制造业发展相对落后的"洼地"。但可以看到,第三象限的点在一定程度上有向中心聚集的趋势,表明近年来中西部地区在制造业发展上具有较好的趋势,尤其是中部地区,如湖北、河南等省份更靠近中心点。近年来在国家开发西部的战略背景下,加上东部地区的"拥挤效应"带来的要素成本的不断攀升和产业转移的推进,中西部地区在发展速度上有加快的趋势,尤其是中部地区,在经济增长速度上已经快于东部地区。而与长三角地区和渤海湾地区相比,广东省虽然自身的制造业发展水平较高,珠三角地区也是较早参与全球化过程的地区,但从空间关联性的分析来看,珠三角地区间的关联性不如渤海湾地区与长三角地区。

三、我国制造业分工环节的双向集聚:城市层面

不仅是省域之间,区域内部包括城市间的经济发展存在显著差异是我国区域经济发展的一大特点。综合前述分析与实证结果,可以看到企业跨区域发展逐渐成为一种趋势,也是我国产业转移的微观基础。企业或产业在区域间转移,一些地区更多地扮演着承接方的角色,另一些地区则扮演着转移方的角色,而这种角色会随着产业和转移的分工环节在产业链中的位置不同而改变。一条产业链上的不同分工环节有着不同的获利能力,也就是我们通常所说的附加值有高低之分。某一行业的领先企业,按照价值链进行跨区域空间决策时,一般都处于决策主体的位置。通常认为,它们会把获利能力较高的环节或那段供

应链①留下来。因为知识溢出受空间地理影响显著，邻近地区间的研发投资溢出效应可以提高邻近双方知识创新任务的成功率（Keller，2004；Cassar，Nicolini，2008）。因此，企业倾向于将研发实力较强、附加值较高的环节和子公司与知识创新活动活跃的地区保持一定的地理上的接近性，以避免知识外溢。这里所谓的双向集聚，是指产业链上的不同分工环节和劳动力向不同的地区转移和集聚，并形成一定的趋势。

不同的产业有着不同的增值分工环节，但从整体来看，纵向的价值链大致上包含生产加工、研发和销售三个环节。这三个分工环节的获利能力有所差别，一般认为研发和销售环节利润在产品总利润中的比重要高于生产加工环节。这一差别在技术含量较高的产业中尤为突出。在这种情形下，实力雄厚、具有一定市场势力与规模的国内跨区域企业，在追求利润最大化的过程中，就会根据各个分工环节的附加值，把盈利空间相对较小的生产加工环节转移出去。同时，一些企业在成长的初始阶段需要规避进入新市场的风险，此时以人际关系网络为特征的社会网络对企业选址具有很大的影响。随着企业的不断壮大，企业支付跨区域发展成本的实力也在不断增强，原驻地逐渐无法满足企业的发展需求，因此也会出现一些企业在跨区域发展时将研发、设计等环节转移到更具区位优势的地区。信息获取能力、管理组织能力的增强以及技术的进步，使得企业由近及远地开始向更远处发展。

如若将要素理解为生产要素的集合体，那么企业跨区域迁移本质上就是要素流动。劳动力是最重要且最复杂的要素，在企业双向集聚的过程中，也始终伴随着劳动力要素的流动。因此，我们试图通过测量和分析异质性劳动力的集聚程度，进一步从城市层面探究我国制造业是否存在如前所述的双向集聚的现象。我们使用我国制造业企业中技术人员和生产人员的数量，结合研发子公司与生产子公司的地理分布情况进行测算，所选取的样本与筛选的准则按第四章所述，在第四章中已经对企业研发子公司与生产子公司的分布特征进行了描述性统计，在此不再赘述。

在这里，我们使用 $Geary's\ C$ 指数（G_i）进行局部空间自相关检验，Getis 和

---

① 近年来兴起的产业链空间离散背景下的区际产业转移，本质上是以产业链、价值链和供应链为基础，不断进行产业结构优化和调整的过程。价值链和供应链的说法其实是从不同的视角来审视产业链：价值链着重于产业链中不同环节的获利能力，供应链则更多地从微观企业的视角，审视自身所处产业链的位置以及与提高企业绩效相关的产业链的管理与协调。

Ord(1992)开发了此指数来分析空间集聚的模式,来检验观测值在局部地区是否有高值或低值在空间上趋于集聚的现象。$Geary's\ C$ 指数的局部空间自相关检验运用平方形式进行检验,一定程度上避免了协方差形式的 $Moran'I$ 指数只能用来发现相关联的或非相关联的空间模式的不足。G_i 指数的计算公式如下:

$$G_i = \sum_{i=1}^{n} w_{ij}x_j / \sum_{j=1}^{n} x_j \qquad (6.6)$$

在(6.6)式中,x_i 和 x_j 分别表示位置 i 和位置 j 的某个属性值,n 为位置的总数,在这里,n 为城市总数,w_{ij} 为权重矩阵。和一般的衡量产业集聚的指标(如区位熵、赫芬达尔指数、空间基尼系数、EG 指数等)相比,$Geary's\ C$ 指数在考虑观测值的集聚程度时,并不是将某一区位作为独立的个体,而是以"簇"的形式进行考量,更多地考虑到了地区间的空间关联[①]。

我们使用 2012 年我国制造业上市企业的数据,使用 Geoda1.4.0 对技术研发人员和生产人员的空间集聚的局部空间自相关进行了测定,由于涉及的城市较多,表6.3 仅列举了局部正相关的高值簇城市的技术研发人员空间集聚的 G_i 指数,代表了大规模的技术研发人员(知识型劳动力)在这些城市集聚。

表 6.3　知识型劳动力局部空间自相关的 G_i 指数

城市	G_i	p 值	城市	G_i	p 值
北京	0.0408453	0.010	济南	0.0168721	0.030
天津	0.0343605	0.010	淄博	0.0105314	0.040
唐山	0.0281912	0.020	大连	0.0189976	0.030
上海	0.0379285	0.010	青岛	0.0179413	0.030
南京	0.0275173	0.020	威海	0.0157513	0.040
无锡	0.0241193	0.030	烟台	0.0105314	0.040
苏州	0.0226919	0.030	广州	0.0269343	0.020
杭州	0.0301010	0.020	深圳	0.0349561	0.010
绍兴	0.0113323	0.040	珠海	0.0243276	0.030
台州	0.0112512	0.040	佛山	0.0112268	0.040

注:表中 G_i 指数是根据蒙特卡罗模拟方法(999 次)来和 5% 的显著性水平进行检验。

[①] $Geary's\ C$ 指数的局部空间自相关检验中的高值集聚与空间关联有关,因此一些城市虽然从单个的绝对值上来看属于高度集聚的地区,但是邻近地区的该观测值并不属于高值,则该高度集聚的地区仍然不属于高值簇。这一指数比一般的产业集聚指标更能反映出局部地区间的关联性。

从表6.3中可以看到,知识型劳动力的高集聚区主要集中在我国三大经济圈(环渤海、长三角和珠三角)的主要城市。其实,从知识型劳动力集聚程度的绝对值来看,重庆、西安、武汉、长沙、沈阳等直辖市或省会城市的数值比表6.3中的不少城市都要高,但这些城市在吸纳高技能人才上表现出了更明显的"一枝独秀"的特征,并没有与周边的城市形成一个稳定的集聚区域。基于此,我们可以把我国制造业中人才和知识活动较为活跃的研发部门的空间集聚归纳为以下两种情形:

一是核心城市与经济圈型。表6.3中的城市大多属于这一类型,主要集中在东部沿海地区。从空间经济学的观点看,一般经济圈都有一个或若干个集聚中心,如长三角经济圈的上海、渤海湾经济圈的北京。经济圈形成的主要动力是从集聚中心向周边地区的扩散和辐射作用,也包括了劳动力要素的扩散,进而区域经济一体化程度达到了一定的水平。这种类型的集聚区域需要一定的发展时间,通常是在一个更广阔的空间背景下,集聚中心和周边地区在经济发展水平、产业关联、地理因素、历史文化传统以及社会关系网络等多种因素的耦合作用下才形成了一个稳定的集聚区域。在这种情形下,区域间(核心城市与次级城市)的产业关联和转移是较为稳定的,同时劳动力要素的流动也是相对稳定的。

二是中心城市与枢纽型。如重庆、成都、西安、武汉、长沙等直辖市或内陆的省会城市,从单个来看,由于独特的地理位置与经济、政治地位,这些城市本身对研发子公司和知识型劳动力的吸纳能力并不逊色于一些沿海的次级城市,但其对周边城市的产业带动能力还略显不足,地区间产业互动力一般。虽然从区位上看,由于内陆地区的市场容量不容小觑,很多企业将研发、设计等环节布局于这些城市,大多是出于接近市场、搜集信息的考虑,这些城市更像是企业开拓市场的枢纽,如一些跨国企业就会优先在市场容量较大的中西部地区中心城市(如成都)设立子公司,这些城市由于租金、劳动力成本相对低廉,也成为其仓储物流与人才储备的中心。但从区域间的关联来看,这些城市还缺乏较强的中心辐射作用,或者由于发展时间较短,仍没有形成一个稳定的集聚区域。

为了比较,表6.4中我们选取了局部正相关的高值簇城市的生产人员(一般劳动力)空间集聚的G_i指数,代表了大规模的生产人员(生产加工环节)在这些城市集聚。同样,需要注意的是高值簇的城市并不代表在集聚程度的绝对值上高于其他城市,而是说明了企业的生产环节或生产人员在这些城市形成了一个或多个较为稳定的集聚区域。

从表 6.4 与表 6.3 的比较中可以看到,生产人员集聚的高值簇城市更多。这也从另一侧面反映出了制造业的生产环节比研发环节的高集聚城市群的分布更为分散,不再只局限于东部沿海地区。同样,表 6.4 中所列举的高值簇城市并不代表这些城市在数量上的优势,只是说明了在一个更广泛的空间背景下,生产人员或生产环节在这些城市构成了一个或多个较为稳定的集聚区。可以看到,如果以生产人员代表一般的体力劳动者,与知识型劳动力相比,一般劳动力的空间分布显然已经开始向内陆地区偏移。

表 6.4 一般劳动力局部空间自相关的 G_i 指数

城市	G_i	p 值	城市	G_i	p 值
朝阳	0.0097295	0.020	长沙	0.0047893	0.040
锦州	0.0093374	0.020	湘潭	0.0050459	0.020
葫芦岛	0.0094476	0.010	株洲	0.0055217	0.020
通辽	0.0109051	0.010	郴州	0.0054729	0.020
本溪	0.0102013	0.020	衡阳	0.0052853	0.020
丹东	0.0095581	0.030	韶关	0.0058023	0.020
辽阳	0.0079286	0.020	珠海	0.0065303	0.040
营口	0.0088602	0.020	中山	0.0060309	0.020
盐城	0.0044183	0.040	惠州	0.0061571	0.040
常州	0.0051220	0.030	黄冈	0.0044183	0.040
镇江	0.0049884	0.030	咸宁	0.0046246	0.040
南通	0.0050008	0.030	岳阳	0.0044767	0.040
泰州	0.0053647	0.030	黄石	0.0046949	0.040
九江	0.0058684	0.030	合肥	0.0072351	0.020
南昌	0.0066449	0.020	芜湖	0.0064829	0.030
抚州	0.0055714	0.030	金华	0.0051079	0.040
上饶	0.0046222	0.040	嘉兴	0.0056742	0.040
赣州	0.0044191	0.040			

注:表中 G_i 指数是根据蒙特卡罗模拟方法(999 次)来和 5% 的显著性水平进行检验。

通过观察 G_i 局部空间自相关显著水平我们可以看到,一般劳动力的高值簇城市明显多于知识型劳动力,而且更偏向于内陆地区。尽管如此,我们仍可以看到,一般劳动力的集聚区域主要在三大经济圈的周边,集中在辽宁、江西、安徽等毗邻核心省(市)的省份内,或者是来自江苏、浙江和广东的次级城市。由此可见,我国的制造业在空间离散和产业转移的过程中,并不是单一地从沿海地区向内陆地区转移,而是最终呈现出了一定的双向集聚的特征,这也在一定程度上验证了我们之前的假设 6.1。

第五节　产业链空间离散与关联：进一步解读

从以上的探索性空间分析中我们发现，我国制造业的空间分布在地理上呈现出了离散化的趋势，生产环节和研发环节的集聚区域存在一定的差异性。在第五章中，我们其实是从企业这一行为主体的视角解释了一个重要的道理："离得较近的事物总是要比离得较远的事物之间具有更为密切的关系。"尽管我们曾试图验证嵌入效应对于企业空间区位决策的影响，但结果显示毗邻效应的重要意义在于，地理上的邻近性不但降低了运输成本，而且对知识创造活动也会产生积极的作用。而地理接近性的重要意义也正从另一个侧面反映出了产业转移的过程既包含产业链空间上的离散，也涵盖区域间的关联性。

基于双向集聚的假设打破了以往研究中较多关注核心地区将盈利空间较小的分工环节转移到边缘地区的桎梏。对于核心地区来说，同样有越来越多利润含量高的价值段从边缘地区转移进来或黏滞于此。而对边缘地区承接的来自中心地区的部分生产环节而言，尽管这些环节在核心地区可能由于成本过高，利润空间已被压缩得很小，但到了边缘地区，仍然具有较大的盈利空间。而且，通过接纳产品的制造价值段，这些边缘地区可以加强与核心地区的合作与互动，顺势参与一些先进产品的生产，推进地区产业结构的调整。

一、离散：中观统计数据描绘

从本章上述的探索性空间数据分析结果中可以看到，长三角城市群[①]作为我国经济快速增长且最具活力的区域之一，城市化体系日趋成熟，无论是研发活动还是生产制造活动都较为活跃，产业集聚与经济一体化程度也较高。此外，在区域整体发展的同时，长三角区域内各城市的经济发展水平也存在一定

---

① 根据国务院批准的《长江三角洲城市群发展规划》，长三角城市群包括：上海，江苏省的南京、无锡、常州、苏州、南通、盐城、扬州、镇江、泰州，浙江省的杭州、宁波、嘉兴、湖州、绍兴、金华、舟山、台州，安徽省的合肥、芜湖、马鞍山、铜陵、安庆、滁州、池州、宣城等 26 市。本书中关于长三角地区的统计范围较之略有不同，为上海市、江苏省 13 市和浙江省 11 市。

的差异性。因此,选取长三角城市群作为研究的地理空间,具有一定的代表性和前瞻性。

我们以长三角地区的 25 个城市为例,选取《中国城市统计年鉴》中的统计数据,运用赫芬达尔指数(HHI)和双变量空间自相关模型来分析 2009—2013 年这 5 年间长三角地区典型产业(知识密集型)的空间分布,以及知识型劳动力的空间集聚与城市规模的空间关联性。本研究选取"科学研究、技术服务相关行业"这一与制造业紧密相关的生产服务行业作为典型产业来测算知识活动的集中程度。[①] 所采用的数据来源于《中国城市统计年鉴》。

首先,我们考察省际的比较,赫芬达尔指数计算结果与变化趋势如表 6.5 和图 6.4 所示。就一般劳动力而言,上海市保持较为平稳的发展趋势,江苏省在 2010—2012 年的小幅回落后又呈大幅攀升趋势,浙江省则从 2009 年开始就呈现出逐年下降的趋势,江浙两省差距有拉大的趋势。就知识型劳动力而言,上海市先下降后小幅上升。截至 2013 年,上海知识劳动力的集聚程度仍然高于江浙两省,但与 2009 年相比,江浙两省与上海市的差距也在逐渐缩小。与江苏省不同,浙江省知识型劳动力的集聚程度则呈现出先升后降的特征。

表 6.5　长三角地区省际异质性劳动力空间集聚情况(HHI)

地区	工业就业人数 (一般劳动力/生产)					科学研究、技术服务相关就业人数 (知识型劳动力/研发)				
	2009 年	2010 年	2011 年	2012 年	2013 年	2009 年	2010 年	2011 年	2012 年	2013 年
上海	323.99	291.18	414.55	529.58	341.83	2572.06	2333.53	967.34	828.87	1302.41
江苏	1554.93	1640.81	1490.65	1431.53	2534.57	570.75	509.13	901.21	905.09	1262.93
浙江	1812.02	1800.24	1683.50	1532.86	971.38	644.86	848.52	1511.48	1691.28	805.05

注:为便于观察与比较,本研究按通常做法将 HHI 值乘以 10000 予以放大。

---

① 这里之所以选用统计数据,是考虑到与行业相关的知识型劳动力有一部分是存在于制造业企业中附加值较高的环节,也有一部分是存在于进行独立研发的各类研究开发中心,如高新技术、新产品开发与企业孵化中心。制造业不但是国民经济的基础性行业,也是服务业的支撑,制造业与相关服务业的互动虽然不是本研究的内容,但对两者之间的空间格局的分析,也可以从一定程度上说明生产与研发两个环节的空间关系。

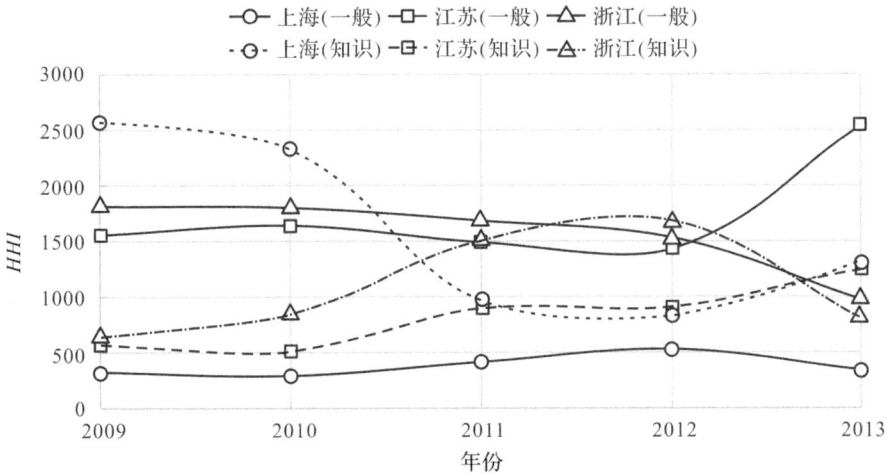

图 6.4　长三角地区省际异质性劳动力空间集聚的 HHI 变化

其原因可能有:江苏省依靠雄厚的制造业基础,具有一定规模的制造业企业凭借产业关联,在产业转型升级的进程中对不同的分工环节和劳动力都具有较大的吸纳力。江苏省近年来对新兴产业的扶持力度不断加大,包括电子商务、移动互联网、物联网等多个知识密集型产业,但追"热点"的产业选择模式可能会带来区位条件与产业升级核心要素需求不匹配的问题。工业化与城市化的匹配问题可能会阻碍对创新活动与人才的吸引。此外,江苏省内苏中、苏北与苏南地区发展不平衡的问题较为明显,政策向省内欠发达地区倾斜也在一定程度上强化了一省之内产业链的空间离散。而浙江省由于民营经济发达,企业家资源优势明显,因此近年来制造业企业在转型升级的压力下表现出较高的主导性,省际的跨区域经营行为更为活跃,在制造加工环节向周边内陆其他省份大量转移的同时,也更多地依赖于上海的人才储备和知识性的分工环节(如各类研发机构、设计中心等落户上海)。产业转型之路上企业的主导作用更为凸显,企业跨区域发展行为较为活跃,地区间分工更为明显。尽管知识型劳动力就业人数的增速在提高,但从产业集聚来看后期可能存在劳动力与人才流出的问题。

其次,进行城市层面的比较,赫芬达尔指数计算结果如表 6.6 所示。

表 6.6　长三角地区 25 市异质性劳动力的集聚情况与工资水平(HHI)

地区	一般劳动力		知识型劳动力		平均工资	地区	一般劳动力		知识型劳动力		平均工资
	2009 年	2013 年	2009 年	2013 年	（2013 年）		2009 年	2013 年	2009 年	2013 年	（2013 年）
上海	249.15	331.44	1493.07	1580.93	91475.15	宿迁	0.21	2.04	0.04	0.13	43244.86
南京	17.75	22.14	58.87	132.75	66382.52	杭州	61.35	35.61	97.37	186.52	65053.30
无锡	16.02	35.77	5.50	6.02	60581.57	宁波	32.66	41.77	5.90	10.16	63151.46
徐州	1.63	3.90	1.69	3.90	47014.91	温州	32.66	7.66	2.10	2.59	55665.03
常州	3.52	7.52	1.64	3.42	73034.51	嘉兴	29.28	16.62	1.75	2.15	53965.71
苏州	84.82	343.55	1.64	13.67	60531.68	湖州	3.41	2.57	0.62	0.49	51637.08
南通	11.22	15.45	0.76	11.63	58653.30	绍兴	17.57	9.87	0.66	1.75	50379.43
连云港	0.76	0.97	1.09	1.67	46246.81	金华	1.65	1.77	1.23	0.71	55229.45
淮安	2.51	3.92	0.22	1.17	45522.74	衢州	0.34	0.33	0.13	0.17	59634.97
盐城	2.84	4.86	0.92	1.47	44271.89	舟山	0.17	0.16	0.16	0.56	63304.22
扬州	2.15	6.85	0.92	8.14	52658.51	台州	3.41	9.18	1.58	2.15	50595.40
镇江	3.54	4.58	1.14	2.49	54751.11	丽水	0.12	0.07	0.31	0.31	60408.35
泰州	2.19	6.22	0.28	0.95	46791.99						

　　从城市层面的比较可以看到,上海无论是在一般劳动力还是知识型劳动力的集中度上均遥遥领先于其他城市,在产业转型、劳动力和人才的集聚上仍然处于长三角城市群中的雁头地位,仍然是长三角地区的人才储备池,长三角城市群核心城市的地位毋庸置疑,但其集聚程度的提高速度已有所放缓。南京和杭州作为省会城市,尽管制造业集聚程度有所下降或提高速度大幅放缓,但在对创新活动与知识型人才的吸引力上明显高于其他城市。相较之下,南京和杭州两个省会城市在一般劳动力的集聚程度上并不具备优势,苏州、无锡和宁波等非省会城市在吸纳一般劳动力方面均超过了南京和杭州。南京与杭州两市的知识型劳动力的集聚程度均大幅上升,在人才集聚上的优势明显大于其他非省会城市。异质性劳动力在城市层面呈现出比较明显的双向集聚的特点:知识型劳动力更为倾向于集中在大都市和核心城市,而一般劳动力的集聚在核心地区和边缘地区间的差异在缩小。苏州、宁波等地城市规模和经济发展水平并不逊色于省会城市,但这些专业化程度较高的城市在对知识型劳动力的吸引力上还略显不足,其他次级城市更甚。省会城市由于多样化程度较高,在人才吸引力上明显强于非省会城市。随着产业转移的推进,一般劳动力在地理分布上表现出更为分散的特点。从城市平均工资来看,一些工资水平较高的非省会城市

(如常州等)也没有表现出对知识型劳动力的吸引力,这也在一定程度上证实了工资水平的高低等物质因素并不是影响知识型劳动力区位选择的唯一因素。

二、关联:企业数据库数据加总

为了进一步明晰产业链中不同分工环节之间的空间关联性,我们使用双变量空间自相关模型,探讨在长三角地区这一范围内,知识型劳动力(研发环节)集聚与一般劳动力(生产环节)集聚的空间相关性。通常空间自相关检验的 *Moran's I* 值只是检验一个变量,而当我们试图考察不同分工环节的空间关联性时,就必须使用多变量的空间自相关分析。Anselin、Syabri 和 Smirnov(2002)提出了双变量区域空间自相关,与普通的相关分析相比,这种多个变量的空间相关分析在计算相关性时,还会考虑观测值所在的地理位置,以及多个地理位置之间的关系,相邻或者相近取决于研究者所选用的空间连接矩阵或距离矩阵。因此,用双变量空间自相关分析所产生的 *Moran's I* 值来评估一个地理空间的某一变量与其他变量的相关程度,可以更贴切地反映出经济现象的空间尺度与关联。双变量空间自相关分析中的 *Moran's I* 值的计算公式如下:

$$I = \frac{n \sum_{i}^{n} \sum_{j \neq 1}^{n} w_{ij} z_i z_j}{(n-1) \sum_{i}^{n} w_{ij}} \tag{6.7}$$

在(6.7)式中,I 为研发集聚与生产集聚的双变量空间自相关系数,I 值越大代表空间分布的相关性越强,n 为三角洲地区内的单元个数,w_{ij} 为空间权重矩阵,这里我们使用欧式距离[①],z_i 为地理单元 i 中研发人员的集中度,代表了研发活动的集中度,z_j 为与 i 相邻的地理单元 j 的生产人员的集中度,代表了生产活动的集中度。

$$Z_i = \frac{x_i^k - \overline{x_k}}{\lambda_k} \tag{6.8}$$

$$Z_j = \frac{x_j^l - \overline{x_l}}{\lambda_l} \tag{6.9}$$

---

① 当时空数据库中有经纬度坐标数据时,可以通过坐标计算两个地区的质心之间的距离而获得空间权值矩阵。空间距离有欧氏距离(Euclidean distance)和弧度距离(arc distance)。一般地,对经过投影的地理坐标只能计算欧氏距离,而未经投影的经纬度坐标适合于计算弧度距离。

其中，x_i^k 为地理单元 i 中属性 k 的值，x_j^l 则为地理单元 j 中属性 l 的值，$\overline{x_k}$ 和 $\overline{x_l}$ 是属性 k 和属性 l 的均值，λ_k 和 λ_l 是属性 k 和属性 l 的均方差。

　　产业集聚通常会伴随着核心要素的流动，我们分别使用上市企业的研发子公司与生产子公司的技术人员和生产人员的数量来衡量研发环节和生产环节的集聚程度。因此，在本研究中 k 即为技术人员的数量，l 即为生产人员的数量。使用 GeoDa 软件对数据进行测算，相关数据同样来自基于制造业上市企业的自建数据库（2013 年）。我们以长三角地区城市群所包含的 25 个城市组成的 25 个空间单元为研究对象。结果表明，长三角地区研发与生产的双变量空间自相关系数为 0.1977，显著性水平 p 值为 0.0467，在 5% 显著性水平下显著，具有一定的空间相关性。从图 6.5 中可以看到，长三角地区的研发环节与生产环节的空间集聚虽然具有一定的相关性，但除了上海（第一象限中最远离中心的点）以外，其他城市整体上向坐标的中心集中，尤其是第三象限的点，这也从一定程度上说明了在长三角区域内，即使是边缘地区，在产业升级的过程中，产业链中不同分工环节在协同发展上具有较好的趋势。

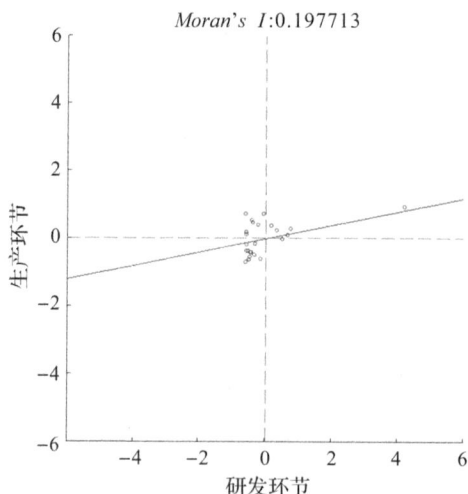

图 6.5　长三角 25 城市研发－生产双变量空间相关分析 *Moran'I* 散点图

　　为更准确地描述各地理单元的空间集聚程度，进一步对局部自相关进行分析。

　　制造业研发和生产的空间关联模式主要包括如下类型：

　　（1）高研发－高生产：上海、杭州、南京、无锡、苏州。这一类型是指研发活动集中度和生产活动集中度都较高的地区。这类城市是长三角地区产业发展的主要增长极,也是产业转型的"先行区"。在空间上基本上形成了以上海为龙头、南京和杭州为两翼[横 V 字形("＞")],进而带动整个长三角城市群发展的雁行模式。从集群转型升级的视角来看,这些城市是较早承接国外产业转移的地区,制造业较为发达,当生产集聚到一定程度后,大量的劳动力在此集聚,拥挤效应造成土地价格、生活成本等上升,由此引起工资成本的上升,从而产生了生产集聚的分散力和向心力。随着运输成本的不断降低,当集聚的分散力超过向心力时,一些依赖于土地和大量劳动、运输费用较低的生产环节就会开始向边缘地区集聚,生产活动就会从核心地区向边缘地区转移。这种转移并不是一蹴而就的,通常会遵循由近及远、循序渐进的规律。目前来看,这些核心城市的制造业集聚程度仍然维持在较高的水平,制造业并未完全转移出去,在产业结构调整的同时,制造业还未出现空心化的现象。同时,这些城市往往更具创新的氛围,对科技、研发人才等知识型劳动力的吸纳作用也更强。例如,这 5 个城市相较于长三角城市群中的其他城市,也是高等院校的集聚地,这也从一个侧面反映了这些城市在人才孵化方面的优势。此外,前文中提及的知识型劳动力在区位选择上精神需求方面的偏好,也反映了城市环境宜居性的重要性,这里的宜居性也包括了创新与知识共享的氛围。这种氛围具有一定的地理界限。有研究表明,在一定的地理范围内,新建企业数量与大学研发中的溢出呈现显著的正向相关性(Woodward,Figueiredo, Guimaraes,2006)。

(2)低研发—高生产:宁波、常州、湖州、绍兴、台州。这一类型是指生产活动集中度较高、研发活动集中度较低的地区。值得注意的是,在双变量空间自相关分析中,这类地区研发活动集中度较低并不是指在整个长三角城市群的范围内这些城市研发活动的绝对低集聚,而是相对于其自身更为活跃的生产加工活动而言。这些城市的制造业发展水平较高,通过产业关联可以吸纳到一定的知识型劳动力,但城市多样化经济的集聚效应并不强,其研发活动的展开还高度依赖于本地的制造业基础与优势。在长三角城市群体系中,研发环节和生产环节在空间上具有一定的地理接近性,沿产业链空间离散的同时,在地区间存在一定的关联性。

(3)低研发—低生产:丽水、衢州、舟山、徐州、淮安、连云港、镇江、盐城、扬州、泰州、宿迁。这类地区是指研发活动集中度较低、生产活动集中度也相对不高的地区。该类地区是长三角经济发展的相对"边缘区"。以江苏省为例,这一类城市主要集中在苏北地区和苏中地区,苏北地区包括了徐州、淮安、连云港、盐城、宿迁这 5 个城市,由于受到长江阻隔,这些城市属于长三角区域的边缘城市。这类地区在制造业上的发展落后于核心地区,而近年来地方政府大力推动地区间的产业转移,如江苏省早在 10 余年前就出台了加快省内区域间产业转移的相关政策[①]。

(4)不显著的地区:南通、嘉兴、金华、温州。虽然在研发—生产空间自相关分析中,这些城市两种分工环节的空间关联性并不强,但具有一定的空间特征。结合图 6.5,这些城市主要落在了第一、第二、第三象限的"交界区"。其中,南通主要落在了第一象限与第二象限的交界处附近,这与同为苏中地区的扬州和泰州有所不同,南通在吸纳研发活动上略优于其他苏中地区的城市。从地理因素来看,2008 年苏通大桥的建成大大提升了南通与苏州、上海等中心城市之间的空间通达性,大大降低了运输成本,也使得南通成为长三角城市群中连通上述高研发—高生产城市与低研发—低生产城市的交通枢纽,也提升了上海对苏中地区的经济辐射力。温州、金华则位于第二、第三象限的交界处附近。从浙江的四大都市圈来看,杭州和宁波的中心城市地位在浙江,乃至整个长三角地区已较为稳定,而温州都市圈和金华—义乌都市圈的城市制造业基础较好,为制造业的发展提供丰富的、专业化的中间产品,但在产业协调上还有待于继续发展。嘉兴则位于第一、第四象限的交界处附近。从地理位置来看,嘉兴毗邻上海,可以扮演浙江接轨上海的"桥头堡"角色,其知识性活动也在很大程度上受益于上海的转移和扩散。

以往研究城市间关系时,大多运用引力模型、城市流强度等方法来对城市间的关系进行实证分析,往往会受制于数据缺乏。如对中国城市规模和层级的研究,大多以城市人口作为指标对其进行衡量(王小鲁,2010)。张旭亮和宁越敏(2011)在测量引力定律下的经济联系度、经济辐射强度等指标时,选用了非农人口数量、地区生产总值、专业技术人员数量等指标来计算长三角城市群的城市经济等级,将长三角城市群中的 25 个城市划分为 5 个等级。而本书从企业空间离散和产业链不同环节双向集聚的视角入手,更关注于在产业分工和产业结构升级的进程中城市间的关联性。城市群的形成也是在技术进步下,经济、产业与人口在空间上集聚的结果。我们从产业链分工与联系的视角,将长三角城市群划分为以上 4 类产业空间:先行区、耦合区、边缘区与交界区。这一分类也在一定程度上体现了产业集聚的空间离散与关联的并存。

---

① 江苏省政府在 2005 年发布了《省政府办公厅转发苏北发展协调小组关于加快南北产业转移的意见》。

通过对研发环节与生产环节空间关联性的分析,可以得出以下两个结论:

首先,在地理尺度上,研发活动表现出了更强的区位黏性,研发与生产之间的合作具有很强的地理邻近效应。在长三角城市群中,高研发与高生产的城市大多在地理位置上具有一定的邻近性,在空间上互相耦合在一起。从产业链不同分工环节的离散与集合的统一来看,由企业这一微观主体促发的地区间的合作具有一定的地理界限,地理上的远近是合作过程中信息沟通和传递的准确性与时效性的重要影响因素之一。

其次,在经济尺度上,区域内的要素禀赋与原有的产业结构有很大的关联。如众多服装设计工作室和研发中心在上海落户,除了上海本身的区位优势,很大程度上还有来自江苏、浙江纺织服装产业的规模优势,优势在于长三角地区相关产业如纺纱生产、面料、印染、成衣加工等的发展和集聚。一些制造业基础较好的城市(如温州、金华等),尽管不能成为上海、杭州这样的时尚之都,但可以为时尚产业发展提供专业化的中间产品,如缝纫机、裁剪设备等专用设备,也在一定程度上促进了相关时尚产业集聚。由此,通过产业链上的投入—产出联系,相关产业的人才和研发子公司快速集聚,形成产业链空间上的离散与集聚,进而又推动了产业规模的扩大。

第六节　本章小结

基于第三章的理论分析框架,本章在对劳动分工、技术进步与产业集聚的关系做进一步分析的基础上,延伸了产业转移中的"单向集聚"特征,提出了我国制造业的不同分工环节在空间上呈现出双向集聚的特征的观点,从而在一定程度上弥补了以往在研究产业转移与集聚时较多关注于核心地区向边缘地区转移的不足。

在对双向集聚进行分析与验证的过程中,我们运用了探索性空间数据分析,通过对我国制造业的研发环节和生产环节的空间相关性的测量,证明了假设6.1,得出了我国制造业的分布呈现出明显的双向集聚的特征的结论:一般劳动力(生产环节)更多地开始向边缘地区集聚,而知识劳动力(研发环节)仍大量集聚在核心地区。通过对长三角城市群的实证分析,得到了两个值得关注的研究结果:一是产业链中知识含量较高的环节(研发环节)的集聚程度和区位黏性更高;二是产业链在空间上呈现出离散与集聚的统一,产业链上不同分工环节在空间上离散,研发与生产环节之间在地理上又具有一定的空间关联性。

长期以来,企业和产业的空间分布取决于相对市场规模的变动,同时又会随着各种要素的分布而发生变化。区域内的要素禀赋与经济发展有很大关联。异质性劳动力,无论是一般劳动力还是知识劳动力,都会从消费者和供给者(体力或知识)两个角度,影响区域相对市场规模和知识的外部性,进而影响企业、产业空间分布以及区域经济的发展,形成循环因果关系。对于异质性劳动力要素在空间上的不均衡分布所引起的地区劳动力在数量和结构上的差异,尤其是有别于一般劳动力的高级人力资本存量差异,以及要素市场的空间分割、劳动力区位偏好与城市分化的匹配性是如何导致地区经济发展差异的,还有待于进一步的研究。

第七章　异质性劳动力要素空间分割与空间溢出效应

第一节　引　言

企业在空间上的自我选择行为[①]与异质性劳动力要素流动性之间的相互作用,可能导致产业区位和空间经济结构的变化,进而对不同地区的经济增长产生影响,这又会导致要素在地区间的重新配置,以及企业和产业的集聚,由此形成循环累积的集聚效应。这一效应会使核心地区的创新水平大大提升,是一种良性的循环;而对于边缘地区而言,其可能会借由产业链的联系,推进地区经济增长,也可能会进一步拉大边缘地区与核心地区的经济差距。

在第五章、第六章的实证分析中,我们已经分析了异质性劳动力视野下,企业空间离散化与地域间产业分工的形成机制。劳动力要素对企业不同环节的区位选择的重要性已被证实。同时,也对异质性劳动力的流动性和空间集聚进行了拓展性分析。从要素流动的视角来看,一个城市就是一定区域内要素流动的一个节点,城市是具有一定独立性又相互关联的地理单元,它们共同形成了一种要素流动的空间网络。劳动力要素在某一节点(城市)上的存量与流动强度,可能在很大程度上决定了城市在一定区域内的作用,以及相对核心或边缘的地位。这种核心或边缘的地位,会随着研究区域的变化而变化。例如,在全国范围内,东部地区较西部地区是核心地区。在特定的城市群或一省之内同样也存在核心—边缘结构,在一些沿海省份如山东、广东、江苏等,产业转移也会频繁地在省内展开,鲁中西、

[①] 企业的自我选择行为是指最具生产效率的企业首先迁移到核心地区,而低效率的企业则进入边缘地区,而且这种差异性会抑制本地市场效应,也可以理解为跨区域发展的企业最初就具有更高的生产效率。

粤北、苏北地区的城市就成为相对边缘的城市,承接核心城市的产业转移,核心城市也就逐渐成为知识活动较为活跃的产业环节和生产性服务业集中的战略空间。企业与产业的区位选择总是伴随着要素的流动。企业不同分工环节区位选择的倾向性背后蕴含了劳动力区位偏好与城市分化的匹配、城市宜居水平对产业集聚与地区经济增长的引领作用。

由此,基于上述分析,本章对之前章节的实证结果进行简要总结,构建多重异质性下,企业跨区域发展、产业集聚与地区经济增长之间的内在机制和形成路径的"动力—行为—效应"的分析框架,并进一步探究我国异质性劳动力要素的空间分割现象,探究异质性劳动力集聚的空间分布与城市工资水平、宜居性的空间关联性,及其对地区经济增长的空间溢出效应,有助于理解新的历史背景下产业集聚与转移的新特点和新格局,也从劳动力要素的视角,解释我国制造业和地区发展的二元结构,为如何利用城市化与新型工业化的互动与协调发展促进地区间协调发展、推进区域经济一体化提供参考。

第二节　异质性视角下的产业区位与区域经济增长

企业空间离散是产业转移的微观基础,企业跨区域发展是区域协调和经济一体化的微观动力,目前将这一研究路径打通的研究还相对比较欠缺。在现实中,一方面由企业主导的地区间的产业分工开始明朗化和趋势化,另一方面区域间产业转移下地区间差距凸显,由企业主导的通过要素跨区域流动的深化来推动区域协调的实践也易于被忽略。结合前几章的实证分析,本章从要素跨区域流动入手,理顺企业跨区域发展与区域间协调之间的关系。我们将主要的研究问题用"动力—行为—效应"的分析框架来概括(见图 7.1)。

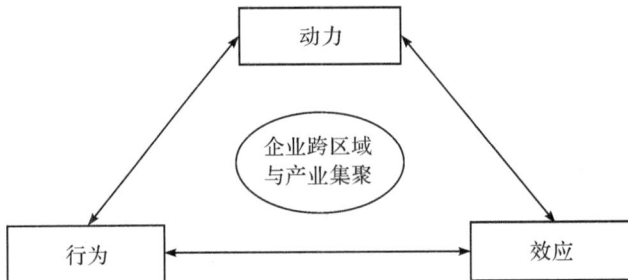

图 7.1　企业空间离散、产业集聚与区域经济协调的分析范式

一、动力：毗邻效应和嵌入效应

企业跨区域发展是区域经济一体化的主要推动力，在市场经济条件下，甚至在大多数情形下是由企业首先开始行动的。企业跨区域发展往往是为了冲破要素的制约、降低成本、寻求利润最大化。企业的空间决策受到多种因素的影响，除了自身的异质性外，企业会倾向于与这种地区优势保持一种空间上的邻近性，以充分利用各地区的区位优势，降低跨区域发展的成本，我们把这种现象归纳为毗邻效应。如企业会根据不同的分工环节倾向于毗邻市场容量较大、中间投入品充沛、服务业发达、劳动力与土地资源优势突出的地区。这种邻近是广义上的地理接近性，而不局限于企业间的地理距离。本书认为，这种"毗邻效应"有一部分表现为在地理上接近总部、原材料、劳动力、资本、市场、中间产品和服务等所带来的集聚经济。与工业化时期企业大多接近原材料与消费市场不同，在越来越多的地区跨入后工业时代的背景下，资本、服务、交通和商业环境的毗邻效应也变得越来越重要，由此也产生了地区、城市间的毗邻效应。毗邻效应除了地理维度，广义上也可以包含相互毗邻的主体（企业、集群或城市）间的发展水平的相近性。当然，毗邻效应在给产业、地区经济发展带来集聚经济的同时，也可能会带来负面的影响，如环境问题（Wagner，Timmins，2009；Drut，Mahieu，2015），需要通过区域公共品的有效供给来解决（Sandler，2013）。

嵌入效应则是企业区位选择中另一条研究脉络，但嵌入效应其实与毗邻效应息息相关。中国有句古话"远亲不如近邻"，就蕴含了距离与关系亲疏的联系。一些分散经营的企业倾向于将其分公司选址于生产部门或同类的本地企业附近，以保持一定的地理接近性；也有一些企业由于对社会学习过程中所产生的外部性与知识溢出的不确定，会考虑地理接近性以外的因素。研究型的组织及其相关企业围绕知识密集型生产建立起知识网络是一个地区产业集群经济增长的重要基础。早年国外一些研究就认为，企业的竞争力越来越多来自厂商能从不同区位获得知识和能力（Schoenberger，1997）。本书主要聚焦于企业沿产业链的空间离散现象，尤其是产业链中技术水平不同的环节（如生产子公司与研发子公司）的区位选择，行业知识内嵌在这些组织的标准化文件（如专利、技术文档）、文化与劳动力的大脑中。因此，在企业和产业的集聚中，嵌入效应与知识溢出有着密切的联系。知识创新和知识溢出本质上都反映了经济活动主体与外界的知识关联，前者强调了一种主动的学习和技术创新，后者则强调了企业在跨区域发展中可能会面临的被动的知识溢出的风险。但最终都会归结为企业内部知识生产的规模经济和技术进步,这也正是经济内生增长的重要来源。

企业在空间离散的过程中,区位选择更多受到毗邻效应的影响,尤其是对稀缺要素的追求。我们对研发环节和生产环节的区位选择进行了比较研究,研发环节和生产环节自身的差异性使得它们各自想要毗邻的要素、资源和社会网络等因素也不尽相同。毗邻效应和嵌入效应之间本身也是相互关联的。毗邻效应是嵌入效应发挥作用的前提条件,知识活动的有效性本身就受限于一定的地理空间。尤其是对企业来讲,更具竞争优势的隐性知识的共享与转移有赖于面对面的沟通与交流。因此,两种效应相互强化,共同对知识溢出产生影响,进而影响企业的区位决策。之前的实证研究其实是在阐述一个现象:人往高处走,企业也更愿意与自身实力相当的企业和城市保持地理接近性。如规模较大的城市,由于市场规模大、偏好多样化、人才资源丰富和基础设施较完善等优势,像一块巨大的磁铁,吸引优势企业不断进入,这也有利于产品、技术和工艺的创新,进而又提升了城市的区位优势。这种优势使该城市在初期形成一定的垄断性,成为核心地区。尽管这一过程会随着时间的推移,通过技术扩散转移到边缘地区,但上述过程在反复中,也会进一步促进该地区的技术进步、经济增长与区域间协调。

二、行为:离散和集聚

从企业内地域分工来看,企业不同分工环节的多区位发展使得一些规模较大的企业内的不同组织在空间上形成了离散化的形态。但这种离散并不是无据可循,这种沿产业链分工的空间离散,实际上蕴含着产业链中上下游之间的联系,也存在着经营主体活动与核心要素上的差异性。只是当我们未考虑企业跨区域发展这一背景时,产业链中上下游的联系往往都是市场导向的,或基于一定的合作网络。如今,依据我们之前的实证分析,跨区域发展的企业往往是规模较大、技术水平较高且具有一定市场势力的企业,也就很自然地成为产业链上下游的协调者,以降低交易成本。

在区域经济一体化相对成熟的城市群或经济圈,这种企业内地域分工在量和质上都形成了一定规模后[①],势必会导致地域间产业分工的形成,当多数跨区域发展企业都将自己的特定功能部门或子公司转移到特定地区,并形成一定的规律性后,就会在这一地区形成特定的产业集聚。例如,长三角城市群是区域经济一体化水平较高的区域,也是我国产业发展水平较高的地区,但在各次区域间仍然存在地域间的分工。这种产业集群不仅仅是传统的行业分类,还包括了传统行业中的不同子行业,如汽车制造业的研发设计、整车生产、零部件(中间产品)加工等不同子行业会在不同的地区集聚。在第六章的实证分析中,我们仅以研发环节与生产环节为例,考察了产业不同分工环节的空间分布的离散与集聚。离散主要体现在一定数量的企业为了追求利润最大化,利用比较优势,将不同的分工环节配置到不同的区域。集聚则体现为产业关联,核心地区与边缘地区之间能够利用不同功能环节间沿产业链的合作与沟通,实现各次地域间的产业互动。实证分析表明,这种互动和联结在很大程度上依赖于地理邻近,也有一部分受到关系邻近的影响,因此在空间上不同的产业分工环节也有各自的集聚地。这种"离散与集聚"的统一是基于企业这一行为主体发动的协调以及产业本身的特性,可能比政府所主导的区域间合作具有更强的主观能动性,形成了工业化进程与城市化的统一(见图7.2)。

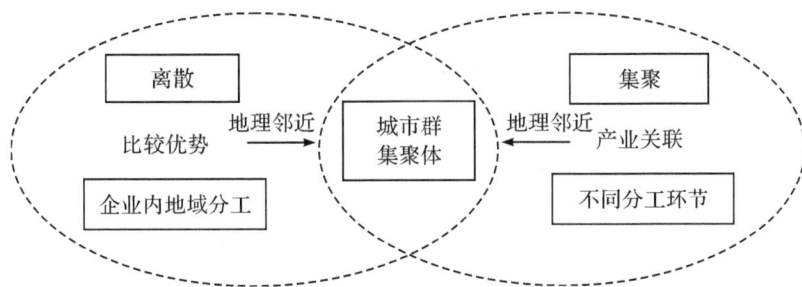

图 7.2　企业跨区域发展与产业区位的"离散—集聚"二重性

三、效应:要素空间分割和地区分异

在区域经济一体化相对成熟的情形下,当上述离散与集聚的行为成为一种

---

① "量"主要体现为实行跨区域发展的企业数量日趋增多,"质"则主要体现为企业的模式更为多样化,不只是营销部门的离散,还包括整个生产子公司、研发子公司,甚至总部的迁移。

趋势后,地域间产业分工逐渐形成,企业主导下的地域间互动使得在这一新的背景下区域经济一体化达到一个新的层次。前文中我们对知识创造活动集聚过程的分析,其实也是对企业在跨区域发展过程中,知识含量较高的分工环节和劳动力空间集聚过程的一种解读。结果表明,这种空间集聚过程具有一定的偏好和倾向性,加上一个不得不面对的现实是:我国各地区的资源禀赋、产业结构和经济发展水平等还存在显著的差异,异质性要素的流动性也不尽相同。企业空间选址的双向性,即由于对要素的不同需求,形成了不同生产效率的环节分别向核心梯度地区(如东部沿海地区)和边缘梯度地区(如中西部地区)转移的现象。这些企业区位上的自我选择行为形成一种累积效应后,促进了集群和地区间的专业化分工,也对地区间人才和技术等资源的重新配置与经济发展产生一定的影响。倘若是在地区要素空间分割条件下,要素流动受到了阻碍或者某一关键要素的流动成本较高,要素禀赋的不均衡分布就会导致国内资源配置的低效。核心梯度地区盈利空间大的特定产业或分工环节迅速壮大起来,相关人才不断集聚,强化了该地区在整个区域中的比较优势,这种优势又会进一步影响企业地域内分工的空间决策,形成了一种"集聚产生优势、优势呼唤集聚"的自我增强累积循环机制。而之前的实证分析实际上是在解释产生这种产业集聚的微观动力是什么。我们从最核心也最复杂的要素——劳动力——的异质性展开,并在新经济地理学的框架下综合考虑了市场、土地、制度、服务业发展水平等因素。接下来我们要回答的是:现阶段,我国劳动力在一定地域的分割程度如何、异质性劳动力的存量水平与城市宜居条件存在怎样的关系,以及地区制造业发展的差距是否与异质性劳动力要素的空间分割相关。以此,进一步说明跨区域发展的企业与异质性劳动力的区位选择是否可以成为利用城市化与新型工业化的互动来促进地区间协调发展的微观突破口。

通常认为,当异质性劳动力与不同分工环节的双向集聚的情形出现在多个地区时,这样就有可能在整个较大区域内(如我国的三大经济圈)实现地域间的产业分工,推进区域经济一体化。但这种情形同样可能会加剧地区间的差距,尤其是当所选取的参照系中的多个地区的经济发展差距较大时,上述的这种自我增强累积循环机制会造成地区间发展差距进一步拉大。例如,企业的研发子公司往往拥有企业最核心的技术和人才,但根据之前的分析结果,研发子公司或高级人才的空间集聚的结果,通常只是围绕在总部附近,集聚程度较生产环节更高。尽管离散化成为趋势,但产业间的分工与协调在空间上也具有一定的地理界限,受到地理邻近性的制约,因此难以形成更大范围内的均衡的地域间的产业分工。如在长三角城市群中,上海的企业将生产厂商从总部所在地分离出去时,往往首先考虑在长三角或泛长三角地区展开,再向更广阔的范围扩散。在江苏省一省之内,苏南的产业转移承接地也会首要考虑苏北地区或相邻省份。因此,企业跨区域发展或者说异质性要素流动的结果也可能是产生强者更强、弱者愈弱的格局。

第三节　要素空间分割、城市化与地区分异: 空间计量分析

区域经济发展的协调性取决于经济要素在各地区之间是否能自由合理流动和流动成本的高低。近年来的研究对于我国国内制造业发展的地区分割程度究竟是趋于上升还是下降,众说纷纭。在同质性劳动力与理性人的假设下,一般认为,劳动力要素可以在地区间自由流动,这可以降低企业跨区域发展的交易成本,推进区域经济一体化。而当我们基于异质性劳动力和劳动力预期效用二重性的假设时,即使是在区域经济一体化程度较高的长三角或泛长三角地区,无论是劳动力要素还是企业的不同分工环节,都存在双向集聚的现象。因此,我们以长三角地区为例,假设:

假设7.1:在长三角地区,知识型劳动力与一般劳动力要素的空间分割程度随着地理范围的扩大而加剧。知识型劳动力的存量水平对区域经济发展起着更为显著的正向作用。

一、异质性劳动力要素空间分割程度

(一)分割程度的测量与数据说明

目前对于分割程度的研究对象和测量方法还尚不明确。从研究对象来看,有行业分割、地区分割(比较多的是城乡分割)、制度分割等。测量方法大致分为三种:一是采用不同地区的特定商品的零售价格指数或工资水平来作为测算地区间分割程度的指标,这种方法主要是从市场分割的角度来进行度量,尤其是衡量不同行业的市场分割程度。二是贸易流量分析法,如利用投入产出表中

省际流入量、流出量占 GDP 的比重进行分析。这种方法更为直接,但在研究对象上有所局限,城市之间的数据缺乏,省份之间的数据过于笼统,忽略了一省之内各次级城市之间的差异。而且不仅一省之内,更广范围内的城市间的依赖度也会被忽略。例如,从行政区划上看,芜湖市和马鞍山市属于安徽省,但由于地理上毗邻南京,其与南京的经济联系可能更为密切。三是运用地区间产业同构的状况来分析地区间经济发展的分割程度,这种方法更侧重于考察产业结构是否趋同。

要素流动与产业转移和集聚在本质上是一脉相承的,因此我们采用第三种方法,用测量产业同构的方法来衡量劳动力要素的分割程度。我们对长三角城市群与泛长三角城市群①进行对比,相比于长三角城市群,泛长三角城市群的地理范围更广,制造业发展水平和城市级次也更为丰富。我们将创建的2013 年制造业上市企业数据库中的技术人员和生产人员的数量结合研发子公司与生产子公司的空间分布进行加总,来测算我国制造业中异质性劳动力的空间同构程度。其中,各城市工业就业人口数来源于 2014 年《中国城市统计年鉴》。同构指数越大代表长三角或泛长三角地区的城市之间的研发环节与生产环节的空间分布差异性越小,地区间劳动力要素分布的分割不明显。

产业同构指数有多种测量方法,如产业相似系数、产业关联系数以及变形的 EG 系数(称为 EG 产业同构系数②)。我们这里采用 EG 产业同构系数来衡量劳动力要素地区分割的程度。当 EG 产业同构系数较小时,代表该区域一般劳动力与知识型劳动力的分布结构较为相似,分割程度较低,反之则分割程度较高。

EG 产业同构系数的计算公式如下:

$$I_r^c = \frac{\left[G_r/(1-\sum_r x_r^2)\right] - H_r - \sum_f I_f^0 w_f^2(1-H_f)}{1-\sum_f w_f^2} \tag{7.1}$$

在(7.1)式中,x_r 为样本加总后地区 r 制造业总就业人口占整个研究区域(如长三角城市群等)总就业人口的比重,H_r 为地区 r 的赫芬达尔指数,w_f 为分工环节 f 的就业人口占所有分工环节就业人口的比重。

---

①　关于泛长三角的空间范围的界定尚不统一,本书将泛长三角城市群界定为上海、江苏、浙江、安徽、江西 5 省(市)的共 52 个地级市及以上城市。

②　EG 系数是用来测量产业集聚程度的常用指标,变形的 EG 系数是指用地区来代替产业,从而衡量某一地区产业同构的程度,或者说一定地理空间(如长三角地区)内城市之间的某一观测值的溢出效应。

G_r 为地区 r 的空间基尼系数,我们根据本章的研究内容,对其指标的定义进行了改动,将不同分工环节下的子公司的集合视为原公式中的产业部门。其计算公式为:

$$G_r = \sum_f (s_{fr} - z_r)^2 \qquad (7.2)$$

在(7.2)式中,z_r 为样本企业加总后,地区 r 制造业总就业人口占整个区域总就业人口的比例,s_{fr} 为某分工环节 f 在地区 r 的就业人口占该分工环节在整个区域的就业人口的比例。其中的产值也可以用就业人口、工业增加值或贸易额等指标来测算。

在(7.3)式中,I_f^0 为传统的 EG 系数,用以衡量产业集聚程度,其计算公式如下:

$$I_f^0 = \frac{[G_r - (1 - \sum_f x_f^2)]H_r}{(1 - H_r)(1 - \sum_f x_f^2)} \qquad (7.3)$$

在这里,由于我们主要衡量的是不同分工环节的集聚程度,因此(7.3)式中的 x_f 为所考察的整个区域内的某一分工环节的就业人数占全部就业人数的比重。

(二)计算结果

根据(7.1)式中 I_r^c 的定义,我们计算出不同区域范围内的不同分工环节的同构指数,如表 7.1 所示。

表 7.1　用 EG 产业同构系数测算 2013 年泛长三角和长三角地区要素地区分割的情况

地区	泛长三角	长三角	江苏	浙江	安徽	江西
EG 产业同构系数	0.8781	0.0860	0.0478	0.0361	0.4181	0.3973

数据来源:制造业上市企业年度报告(2013 年数据)、2014 年《中国城市统计年鉴》。

表 7.1 的计算结果基本反映了长三角地区、泛长三角地区和各省要素地区分割的基本情况,可以看到泛长三角地区的 EG 产业同构系数远大于长三角地区,即随着地理范围的扩大,EG 产业同构系数也随之变大,这也意味着要素地区分割的程度在加深。与泛长三角地区相比,长三角地区各城市之间的一体化程度更高,要素配置更为优化,发展更为均衡。在泛长三角地区,相对于江苏和浙江两省,安徽和江西属于经济发展的边缘地区,其 EG 产业同构系数明显大于江苏和浙江,这也说明了在一定的地理范围内,次级地区相比核心地区,要素空间分割的现象更为明显。

二、劳动力要素和区域经济发展的实证分析

(一)异质性劳动力区位偏好多重性的尝试性探索

为了进一步探究异质性劳动力与城市区位条件的关系,我们使用双变量空间自相关模型,尝试性地测算异质性劳动力集聚与平均工资、宜居环境等因素在整个长三角地区的空间相关性。公式如下:

$$Moran's\ I = \frac{n \sum_{i}^{n} \sum_{j \neq 1}^{n} w_{ij} z_i z_j}{(n-1) \sum_{i}^{n} w_{ij}} \tag{7.4}$$

在(7.4)式中,$Moran's\ I$ 为知识型劳动力的集中度与2个城市区位因素的双变量空间自相关系数,该数值越大,则代表空间分布的相关性越强,n 为三角洲地区内的单元个数,w_{ij} 为空间权重矩阵,z_i 为地理单元 i 中知识型劳动力的集中度,z_j 为与 i 相邻的地理单元 j 的平均工资、宜居水平等因素,同样区位因素变量滞后一年。使用 GeoDa 软件对数据进行测算,结果如表7.2所示。

表7.2　长三角城市知识型劳动力与城市区位因素的空间关联分析

变量		$Moran's\ I$	z 值	p 值
一般劳动力	工资水平	0.2390	2.9171	0.004
	城市维护建设资金支出	0.1422	1.8178	0.045
知识型劳动力	工资水平	0.0528	1.1153	0.118
	城市维护建设资金支出	0.1820	2.0373	0.037

注:表中 $Moran's\ I$ 指数根据蒙特卡罗模拟方法(999次)进行检验。

空间关联分析的结果表明,知识型劳动力的集聚与城市维护建设资金支出的空间相关性最强,剧场、影剧院数其次,工资水平则不显著。相反,工资水平与一般劳动力的空间关联性最为显著。城市维护建设资金支出主要由市政各项公用设施的维护支出组成,包括了市政公用设施的维护支出,如城市道路交通、排水、污水处理、园林绿化设施、公共环境卫生设施、城市公共环境保护设施等方面的支出[①],在一定程度上反映了政府在提升城市居住、工作、游憩、交通

---

① 根据1989年1月1日起执行的《城市维护建设资金预算管理办法》。

等基本活动品质上的投入,也反映了城市在基本活动上的宜居性[①]。空间关联分析结果表明,地区工资水平与一般劳动力的空间相关性更为显著,而与知识型劳动力的空间相关性并不显著,地区城市维护建设资金支出与两类劳动力都具有显著的空间相关性($p<0.05$)。这一方面反映了知识型劳动力这一群体对地区工资水平并不敏感,当然这也和这一群体本身的收入水平较高有关,其预期可能是更为长期的职业发展等因素。由于城市维护建设资金支出反映了与居民日常生活工作息息相关的城市环境的改善,因此对两类群体都有显著相关性,只是相对于地区工资水平而言,知识型劳动力与城市宜居水平的空间相关性更高,一般劳动力则相反。这也反映了异质性劳动力在区位偏好上可能存在多重性与差异性。当然,劳动力有精神层面上的需求,要求城市配置更多的健身房、图书馆、咖啡馆、博物馆与更多的艺术空间,但就本研究而言,城市层面的相关统计数据有所不足,有待于在后续的研究中以城市宜居环境与异质性劳动力区位偏好为主题开发多样化指标来更为全面地分析异质性劳动力空间决策的异同,也可以进一步探究核心城市高房价、高生活成本所带来的拥挤效应对异质性劳动力空间决策的影响。

(二)异质性劳动力对地区经济增长的影响:模型设定

在第五章的实证分析中,我们证实了劳动力要素对企业空间选址的重要意义,在第三章第四节中,我们也从分析劳动力个体间的沟通与合作的互动过程入手,在新经济地理学下解释异质性劳动力的空间集聚对地区经济差异的影响机制。基于分析,城市区位因素中,相较于专业化城市,多样化的、服务业水平较高的城市会对知识型劳动力、技术密集产业或研发设计环节产生更大的向心力(刘红光等,2014;Glaeser,Rosenthal,Strange,2010)。此外,随着运输费用的不断下降,劳动力和经济活动的集聚会造成集聚地土地资源的稀缺,土地作为一种相对不可移动和不可再生的资源,也在一定程度上影响了劳动力的生活成本与企业迁移的商务成本。综上所述,为了考察制造业异质性劳动力要素的空间配置的非均衡性对区域经济的影响,我们构造反映经济增长的总量生产函数:$Y = AL^{\alpha}K^{\beta}T^{\gamma}S^{\delta}K^{\theta}E^{\eta}e^{\mu}$,根据上述分析,考虑两种劳动力的存量水平、土地配置水平、服务业水平、制度因素和城市维护建设支出对地区经济增长的影响,

---

[①]　1933 年 8 月在雅典会议上制定的《雅典宪章》是一份关于城市规划的纲领性文件,认为城市要与其周围影响地区成为一个整体来研究,城市规划的目的是解决居住、工作、游憩与交通四大功能活动的正常进行。

对两边取对数可得下式：

$$\ln Y = \ln A + \alpha \ln L_1 + \beta \ln L_2 + \gamma \ln T + \delta \ln S + \theta \ln K + \eta \ln E + \mu \quad (7.5)$$

在(7.5)式中，$\ln Y$ 表示城市的经济增长率，$\ln L_1$ 为一般劳动力的存量水平变化，$\ln L_2$ 表示知识型劳动力的存量水平变化，$\ln T$ 表示城市的土地资源的人均配置水平变化，$\ln S$ 表示服务业的发展水平的变化，$\ln K$ 表示政府在科学技术与教育上的支出，$\ln E$ 表示城市维护建设支出的变化。

企业的原驻地与迁入地的地理关系一定程度上倾向于遵循由近及远的空间序列扩张规律，这也说明在一定地理范围内，地区间的经济发展并不是孤立的，而是具有一定的空间关联性。因此，加入空间权重矩阵在一定程度上反映了现实中地区间相互关联、具有空间依赖性的特征。一个城市的经济增长与要素配置水平还受到周边地区要素配置水平的影响，这种空间依赖性的存在使得我们在构造模型时需要引入空间相关性。因此，本研究在(7.5)式的基础上，构造计量模型(模型中的变量除服务业的发展水平为占比外，其他都取对数计算)，如下式所示：

$$G_{it} = \alpha_0 + \alpha_1 G_{i,t-1} + \alpha_2 wG_{it} + \alpha_3 wG_{i,t-1} + \beta_1 wL_{it} \\ + \beta_2 T_{it} + \beta_3 S_{it} + \beta_4 K_{it} + \beta_5 E_{it} + \mu_i + \mu_t + \varepsilon_{it} \quad (7.6)$$

在(7.6)式中，被解释变量 G_{it} 为长三角城市群中第 i 个城市($i = 1, 2, \cdots, n$，$n = 25$)第 t 年的 GDP 增长率。L_{it} 为劳动力要素的总存量水平的变化，包括了一般劳动力(L_1)和知识型劳动力(L_2)。其他变量设定与(7.5)式一致。μ_i 为地区固定效应，μ_t 为时间固定效应，ε_{it} 为随机误差项，α 和 β 为待估计的弹性系数。空间权重矩阵 $w(w_{ij})$ 采用的二元对称空间权重矩阵根据邻近情形来度量：

$$w = \begin{Bmatrix} w_{11} & w_{12} & \cdots & w_{1n} \\ w_{21} & w_{22} & \cdots & w_{2n} \\ \vdots & \vdots & & \vdots \\ w_{n1} & w_{n2} & \cdots & w_{nn} \end{Bmatrix} \quad (7.7)$$

在(7.7)式中，w_{ij} 表示城市 i 和城市 j 的邻近关系，采用二进制相邻矩阵表示，即当城市 i 和 j 相邻时，$w_{ij} = 1$，否则 $w_{ij} = 0$。关于是否邻接按照三种规则进行判断："车"相邻、"象"相邻和"后"相邻。相对于"车"相邻和"象"相邻，基于"后"邻近的空间权重矩阵使得考察对象拥有更多的邻接区域，与周边地区具有更为紧密的空间结构，因此我们采用"后"相邻来赋值 w_{ij}。赋值后，按照下式对权重矩阵进行标准化，以降低区域间的外在影响。

$$w_{ij}{}^* = w_{ij} / \sum_{j=1}^{n} w_{ij} \qquad (7.8)$$

标准化后，权重矩阵中每一行的取值之和等于1，这也就意味着，wG_{it} 和 wL_{it} 等空间滞后变量反映的是邻近观测值的加权平均。在此模型中，引入 wL_{it}、wL_1 和 wL_2 分别考察与该城市相邻的其他城市的总的劳动力、一般劳动力和知识型劳动力存量水平的变化对该城市经济增长的影响，即为异质性劳动力要素的空间外溢效应；wG_{it} 则代表了某一城市邻近的城市的经济增长对该城市的影响；$wG_{i,t-1}$ 是 wG_{it} 滞后一年的表达式，将其纳入计量模型主要是考虑到某一城市的经济增长可能受到周边邻近城市上一年的经济增长情况的影响。

(三)数据来源、平稳性检验与内生性问题

为进一步探究地区劳动力要素水平与经济增长之间的关系，我们使用动态面板数据对计量模型进行估计，以此探究异质性劳动力要素的集聚对长三角城市群各城市经济增长的空间外溢效应。模型1—3分别考察了总体劳动力、一般劳动力以及知识型劳动力集聚对地区经济增长的空间溢出效应。

我们选取长三角城市群25座城市2009—2013年的面板数据，选取的主要指标包括：①被解释变量：地区经济增长(G)用各城市当年人均GDP的对数来衡量；②一般劳动力存量水平变化用企业数据库中生产人员数量在城市层面的加总的对数(L_1)来衡量；③知识型劳动力的存量水平变化(L_2)用技术人员数量在城市层面的加总的对数来衡量；④所在城市的土地资源的配置水平的变化(T)用城市建成区面积的对数来衡量；⑤服务业发展水平(S)由该城市服务业从业人员的比重刻画；⑥政府的科技教育支出(K)由地方财政一般预算内收支状况中科学技术支出与教育支出加总获得；⑦城市宜居水平的变化(E)用城市维护建设资金支出的对数来衡量，反映了政府在提高基础设施水平与改善生活工作环境上的投入。以上城市数据主要由《中国城市统计年鉴》数据整理得到，其中2009—2013年城市维护建设资金支出由各城市统计年鉴数据整理得到。需要注意的是，由于本研究构建的上市制造业企业数据库中异质性劳动力的数量由企业的不同子公司中就业人数统计而来，因此这里异质性劳动力的存量水平也在一定程度上表征了不同的分工环节。本研究通过测算这些变量及其空间加权形式和空间滞后变量在回归分析结果中是否显著，来判断异质性劳动力存量水平等因素是否促进了长三角城市群的经济增长，以及劳动力要素在各城市之间是否存在"外溢效应"，如若外溢效应存在，是正向溢出还是负向溢出。

首先,本研究采用相同根单位根检验 LLC 对各指标进行平稳性检验,以避免伪回归。各指标的统计量描述与平稳性检验的结果如表 7.3 所示,在 1% 显著性水平下各个指标均通过了 LLC 平稳性检验。

表 7.3 主要指标的统计量描述与平稳性检验结果

变量	观测数	均值	标准差	最小值	最大值	LLC
经济增长 G	125	10.8869	0.4867	9.4165	11.7471	-10.0043^{***}
一般劳动力存量水平变化 L_1	125	12.3730	0.9788	10.3255	14.6014	-8.3134^{***}
知识型劳动力存量水平变化 L_2	125	8.9458	1.1361	6.8024	12.3567	-6.1777^{***}
土地资源的配置水平的变化 T	125	4.9432	0.7973	3.2958	6.7876	-8.7832^{***}
服务业从业人员的比重 S	125	0.4444	0.1136	0.1767	0.7174	-11.5807^{***}
政府科学教育支出 K	125	13.4249	0.7796	11.7708	16.0065	-8.8065^{***}
城市维护建设资金支出的变化 E	125	21.8909	1.0817	19.4058	24.1880	-7.0012^{***}

注:变量除服务业从业人员的比重外均取对数; $*$ 、 $**$ 、 $***$ 分别表示在 10% 、 5% 和 1% 水平下显著。

其次,在进行全样本估计时,我们还要考虑内生性问题和估计方法的选择问题。由于 wG_{it} 、 $G_{i,t-1}$ 和空间滞后变量 $wG_{i,t-1}$ 也被纳入最终的计量模型中,因此可能存在动态的内生性问题。通常这种情形下可以采用广义矩估计(general method of moments,GMM)将一阶差分变量设定为解释变量的工具变量,以此来解决内生性的问题。由于使用差分广义矩估计的方法会丢失掉一部分样本的信息,尤其是在小样本的情况下,因此,不少学者采用系统 GMM 方法(如 Blundell, Bond,1999;席艳玲,吉保生,王小艳,2013)。系统 GMM 方法是在差分 GMM 估计的基础上加上水平方程,可以大大提高估计的有效性。采用系统 GMM 估计方法不仅可以有效解决内生性问题,还能保留不随时间变化的其他变量。因此,本研究采用两阶段的系统 GMM 估计方法来对模型做回归分析。

从表 7.4 残差序列相关性的检验结果来看,三个模型差分后显示的残差通过一阶自相关检验,AR(1)的 z 值均显著($p<0.01$),而差分后显示的残差通过二阶自相关检验,AR(2)的 z 值都不显著($p>0.1$),均显示无二阶自相关,即系统矩估计模型满足矩约束条件。三个模型中 Hansen χ^2 检验均不显著。综上结果说明,残差项不存在序列相关性,运用两阶段的系统矩估计方法得到的动态面板数据模型估计结果具有一定的有效性且整体显著。

表 7.4 模型内生性问题的检验

指标	模型 1	模型 2	模型 3
AR(1)z 检验	-2.1605***	-1.9137***	-3.1389***
AR(2)z 检验	0.4231	1.0918	0.5625
Hansen χ^2 检验	29.44	30.81	29.82
n	25	25	25

注:*、**、*** 分别表示在 10%、5%、1% 的显著性水平下通过检验。

(四)异质性劳动力的空间溢出效应分析结果

从计算结果来看(见表 7.5),长三角城市群各城市的劳动力要素的存量水平在区域间的溢出对地区经济增长率具有显著的影响,主要有以下三方面的分析结果。

表 7.5 动态面板数据模型的广义矩估计回归分析结果

解释变量	模型 1	模型 2	模型 3
常数项	0.3211	0.8352	0.4920
$G_{i,t-1}$	0.9379* (0.0667)	1.1117* (0.0579)	0.8216* (0.0725)
wG_{it}	0.4137* (0.0870)	0.5224* (0.0656)	0.5042* (0.0712)
$wG_{i,t-1}$	1.3348** (0.0189)	2.1105** (0.0136)	0.5199** (0.0406)
wL_{it}	-0.1712** (0.0144)		
wL_1		0.0817 (0.1037)	
wL_2			-0.2338*** (0.0095)
T_{it}	0.3227** (0.0341)	0.4654** (0.0301)	0.6842** (0.0101)
S_{it}	0.5617** (0.0203)	0.7854** (0.0162)	0.5007** (0.0218)
K_{it}	0.4822** (0.0298)	0.6617** (0.0172)	0.4198** (0.0324)
E_{it}	0.6480** (0.0178)	0.6776** (0.0170)	0.8217*** (0.0089)
n	25	25	25

注:括号内的数值为对应解释变量的 p 值;*、**、*** 分别表示在 10%、5%、1% 的显著性水平下通过检验。

181

第一，总体上看，长三角城市群中的各城市间的经济增长在空间上和时间上均具有一定的关联性，这也证实了在一定地理范围内各城市间的经济发展是具有关联性的。从三个模型的回归结果中均可以看到，上一年的经济增长 $G_{i,t-1}$ 和空间变量 wG_{it} 对城市当年的经济增长 G_{it} 具有正向的效应（$p < 0.1$）。这说明了长三角城市群中的各城市间的经济增长在空间上和时间上均具有一定的关联性。毗邻城市之间的空间效应为正，也在一定程度上说明了我国长三角地区城市间的产业分工对区域协调和经济发展具有积极作用。由于在模型的计算中各变量已经取自然对数，计算结果的系数即为弹性系数，因此从数值上来看，毗邻城市的经济增长率每上升或下降 1%，会导致同年该城市经济增长率上升或下降 0.41%～0.52%，城市间滞后一年的经济增长的空间外溢效应该大于当年的溢出效应（0.52%～2.11%），这也说明了区域间的经济影响具有一定的时间滞后性。城市土地供给水平、服务业的发展水平、政府在科技教育上的支出与城市宜居条件的改善对长三角城市群中各城市经济增长均具有显著的积极作用。

第二，劳动力的总体存量水平对城市间的空间溢出效应显著（模型 1）。模型 1 的估计结果显示，某一城市所有毗邻城市的总体劳动力存量水平每上升或下降 1%，其经济增长就会减少或增加 0.1712%。按照劳动力的迁移通常遵循地理邻近的原则，该结果可以解释为，若某一城市的毗邻城市的劳动力流入增加，则意味着有一定的劳动力从本地流出，从而对本地的经济增长起到消极的作用，反之亦然。

第三，一般劳动力与知识型劳动力的外溢效应对一定区域内的城市经济增长的影响力并非具有一致性，后者明显大于前者（模型 2 和模型 3）。一般劳动力向周边地区转移也意味着本地区产业转移的推进，对经济增长反而起到了正向的作用，但这种作用并不显著。相较之下，本地知识型劳动力的存量水平每上升或下降 1%，其经济增长受其影响下降或上升 0.2338%，其影响力明显高于一般劳动力。因此，本地知识型劳动力的流出会对本地经济的增长产生显著的负作用，一般劳动力存量水平的变化对经济增长则呈现出非显著的、相反的影响作用。

综上，异质性劳动力对地区经济增长的影响存在差异，也说明人才的流失会对边缘地区的经济增长产生显著的消极作用，但一般劳动力的流入对次级地区产业转型的影响却可能甚微，不同分工环节和劳动力的双向集聚可能会加剧地区差异。在低运输成本和劳动力自由流动的情况下，当拥挤效应尚未达到足够大时,人才在多样化大都市的区位黏性与创新活动的地理锁定效应可能会被进一步强化。

第四节　本章小结

本章从多重异质性与要素空间分割视角,以长三角地区为例,分析了目前我国区域经济中劳动力要素空间分割与地区经济发展中"动力—行为—效应"的内在机制,并通过空间计量分析,证明了假设 7.1,得出了以下结论:在长三角地区,知识型劳动力与一般劳动力要素的空间分割程度会随着地理空间的扩大而加剧,在二元经济结果下,次级地区的要素分割程度大于核心地区,并且知识型劳动力的存量水平对区域经济发展的影响更为显著。由此,第五章至第七章构成了"企业—产业—要素"的整体分析脉络,表明了异质性企业追随异质性要素,选址于异质性空间,形成了产业分工与劳动力的双向集聚,进一步影响地区经济增长与分异的循环累积因果作用。

异质性劳动力对地区经济增长的影响存在差异,也说明人才的流失会对边缘地区的经济增长产生显著的消极作用,但一般劳动力的流入对次级地区产业转型的影响却可能甚微,劳动力要素的双向流动可能会加剧地区差异。结合第六章的分析结果可见,一般劳动力与知识型劳动力在长三角地区已经形成了一定的双向集聚,这一空间特点反映了城市分化与劳动力个性化的匹配问题,以及城市化与工业化互动的意义。在低运输成本、劳动力自由流动的情况下,当拥挤效应尚未达到足够大时,城市发展水平所反映出来的劳动力对多重需求的追求,强化了人才在多样化大都市的区位黏性与创新活动的地理锁定效应,反映了城市化对产业集聚与转移的引领作用。由于企业转移往往伴随着劳动力的流动,异质性劳动力在预期效用与流动性上的差异,会使得一些附加值较高、高度依赖于知识型劳动力的研发、设计环节倾向于黏滞在核心地区及其周边区域;而一部分低附加值的较易被培训、复制的生产环节则转移至或保留在边缘地区。虽然从长期来看,这种锁定会带来地区间要素分割与经济增长的差异,使得边缘地区产业转型升级滞缓,但在产业转型的初期,优化产业链的空间布局、合理利用企业内部供应链和区域间的差异进行协同发展,是制造业升级,尤其是次级地区产业转型升级的关键,也会对这些地区的经济增长起到一定的正面作用。

　　综上,我们在前几章中讨论并证实了要素流动和区位优势对企业跨区域发展时的区位决策以及产业区位和集聚的影响,在本章中我们又反过来证实了要素的空间配置水平对地区经济增长具有一定的影响,各种要素共同打造了区位优势,形成了循环累积因果效应。以上的分析主要基于本书对企业和劳动力要素异质性的假设,尤其是异质性劳动力要素在流动性上的差异性分析。

第八章 结论与对未来研究的展望

第一节 主要结论

本书得出的结论主要有以下五个方面：

第一，企业跨区域发展、在空间上沿产业链离散化已成为我国制造业发展的一种空间分布趋势。在垂直分工与经济一体化的背景下，企业跨区域发展，即企业多部门、多区位发展这一微观企业行为也是产业转移和集聚的基础，其成为一种趋势后，形成了不同分工环节沿产业链空间离散分布的空间格局。按研发投入占比分类，这种空间离散行为具有一定的行业异质性，即与劳动密集型产业和资源依赖型产业相比，技术密集型产业的生产环节和研发环节的集聚地的重合性更大，地理邻近性更为显著。而就不同的分工环节而言，研发环节的集聚程度显著高于生产环节。这也从特征性事实上说明了知识活动具有一定的地理界限和空间约束性。

第二，中国一国范围内的企业跨区域的区位决策受到企业内外部因素的影响。从内部来看，空间离散的企业具有一定的规律性，即企业异质性；从外部来看，企业跨区域决策与不同分工环节（研发环节与生产环节）的区位选择受到总部与备择地不同区位因素的影响，具有一定的空间异质性。而在众多影响因素中，无论是企业内部的劳动力构成还是空间区位劳动力要素的成本与禀赋，劳动力要素异质性对企业跨区域发展的空间决策和不同分工环节的选址都显得尤为关键。

（1）企业异质性。企业跨区域发展的过程与企业自身成长的过程是高度相关的，空间区位离散化的企业往往是规模较大、技术水平较高的企业，这类企业首先打破地理边界，寻求多区位的空间发展战略。因此，就企业异质性而言，企业空间离散的规律性结论为：企业的规模性优势、内在技术优势和外在区位优势共同构成了企业跨区域发展的动机。此外，研发投入比例对企业总体的跨区域决策的非显著影响也说明了一些研发投入较高的企业在跨区域发展决策时的确存在对技术知识溢出风险的担忧。而在衡量企业的技术水平的另外两个变量中，员工的受教育程度与技术员工的占比均有显著的影响，是企业在跨边界空间决策过程中较为关键的企业内部因素。

（2）空间异质性。对于中国这样一个幅员辽阔、文化多元、经济发展水平极具层次性的国家来说，空间的异质性加剧了企业跨区域发展的复杂性。本书的实证分析结果显示，企业跨区域发展的决策具有一定的市场导向、要素导向和制度导向，寻求较大市场、要素优势和服务业、制度支持也是企业跨区域发展的动力。从不同分工环节来看，与生产环节相比，服务业发展水平较高、知识型劳动力更为充沛的地区对研发环节空间离散的影响更为显著，对空间距离和知识性要素的可得性更为敏感，对要素成本相对不敏感，并且在空间上黏滞于总部或东部沿海地区附近，具有更高的集聚程度。劳动力成本和土地价格则对生产环节的影响更大，体现了生产环节更强的要素成本导向。

（3）要素异质性。在众多要素中，知识型劳动力的比例对研发环节的选址表现出较为显著的影响。而企业中知识性活动较为活跃的分工环节或子公司大多是追随着更具竞争优势的要素或资源而进行空间布局。人才正是制造业转型期最为核心的要素，人才问题也是产业升级的瓶颈之一。不同劳动力要素在预期效用和流动性上的异质性，造成了劳动力要素在数量和质量上的不均衡分布。这种不均衡分布和知识型劳动力的区位黏性，也使得企业在跨区域发展的过程中，其研发环节比生产环节更倾向于集聚在人才集聚而非劳动力成本较低的城市。

第三，在企业跨区域发展的背景下，产业集聚体现了经济关联（地理接近性）和知识关联（技术接近性）二重性。现阶段，我国跨区域发展的制造业上市企业的各子公司经济活动的集聚行为更多地依赖于与企业内部不同区位的子公司之间的互动（如总部和研发子公司、各子公司之间的知识转移与共享），以及与转入地要素禀赋的接近性。相应地，当这种知识或技术外部性来自转入地的其他企业（技术水平相当的同行业企业）之间所建立的网络，其作用可能不如前者来得显著。也就是说，现阶段企业对地理接近性所产生的对稀缺要素的毗邻效应更为关注，对其重视度可能要高于其本地网络中所产生的嵌入效应。但嵌入效应仍然具有显著作用，只是稍弱于毗邻效应，这在一定程度上也反映了我国制造业企业的跨区域发展还处于较为初级的阶段。并且,知识的共享、创造与地理距离之间具有一定的不可分割性,地理接近性对知识转移与共享具有很强的促进作用,有助于技术接近性发挥作用,两种接近性的耦合有助于企业追求知识正外部性。

第四,在企业空间离散化的背景下,我国制造业中的生产环节与研发环节在空间上呈现出明显的"双向集聚"的特征,同时在一定范围内(长三角地区),又具有显著的空间关联性。一方面,研发环节和生产环节的空间集聚具有双向性:生产环节更多地向边缘地区集聚,分布更为分散;而研发环节仍集聚在核心地区,集中程度较高,具有更高的空间集聚度,"生产分散、研发集中"的模式凸显,也从产业角度证实了知识共享与转移的地理界限。另一方面,一定地理空间范围内,以长三角地区为例,研发环节和生产环节之间又存在显著的空间关联性,在地理上又具有一定的地理接近性,呈现出相互耦合的"×"形。产业链在空间上体现了离散与集聚的统一。在长三角城市群中,产业链上的不同分工环节(研发与生产)在空间上互相耦合在一起,呈现出"×"形。我们从产业链地域分工与联系的视角,将长三角城市群划分四类产业空间:先行区、耦合区、边缘区与交界区。这一分类也体现了产业集聚的空间离散与关联的并存。

第五,异质性劳动力的空间配置水平对地区经济增长具有显著的效应。在企业跨区域发展背景下,异质性劳动力要素的地区分割程度会随着地理空间的扩大而加剧。劳动力空间配置水平与城市区位条件息息相关,且知识劳动力(高级人力资本)的存量水平对地区经济增长具有显著的空间溢出效应。人才的流失会对边缘地区的经济增长产生显著的消极作用,但一般劳动力的流入对次级地区产业转型的影响可能甚微,双向集聚可能会加剧地区间经济差异。企业在空间上的自我选择行为与异质性劳动力要素流动之间的相互作用可以导致产业区位和空间经济结构的变化,进而对不同地区的经济增长产生影响,这又会导致要素在地区间的重新配置,以及企业和产业的集聚,由此形成循环累积的集聚机制。

第二节 政策建议

制造业对我国国民经济发展起到了重要的基础性作用,尽管制造业企业的利润率远低于服务业中的相关产业(如金融业等),但制造业为服务业和虚拟经济提供了必不可少的支撑。改革开放至今已有40余载,我国的制造业已形成了一定的规模,进入了转型期。上述结论为认识和反思在这一时期如何通过城市化与新型工业化的互动来推动地区产业的转型升级提供了新的视野和参考。一方面,制造业已形成一定的规模,资本存量不断增加;另一方面,消费者需求结构的变化与多样性,加上成本、环境的约束,促使更多的企业追求以更为柔性的生产来面对市场风险,地方政府也积极寻求引导本地产业转型升级的新的价值点和新途径。由此我们选择企业跨区域发展和空间离散现象作为实证研究的对象来探究产业集聚机制和区域经济差异产生的规律性因素。以下基于理论与实证分析的结论,就实现制造业的转型升级和区域经济的协调发展提出"企业—人—产业—空间"相互协调的政策建议。

(一)企业:以优势企业为主导,消除行政壁垒

利用优势企业跨区域发展的趋势,转变以往以相邻地区的地方政府的行为为主导的方式,调动企业成为推动区域协调和经济一体化的新力量。企业出于竞争、盈利和进一步发展的需要,会自发地寻找合作、兼并的对象,资本和技术也会随着市场机制的作用,在区域内进行配置和流动,从而带动了区域一体化的发展。这是区域一体化意识最为真实的表达,因而也是最有效率和最能持久的动力。鼓励龙头企业将中间品生产分离出去,通过价值链的分解降低产业的进入壁垒,以企业主导的方式促进地域分工的形成和地区间的竞合,使得要素在空间上得以更为有效地配置,以此带动边缘地区的产业升级。在"一带一路"倡议下,重点培育本土的跨国企业、跨区域发展企业,鼓励大企业、优势企业合理利用不同地区的资源优势,到本地以外的地区建立生产基地,开设研发机构、设计中心等分公司,发展高端制造业。以供应链管理者与协调者的角色,进一步带动中小微企业发展。

不仅仅是在长三角地区,地区间差异和不均衡发展是中国区域经济发展的典型特征。差异并不完全是产业和地区经济发展的消极面,正确地认识地区间资源要素的比较优势并加以利用,促进地区间分工,有助于推进企业和产业转型的进程。利用企业内部供应链协调促进地区间分工,可以利用本地优势企业跨区域发展时的企业内地域分工,挖掘盈利空间较大的分工环节作为转型升级的突破口,同时也解决本地人才吸纳能力不足的问题。如沈阳机床集团作为传统国企,身处所谓的"东北塌陷"核心区,从深陷绝境到成为工业技术创新的佼

佼者,很大程度上得益于 2007—2012 年上海团队 5 年的开发。企业供应链的空间优化布局自发地促进了核心地区与边缘地区间的协同发展,是产业转型升级成功的关键。

(二)人:加强工业化与城市化互动,打造宜居空间

引进人才、企业和产业化项目时,要因地制宜。产业升级不是简单地弃制造业转向高端服务业,也不是一味地脱离本地基础引进高新技术产业。重视本地支撑产业发展的区位条件的改善,对于一线中心城市和产业基础优势明显的二线城市,提倡通过智慧城市建设,以更为绿色生态、集约智能的方式,有效治理环境污染、城市拥堵等民生问题;加强城市基础设施建设,尤其是那些让城市生活更便捷、环境更宜居、企业运营成本得以有效降低的区位条件的提升。2016 年 2 月印发的《中共中央国务院关于进一步加强城市规划建设管理工作的若干意见》也明确指出了我国一些城市存在建筑贪大、媚洋、特色缺失与文化传承堪忧等问题,进而强调了城市建设中的"适用、经济、绿色、美观"的原则。这一转变体现了除了租金水平、办公空间、交通条件、基础设施和税制等"硬"区位条件的改善,也应注重教育、健康、娱乐休闲和对个性化生活方式和多元文化的宽容度等"软"区位因素的提升。在二线城市建设更多的美术馆、展馆、博物馆、文创空间等提升城市文化活力和精神文化生活品质的设施,提高城市的现代文化生活气息,为引进高端的知识性人才和复合型管理人才提供物质层面之上的精神文化层面的保障。

对于产业基础与城市发展都相对薄弱的边缘地区,可以先从健全公共服务设施、保障城市安全等入手,以满足一般劳动力、中高级技术人才和管理人才的基础需求。在发展新型城镇化的同时,普及公共服务至所有常住人口以稳定转移人口的生活和就业,以减轻部分边缘地区承接东部地区产业转移所面临的劳动力短缺的问题。

(三)产业:立足本地产业优势,提倡错位发展

在进行产业区域转移和产业结构调整、升级时,不仅要进行区域内不同城市间的横向比较,充分发挥各地区的比较优势,同时还应在同一区域内的不同层级上进行比较,充分了解区域内各大城市、中小城市、乡镇以及农村的比较优势和差异。在锁定原有产业优势的前提下,不盲目引进不适合本地条件的新兴产业,把重点放在产品创新与产业升级上。一方面,提升核心城市作为创新中

心、产业链管理者和协调者的角色;另一方面,次级地区和边缘地区在产业发展政策上,在立足本地特色与优势的基础上,应适当改变以两三个支柱产业为主、较为长期的单一化的产业结构和经济体系,探索产业链中附加值较高的环节,而未必是最高的环节,以避免升级进程中的人才约束问题,争取在原有优势中寻找突破口,实现错位发展。除了完成制造业的升级与区域间合理分工,还应积极扩大核心城市服务业,尤其是生产性服务业的服务半径,推动区域产业结构的调整和升级。

（四）空间:推动城市间交通联动,降低要素流动成本

通过区域间交通基础设施的连接,降低经济圈内相邻城市间、城镇间的交通成本。通过从时间上缩小空间距离扩大劳动力的活动范围,强化要素流通网络的效应和核心城市的辐射力。加快区域内快速交通网络的形成,尤其是多种类型的公共交通协调发展,以降低经济圈内城市和城镇内部、相邻城市间以及城镇间的交通成本。这一举措,一方面通过从时间上缩小空间距离、扩大劳动力的活动范围,降低了劳动力要素流动的空间成本,强化了要素流通网络的效应;另一方面,当便利的交通运输保证了企业跨区域发展时,空间分布离散的母公司与子公司、子公司间及其与其他组织之间必要交通联系的便捷性和成本节约,促进了经济主体驱动下的区域经济一体化进程。如《上海市城市总体规划(2015—2040)》中就明确指出,要加强与南北西向城际铁路的对接,建立"开放型、网络化"的对外交通格局。由此,提升城市交通的规模与开放性,进而促进劳动力要素的自由流动和区域产业结构调整与一体化的良性推进。

以上四个方面的建议并不是孤立的,而是相互统一的。推动核心城市与次级地区的合作与分工,这种分工依赖于地区劳动力要素、企业和产业的一定程度上的集聚,没有集聚就没有分工。集聚,尤其是人的集聚,会大大降低基础设施建设的成本,运输成本、信息成本也会相应地下降。同样,所提的知识型劳动力的集聚,其实就是知识的集聚,"三个臭皮匠,顶个诸葛亮",知识生产也需要人的集聚。知识驱动的经济增长在中国经济发展进入新常态后越来越重要。分工能够提高生产率,生产率的提高带来的是劳动者收入的提高。地区人均收入的提高,以及城市高质量的社会、经济、文化和知识活动又会进一步促进劳动力的集聚,形成循环累积因果效应。城市化的重点也逐渐转移到对人的活动的关切上,这也是本书从微观视角(异质性劳动力和企业)来研究产业集聚机制的立足点与目的。

第三节　不足与对未来研究的展望

　　本书以多重异质性的视角,从微观层面出发探索了企业跨区域发展与产业集聚的形成机制,获得了一些笔者认为较有价值的研究结论,基本达到了预期的研究目标。无论是企业的空间决策,还是劳动力的迁移决策,都是在研究个体行为,个体行为往往是复杂的。笔者在对影响企业跨区域发展的区位决策行为的因素进行研究,以及对异质性劳动力的预期效用和流动性进行分析时,试图从传统经济学范式中经济主体的"理性人"假设转变为"社会人"假设,这就涉及了新经济地理学与社会学、心理学、管理学等学科的交叉,一些因素由于较难测量和量化而未被纳入研究内容。因此,本研究作为一个初步的尝试自然还存在诸多不足,这些不足也为后续的研究提供了更为宽广的研究视角:

　　第一,从研究内容上,更广泛而深入地从微观视角来研究产业集聚、地区经济增长。本书通过对我国企业跨区域行为、动因和效应的相关研究,期望从新的视角深入揭示我国产业集聚的内在机制与区域经济发展差异的成因。在获得了一定的研究结果时,也深感对微观主体的研究较宏观现象更为复杂而有趣。我们考虑了企业异质性、劳动力要素、土地、空间距离和技术距离、市场容量、服务业发展水平和制度因素的影响,但同时对其他一些因素,诸如企业家背景、社会网络关系、城市的文化宽容度等因素的分析也囿于统计数据的缺乏而无法展开。从异质性劳动力的分类来看,本书立足于制造业企业的跨区域行为,将异质性劳动力分为一般劳动力和知识型劳动力,在实证中以生产人员和技术人员代表。这种分类一方面相对比较粗略,除了技术人员,知识型劳动力也包括了企业家、管理人才、市场人才等;另一方面生产人员中也可能存在一部分以知识为核心要素的劳动力,受限于统计数据的缺失而无法进行细致的分类。这些不足有待于在后续的研究中改进。此外,在研究企业空间离散时,为了更聚焦于经济关联和知识关联,增强本研究主体的解释力,仅涉及生产环节与研发设计环节,还尚未涵盖销售、投资等其他环节或子公司的空间离散现象,这些不足也为将来进一步研究提供了方向。

　　第二,从理论构建上,对新经济地理学中广义运输成本的拓展还有进一步延伸的空间。通过对新经济地理学下产业区位和产业集聚理论的梳理,笔者发现,运输成本始终是新经济地理学中一个很关键的因素,从广义上去理解运输成本,也包括了贸易成本,其中有很大一部分是隐性的、难以被量化的社会成本等。广义运输成本所体现的是空间距离所带来的不利,如企业在跨区域发展的过程中,需要为克服距离而付出成本。因此我们对以往的地理接近性进行了多维度的分析,但由于跨学科融合和实证的需要,要将其全面地融入新经济地理学的分析框架中还存在诸多问题,如组织、认知、文化等层面上的接近性较难度量,缺乏成熟的测量手段和数据支撑。因此,本书仅从技术关系接近性上,从知识外部性的角度,对企业区位选择模型进行了延伸。这一研究目前尚在探索阶段,诸多问题还有待于深入探讨。

第三,从实证分析上,企业空间离散与产业集聚的相互作用是一个长期的过程,对微观数据的获取还存在准确性、时间性等诸多方面的问题。对多维接近性的研究所引起的毗邻效应和嵌入效应对产业集聚的影响的讨论,本研究只是提供了一个初步的研究思路,无论是测量的准确性还是科学性,都需要进一步探索。而对企业空间区位选择和产业集聚的研究,包括对异质性劳动力要素的预期效用和流动性的分析,以及对双向集聚和要素分割的验证,也由于虽然基于上市企业的数据较好地识别了不同分工环节的区位选址,但微观数据在时间上很难像宏观数据一样具有长期的稳定性,大范围面板数据收集存在样本和时间上的难度,因而缺乏对空间轨迹的规律性分析。当然,这也为将来的研究带来了一定的启示。

参考文献

安虎森,2006.空间经济学教程[M].北京:经济科学出版社.

安虎森,刘军辉,2014.劳动力的钟摆式流动对区际发展差距的影响——基于新经济地理学理论的研究[J].财经研究(10):84-96.

波特,2002.国家竞争优势[M].李明轩,邱如美,译.北京:华夏出版社.

蔡昉,都阳,王美艳,2001.户籍制度与劳动力市场保护[J].经济研究(12):41-49.

陈建军,2009.要素流动、产业转移和区域经济一体化[M].杭州:浙江大学出版社.

陈建军,崔春梅,陈菁菁,2011.集聚经济、空间连续性与企业区位选择——基于中国265个设区城市数据的实证研究[J].管理世界(6):63-75

陈健生,李文宇,刘洪铎,2015.区域竞争、本地市场效应与产业集聚——一个包含政府部门的新经济地理分析[J].产业经济研究(1):83-92.

陈良文,杨开忠,2007.我国区域经济差异变动的原因:一个要素流动和集聚经济的视角[J].当代经济科学(3):35-42.

陈明森,陈爱贞,张文刚,2012.升级预期、决策偏好与产业垂直升级——基于我国制造业上市企业实证分析[J].中国工业经济(2):26-36.

陈强远,梁琦,2014.技术比较优势、劳动力知识溢出与转型经济体城镇化[J].管理世界(11):47-59.

陈维涛,王永进,孙文远,2017.贸易自由化、进口竞争与中国工业行业技术复杂度[J].国际贸易问题(1):50-59.

陈钊,陆铭,2008.从分割到融合:城乡经济增长与社会和谐的政治经济学[J].经济研究(1):21-32.

党兴华,弓志刚,2013.多维邻近性对跨区域技术创新合作的影响——基于中国共同专利数据的实证分析[J].科学学研究(10):1590-1600.

丁焕峰,宁颖斌,2011.要素流动与生产率增长研究——对广东省"空间结构红利假说"的实证分析[J].经济地理(9):1421-1426.

杜能,1997.孤立国同农业和国民经济的关系[M].吴衡康,译.北京:商务印书馆.

范剑勇,2004.长三角一体化、地区专业化与制造业空间转移[J].管理世界(11):77-84.

方芳,蔡卫星,2016.银行业竞争与企业成长:来自工业企业的经验证据[J].管理世界(7):63-75.

冯伟,邵军,徐康宁,2011.市场规模、劳动力成本与外商直接投资:基于我国1990—2009年省级面板数据的研究[J].南开经济研究(6):3-20.

符正平,曾素英,2008.集群产业转移中的转移模式与行动特征——基于企业社会网络视角的分析[J].管理世界(12):83-92.

高鸿鹰,武康平,2010.技术密集与制造业集聚:一个基于中间厂商博弈的分析[J].产业经济研究(3):10-16.

韩宝龙,李琳,2011.区域产业创新驱动力的实证研究——基于隐性知识和地理邻近视角[J].科学学研究(2):314-320.

韩中,2010.中国制造业空间集聚、要素流动与技术进步[J].云南财经大学学报(4):53-61.

何涛舟,2011.资本市场与中国国际金融中心的建设[D].上海:华东师范大学.

何雄浪,2012.企业异质、人力资本流动与产业空间演化[J].南开经济研究(4):18-36.

贺灿飞,魏后凯,2001.信息成本、集聚经济与中国外商投资区位[J].中国工业经济(9):38-45.

贺灿飞,谢秀珍,潘峰华,2008.中国制造业省区分布及其影响因素[J].地理研究(3):623-635.

胡安俊,孙久文,2014.中国制造业转移的机制、次序与空间模式[J].经济学:季刊(3):1533-1556.

黄肖琦,柴敏,2006.新经济地理学视角下的FDI区位选择——基于中国省际面板数据的实证分析[J].管理世界(10):7-13.

蒋冠宏,蒋殿春,2012.中国对发展中国家的投资——东道国制度重要吗?[J].管理世界(11):45-56.

蒋含明,2015.市场潜能、要素价格扭曲与异质性企业选址[J].产业经济研究(4):51-59.

雷新途,熊德平,2013.区域制度环境、上市企业聚集与绩效[J].经济地理(1):41-45.

李琳,雒道政,2013.多维邻近性与创新:西方研究回顾与展望[J].经济地理(6):1-7.

李仙德,2012.基于企业网络的城市网络研究[D].上海:华东师范大学.

李小建,罗庆,2007.经济地理学的关系转向评述[J].世界地理研究(4):19-27.

李新,苏兆国,史本山,2010.基于区位选择的中国工业生产企业空间集聚研究[J].科学学研究(4):549-557.

梁琦,陈强远,王如玉,2016.异质性企业区位选择研究评述[J].经济学动态(4):126-139.

刘凤根,李坤欢,柳思维,2017.中国上市企业区位分布的空间差异及驱动因素[J].经济地理(3):40-48.

刘红光,王云平,季璐,2014.中国区域间产业转移特征、机理与模式研究[J].经济地理(1):102-107.

刘文超,2015.演化经济学的人类行为理论——对"理性人"假设的批判与超越[J].学术月刊(2):73-83.

吕越,吕云龙,2016.全球价值链嵌入会改善制造业企业的生产效率吗——基于双重稳健—倾向得分加权估计[J].财贸经济(3):109-122.

马海涛,2012.西方经济地理学关系范式与演化范式比较研究[J].地理科学进展(4):412-418.

聂辉华,江艇,杨汝岱,2012.中国工业企业数据库的使用现状和潜在问题[J].世界经济(5):142-158.

宁光杰,2014.中国大城市的工资高吗?——来自农村外出劳动力的收入证据[J].经济学(季刊)(3):1021-1046.

潘镇,2005.外商直接投资的区位选择:一般性、异质性和有效性——对江苏省3570家外资企业的实证研究[J].中国软科学(7):100-108.

祁春凌,邹超,2013.东道国制度质量、制度距离与中国的对外直接投资区位[J].当代财经(7):100-110.

祁新华,朱宇,张抚秀,等,2010.企业区位特征、影响因素及其城镇化效应——基于中国东南沿海地区的实证研究[J].地理科学(2):220-228.

邱斌,闫志俊,2015.异质性出口固定成本、生产率与企业出口决策[J].经济研究(9):142-155.

邱灵,2013.北京市生产性服务业空间结构演化机理研究[J].中国软科学(5):74-91.

邵宜航,李泽扬,2017.空间集聚、企业动态与经济增长:基于中国制造业的分析[J].中国工业经济(2):5-23.

桑瑞聪,刘志彪,2014.中国产业转移趋势特征和影响因素研究——基于上市企业微观数据的分析[J].财贸研究(6):53-60.

斯密,2009.国富论[M].郭大力,王亚南,译.上海:上海三联书店.

孙江永,2008.纺织业FDI在中国大陆区位选择影响因素的经验分析——基于外资不同来源地和地区差异的视角[J].南开经济研究(4):115-129.

孙久文,彭薇,2012.劳动报酬上涨背景下的地区间产业转移研究[J].中国人民大学学报(4):63-71.

王俊松,2014.长三角制造业空间格局演化及影响因素[J].地理研究(12):2312-2324.

王庆喜,2013.多维邻近与我国高技术产业区域知识溢出———一项空间面板数据分析(1995—2010)[J].科学学研究(7):1068-1076.

王舒鸿,2014.开放与劳动收入份额变动研究[D].天津:南开大学.

王恕立,向姣姣,2015.制度质量、投资动机与中国对外直接投资的区位选择[J].财经研究(5):134-144.

王小鲁,2010.中国城市化路径与城市规模的经济学分析[J].经济研究(10):20-32.

魏后凯,2008.中国产业集聚与集群发展战略[M].北京:经济管理出版社.

魏后凯,贺灿飞,王新,2001.外商在华直接投资动机与区位因素分析——对秦皇岛市外商直接投资的实证研究[J].经济研究(2):67-76.

魏欣仪,2005.厂商跨界学习能力——"邻近性"观点回顾与研究途径的建议[J].世界地理研究(4):1-8.

文玫,2004.中国工业在区域上的重新定位和聚集[J].经济研究(2):84-94.

吴波,郝云宏,魏立春,2012.中国上市企业总部迁移的动向与动因研究[J].经济地理(12):8-14.

席艳玲,吉保生,王小艳,2013.要素相对价格对产业结构调整的倒逼效应分析——基于省际动态面板数据的系统GMM估计[J].财贸研究(5):18-24.

徐杰,2003.外商在华直接投资的区位分析[J].经济评论(4):49-51.

徐盈之,朱依曦,孙剑,2010.知识溢出与区域经济增长:基于空间计量模型的实证研究[J].科研管理(6):105-112.

徐瑛,陈澍,2015.中国工业劳动力蓄水池现状及其对新建企业选址的影响[J].地理科学进展(3):44-54.

许政,陈钊,陆铭,2010.中国城市体系的"中心—外围模式"——地理与经济增长的实证研究[J].世界经济(7):144-160.

阎大颖,2013.中国企业对外直接投资的区位选择及其决定因素[J].国际贸易问题(7):128-135.

杨凡,杜德斌,段德忠,等,2017.城市内部研发密集型制造业的空间分布与区位选择模式——以北京、上海为例[J].地理科学(4):492-501.

杨小凯,2001.网络经济的超边际分析[J].今日科技(10):45-46.

杨小凯,张永生,2000.新兴古典经济学和超边际分析[M].北京:中国人民大学出版社.

杨晓明,田澎,高园,2005.FDI区位选择因素研究——对我国三大经济圈及中西部地区的实证研究[J].财经研究(11):98-107.

姚先国,许庆明,2013.中国户籍制度改革与农民工市民化[J].国际社会科学杂志(4):40-47.

殷广卫,2009.新经济地理学视角下的产业集聚机制研究——兼论近十多年我国区域经济差异的成因[D].天津:南开大学.

余珮,孙永平,2011.集聚效应对跨国公司在华区位选择的影响[J].经济研究(1):71-82.

张公嵬,2010.我国产业集聚的变迁与产业转移的可行性研究[J].经济地理(10):1670-1674.

张公嵬,梁琦,2010.产业转移与资源的空间配置效应研究[J].产业经济评论(3):7-27.

张华容,王晓轩,黄漫宇,2015.心理距离对中国OFDI区位选择的影响研究[J].宏观经济研究(12):129-136.

张化尧,王赐玉,2012.国际技术扩散:基于TFP的多渠道外溢分析[J].科研管理(10):17-25.

张文武,2012.集聚与扩散:异质性劳动力和多样化贸易成本的空间经济效应[J].财经研究(7):15-26.

张勋,乔坤元,2016.中国区域间经济互动的来源:知识溢出还是技术扩散?

[J].经济学:季刊(3):1629-1652.

张旭亮,宁越敏,2011.长三角城市群城市经济联系及国际化空间发展战略[J].
经济地理(3):353-359.

赵勇,白永秀,2009.知识溢出:一个文献综述[J].经济研究(1):144-156.

周正柱,孙明贵,2012.区域商务成本对企业迁移区位选择影响研究——基于纺
织业等三大产业面板数据模型[J].上海经济研究(8):81-89.

周正柱,孙明贵,2014.商务成本对企业迁移区位选择的影响研究——基于 26
个省(市)规模以上工业企业的面板数据模型[J].上海经济研究(12):
60-68.

左翔,李辉文,2017.市场化进程中的劳动者社群网络与企业效率[J].经济研究
(3):106-121.

Accetturo A,Dalmazzo A,Blasio G D,2014. Skill polarization in local labour
markets under share-altering technical change[J]. Journal of Regional Sci-
ence,54(2):249-272.

Aditya B,2010. Did Kaldor anticipate the New Economic Geography? Yes,
but…[J]. Cambridge Journal of Economics,34(6):1057-1074.

Agrawal A,Cockburn I,2003. The anchor tenant hypothesis:Exploring the
role of large,local,R&D-intensive firms in regional innovation systems
[J]. International Journal of Industrial Organization,21(9):1227-1253.

Agrawal A,Kapur D,McHale J,2008. How do spatial and social proximity
influence knowledge flows? Evidence from patent data[J]. Journal of Ur-
ban Economics,64(2):258-269.

Aldieri L,2011. Technological and geographical proximity effects on knowl-
edge spillovers:Evidence from the US patent citations[J]. Economics of
Innovation & New Technology,20(6):597-607.

Almeida P,Kogut B,1999. Localization of knowledge and the mobility of en-
gineers in regional networks[J]. Management Science,45(7):905-917.

Amin A,Cohendet P,2005. Geographies of knowledge formation in firms[J].
Industry and Innovation(12):465-486.

Amiti M,Pissarides C A,2005. Trade and industrial location with heteroge-
neous labor[J]. Journal of International Economics,67(2):392-412.

Anselin L,2003. Spatial externalities,spatial multiplier and spatial econometrics[J]. Journal of Urban Economics,26(2):153-166.

Anselin L, Syabri L, Smirnov O, 2002. Visualizing Multivariate Spatial Correlation with Dynamically Linked[R]. University of California, Santa Barbara. CD-ROM.

Anselin L, Varga A, Acs Z, 1997. Local geographic spillovers between university research and high technology innovations[J]. Journal of Urban Economics(42):422-448.

Anselin L, Varga A, Acs Z, 2000. Geographic spillovers and university research: A spatial econometric perspective [J]. Growth and Change(31): 501-516.

Arimoto Y, Nakajima K, Okazaki T, 2010. Agglomeration or Selection? The Case of the Japanese Silk-Reeling Clusters, 1908-1915[R]. Primced Discussion Paper.

Audretsch D B, Feldman M P, 2004. Knowledge spillovers and the geography of innovation[J]. Handbook of Regional & Urban Economics, 4 (4): 2713-2739.

Baldwin R E, 1998. Agglomeration and endogenous capital[J]. Social Science Electronic Publishing, 43(2):253-280.

Baldwin R, Forslid R, Martin P, et al. , 2003. Economic Geography and Public Policy[M]. Princeton: Princeton University Press.

Baldwin R, Okubo T, 2006. Heterogeneous firms, agglomeration and economic geography: Spatial selection and sorting[J]. Journal of Economic Geography, 6(3):323-346.

Baldwin R, Okubo T, 2009. Tax reform, delocation and heterogeneous firms [J]. Scandinavian Journal of Economics, 111(4):741-764.

Baumsnow N, Pavan R, 2012. Understanding the City Size Wage Gap[J]. Review of Economic Studies, 79(1):88-127.

Beaudry C, Schiffauerova A, 2009. Who's right, Marshall or Jacobs? The localization versus urbanization debate[J]. Research Policy,38(2):318-337.

Behrens K, Duranton G, Robert F N, 2014. Productive cities: Sorting, selection and agglomeration [J]. Journal of Political Economy, 122 (3): 507-553.

Behrens K, Mion G, Ottaviano G I P, 2011. Economic integration and industry reallocations: some theory with numbers[M]. In: M. Jovanovic (ed.), International Handbook of Economic Integration. Cheltenham, UK: Edward E.

Behrens K, Murata Y, 2009. Trade, competition, and efficiency[J]. Journal of International Economics, 87(1):1-17.

Behrens K, Robert F N, 2010. Krugman's papers in Regional Science: The 100 dollar bill on the sidewalk is gone and the 2008 Nobel Prize well-deserved[J]. Papers in Regional Science, 88(2):467-489.

Benassy Q A, Coupet M, Mayer T, 2010. Institutional determinants of foreign direct investment[J]. World Economy,30(5):764-782.

Berliant M, Fujita M, 2009. Dynamics of knowledge creation and transfer: The two person case[J]. International Journal of Economic Theory,5(2): 155-179.

Bernard A, Eaton J, Jensen J B, et al. , 2003. Plants and productivity in international trade[J]. American Economic Review, 93(4):1268-1290.

Bernard A, Redding S, Schott P, 2007. Firms in international trade[J]. Journal of Economic Perspectives, 21(3):105-130.

Blundell R, Bond S, 1999. GMM Estimation with persistent panel data: An application to production functions[J]. Econometric Reviews, 19(3):321-340.

Boggs J S, Rantisi N M, 2003. The 'relational turn' in economic geography [J]. Journal of Economic Geography,3(2):109-116.

Bontje M, Musterd S, 2009. Creative industries, creative class and competitiveness: Expert opinions critically appraised[J]. Geoforum, 40 (5): 843-852.

Borensztein E, Gregorio J D, Lee J W, 1998. How does foreign direct investment affect economic growth? [J]. Journal of International Economics, 45(1):115-135.

Boschma R A, 2005. Proximity and innovation: A critical assessment[J]. Regional Studies,39(1):61-74.

Boschma R A, Frenken K, 2010. The emerging empirics of evolutionary economic geography[J]. Journal of Economic Geography, 11(2):295-307.

Brakman S, Garretsen H, van Marrewijk C, 2001. An Introduction to Geographical Economics[M]. Cambridge: Cambridge University Press.

Broekel T, Boschma R, 2012. Knowledge networks in the Dutch aviation industry: The proximity paradox[J]. Journal of Economic Geography, 12 (2):409-433.

Buckley P J, Clegg L J, Cross A R, et al. ,2007. The determinants of Chinese outward foreign direct investment[J]. Journal of International Business Studies(4):499-518.

Cader H A, Crespi J M, Leatherman J C, 2013. What factors affect information technology firm location choices in Middle America? An examination of regional and industrial variation in Kansas[J]. International Regional Science Review,36(2):207-234.

Cantwell J, Piscitello L, 2007. Attraction and deterrence in the location of foreign-owned R&D activities: The role of positive and negative spillovers [J]. International Journal of Technological Learning, Innovation and Development, 1(1):1-29.

Cassar A, Nicolini R, 2008. Spillovers and growth in a local interaction model [J]. The Annals of Regional Science, 42(2):291-306.

Chen C, Peng K P, 2011. Heterogeneous Labor Mobility, Capital Flow, and Subsidy Competition[R]. Social Science Electronic Publishing.

Chen M X, Moore M O, 2010. Location decision of heterogeneous multinational firms[J]. Journal of International Economics, 80(2):188-199.

Cheshire P C, Malecki E J, 2004. Growth, development, and innovation: a look backward and forward[J]. Paper in Regional Science,83(1):249-267.

Clark T, Storper M, Manville M, 2002. Behavior, preferences and cities: Urban theory and urban resurgence[J]. Urban Studies, 43(8):1247-1274.

Combes P P, Duranton G, Gobillon L, 2008. Spatial wage disparities: Sorting matters! [J]. Journal of Urban Economics, 63(2):723-742.

Combes P P, Duranton G, Gobillon L, et al. , 2012. The productivity advantages of large cities: Distinguishing agglomeration from firm selection[J]. Econometrica, 80(6):2543-2594.

Conley T G，Flyer F，Tsiang G R，2003. Spillovers from local market human capital and the spatial distribution of productivity in Malaysia[J]. Advances in Economic Analysis & Policy,3(1):1229.

Demidova S，Kee H L，Krishna K，2012. Do trade policy differences induce sorting? Theory and evidence from Bangladeshi apparel exporters[J]. Journal of International Economics，87(2):247-261.

Derudder B，Taylor P J，Witlox F，et al. ，2003. Hierarchical tendencies and regional patterns in the world city network：a global urban analysis of 234 cities[J]. Regional Studies,37(9):875-886.

Diken P，Lloyd P，1990. Location in space：Theoretical Perspectives in Economic Geography[M]. New York：Harper Collins.

Dixit A K，Norman V，1980. The Theory of International Trade：A Dual，General，Equilibrium Approach[M]. Cambridge：Cambridge University Press.

Dixit A K，Stiglitz J E，1977. Monopolistic competition and optimum product diversity[J]. American Economic Review(6):297-308.

Dixon R，Thirlwall A P，1975. A model of regional growth-rate differences along Kaldorian lines[J]. Oxford Economic Papers，27(2):201-214.

Dow D，2006. Developing a multidimensional instrument to measure psychic distance stimuli[J]. Journal of International Business Studies,37(5):578-602.

Drut M，Mahieu A，2015. Correcting agglomeration economies：How air pollution matters[C]. Ersa Conference Papers.

Duanmu J L，2012. Firm heterogeneity and location choice of Chinese multinational enterprises(MNEs)[J]. Journal of World Business，47(1):64-72.

Duanmu J L，Guney Y，2009. Locational determinants of foreign direct investment from China and India[J]. Journal of Asia Business Studies,3(2):1-34.

Eeckhout J，Pinheiro R，Schmidheiny K，2014. Spatial sorting[J]. Ifs Working Papers，122(3):554-620.

Ellison G，Glaeser E L，1997. Geographic concentration in U. S manufacturing industries：A dartboard approach[J]. Journal of Political Economy，105

(5):889-927.

Ethier W J, 1982. National and international returns to scale in the modern theory of international trade[J]. American Economic Review, 72(3):225-238.

Faber B, 2013. Trade Integration, Market Size, and Industrialization: Evidence from China's National Trunk Highway System[R]. Cep Discussion Papers.

Finicelli A, Pagano P, Sbracia M, 2013. Ricardian selection[J]. Journal of International Economics,89(1):96-109.

Flew T, Cunningham S D, 2010. Creative industries after the first decade of debate[J]. The Information Society, 26(2):113-123.

Florida R, 2002. The economic geography of talent[J]. Annals of the Association of American Geographers, 92(4):743-755.

Florida R, Mellander C, Stolarick K, 2008. Inside the black box of regional development-Human capital, the creative class and tolerance[J]. Journal of Economic Geography, 8(5):615-649.

Forslid R, 1999. Agglomeration with Human and Physical Capital: An Analytically Solvable Case[R]. CEPR Discussion Papers, Working Paper, No. 2102.

Forslid R, Okubo T, 2015. Which firms are left in the periphery? Spatial sorting of heterogeneous firms with scale economics in transportation[J]. Journal of Regional Science,55(1):51-65.

Forslid R, Ottaviano G I P, 2003. An analytically solvable core-periphery model[J]. Journal of Economic Geography,3(3):229-240.

Fujita M, 2007. Towards the new economic geography in the brain power society[J]. Regional Science & Urban Economics,37(4):482-490.

Fujita M, Gokan T, 2005. Economy with multi-unit, multi-plant firms: The Impact of IT development [J]. Portuguese Economic Journal, 4(2): 73-105.

Fujita M, Krugman P, 2004. The new economic geography: Past, present and the future[J]. Papers in Regional Science, 83(1):139-164.

Fujita M, Krugman P R, Venables A J, 1999. The Spatial Economy:Cities,

Regions, and International Trade[M]. Mass: The MIF Press.

Fujita M, Thisse J F, 2002. Agglomeration and Market Interaction[R]. Core Discussion Papers.

Fujita M, Thisse J F, 2006. Globalization and the evolution of the supply chain: Who gains and who loses? [J]. International Economic Review, 47 (3):811-836.

Fujita M, Thisse J F, 2009. New economic geography: An appraisal on the occasion of Paul Krugman's 2008 Nobel Prize in Economic Sciences[J]. Regional Science and Urban Economics, 39(2):109-119.

Gertler M S, 2003. Tacit knowledge and the economic geography of context or the undefinable tacitness of being(there)[J]. Journal of Economic Geography(3):75-99.

Getis A, Ord J K, 1992. An analysis of spatial association by use of distance statistic[J]. Geographical Analysis, 24(3):189-206.

Girma S, Görg H, Strobl E, 2004. Exports, international investment, and plant performance: Evidence from a non-parametric test[J]. Economics Letters, 83(3):317-324.

Girma S, Kneller R, Pisu M, 2005. Exports versus FDI: An empirical test [J]. Review of World Economics, 141(2):855-866.

Glaeser E L, Kallal H D, Scheinkman J A, et al. ,1992. Growth in cities[J]. Journal of Political Economy, 100(6):1126-1152.

Glaeser E L, Rosenthal S S, Strange W C, 2010. Urban economics and entrepreneurship[J]. Journal of Urban Economics, 67(1):1-14.

Goldberg P K, Pavcnik N, 2007. Distributional effects of globalization in developing countries[J]. Journal of Economic Literature, 45(1):39-82.

Griffith D A, 2003. Spatial autocorrelation and spatial filtering[J]. Handbook of Regional Science, 44(3):633-635.

Griffith R, Redding S, Simpson H, 2004. Foreign ownership and productivity: New evidence from the service sector and the R&D lab[J]. Oxford Review of Economic Policy, 20(3):440-456.

Gumbau M, Maudos J, 2009. Patents, technological inputs and spillovers among regions[J]. Applied Economics, 41(12):1473-1486.

Griffith D A, 2010. The moran coefficient for non-normal data[J]. Journal of Statistical Planning and Inference,140(11):2980-2990.

Harris R, 2011. Models of regional growth: Past, present and future[J]. Journal of Economic Surveys, 25(5):913-951.

Harris R, Lau E, 1998. Verdorn's law and increasing returns to scale in the UK regions, 1968-91: Some new estimates based on the cointegration approach[J]. Oxford Economic Papers(50):201-219.

He C, 2002. Information costs, agglomeration economies and the location of foreign direct investment in China [J]. Regional Studies, 36 (9): 1029-1036.

Head K, Ries J, 2003. Heterogeneity and the foreign direct investment versus exports decision of Japanese manufacturers[J]. Journal of the Japanese and International Economies, 17(4):448-467.

Healy A, Morgan K, 2012. Spaces of innovation: learning, proximity and the ecological turn[J]. Regional Studies,46(8):1041-1053.

Helpman E, Melitz M, Yeaple S, 2004. Export versus FDI with heterogeneous firms[J]. American Economic Review, 94(1):300-316.

Hsu W T, Wang P, 2012. Trade, firm selection, and industrial agglomeration [J]. Regional Science & Urban Economics, 42(6):975-986.

Huber F, 2012. On the role and interrelationship of spatial, social and cognitive proximity: Personal knowledge relationships of R&D workers in the Cambridge Information Technology Cluster[J]. Regional Studies, 46(9): 1169-1182.

Iulia S, Zhang X H, Donal S, 2013. What determines the location choice of multinational firms in the information and communication technologies sector? [J]. Economics of Innovation and New Technology, 22 (6): 581- 600.

Kaldor N, 1957. A model of economic growth[J]. Economic Journal, 67:591-624.

Kaldor N, 1970. The case for regional policies[J]. Scottish Journal of Political Economy, 17(3):337-348.

Kanemoto Y, 2013. Cost-benefit analysis in monopolistic competition models of urban agglomeration[J]. Journal of Urban Economics, 76(2):83-92.

Keller W, 2004. International technology diffusion[J]. Journal of economic literature, 42(3):752-782.

Knoben J, 2011. The geographic distance of relocation search: An extended resource-based perspective[J]. Economic Geography, 87(4):371-392.

Kosfeld R, Titze M, 2015. Benchmark Value-added Chains and Regional Clusters in R&D-intensive Industries[R]. International Regional Science Review.

Krugman P, 1979. Increasing returns, monopolistic competition and international trade[J]. Journal of International Economics, 9(4):469-479.

Krugman P, 1980. Scale economies, product differentiation and the pattern of trade[J]. American Economic Review, 70(5):950-959.

Krugman P, 1991a. Increasing returns and economic geography[J]. Journal of Political Economy, 99(3):483-499.

Krugman P, 1991b. Geography and Trade[M]. Cambridge, MA: MIT Press.

Krugman P, 1995. Development, Geography and Economic Theory[M]. Cambridge, MA: MIT Press.

Krugman P, 1998. Space: The final frontier, journal of economic perspectives [J]. Futures, 12(2):161-174.

Krugman P, Venables A J, 1990. Integration and the Competitiveness of Peripheral Industry[A]. Unity with Diversity in the European Economy: the Community's Southern frontier[C]. Cambridge: Cambridge University Press: 56-77.

Krugman P, Venables A J, 1995. Globalization and the inequality of nations [J]. The Quarterly Journal of Economics, 110(4):857-880.

Lazzeretti L, Capone F, Boix R, 2012. Reasons for clustering of creative industries in Italy and Spain[J]. European Planning Studies, 20 (8): 1243-1262.

León-Ledesma M A, 2002. Accumulation, innovation and catching up: An extended cumulative growth model[J]. Cambridge Journal of Economics, 26 (2):201-216.

Lesage J P, Fischer M M, 2012. Estimates of the impact of static and dynamic knowledge spillovers on regional factor productivity[J]. International Regional Science Review,35(1):103-127.

Mariotti S, Piscitello L, 1995. Information costs and location of FDIs within the host country: Empirical evidence from Italy[J]. Journal of International Business Studies , 26(4):815-841.

Mariotti S, Piscitello L, Elia S, 2010. Spatial agglomeration of multinational enterprises: the role of information externalities and knowledge spillovers [J]. Journal of Economic Geography, 10(4):519-538.

Mayer T, Méjean I, Nefussy B, 2007. The Location of Domestic and Foreign Production Affiliates by French Multinational Firms[R]. CEPII research center, working paper.

Mayer T, Melitz M, Ottaviano J, 2014. Market size, competition, and the product mix of exporters[J]. American Economic Review, 104 (2): 495-536.

McCombie J S L, Roberts M, 2007. Returns to scale and regional growth: The static-dynamic Verdoorn law paradox revisited[J]. Journal of Regional Science, 47(2):179-208.

Melitz M J, 2003. The impact of trade on intra-industry reallocations and aggregate industry productivity[J]. Econometrica, 71(6):1695-1725.

Melitz M, Ottaviano J, 2008. Market size, trade, and productivity[J]. Review of Economic Studies, 75(1):295-316.

Meyer M W, 2008. China's second economic transition: Building national markets[J]. Management and Organization Review, 4(1):13-15.

Monfort P, Nicolini R, 2000. Regional convergence and international integration[J]. Journal of Urban Economics, 48(2):286-306.

Neary J P, 2001. Of hype and hyperbolas: Introducing the new economic geography[J]. Journal of Economic Literature,39(2):536-561.

Nocco A, 2009. Preference heterogeneity and new economic geography[J]. Journal of Regional Science, 49(1):33-56.

Nocke V, 2006. A gap for me: Entrepreneurs and entry[J]. Journal of the European Economic Association, 4(5):929-956.

Okubo T, 2009. Trade liberalization and agglomeration with firm heterogeneity: Forward and backward linkages[J]. Regional Science and Urban Economics,39(5):530-541.

Okubo T, 2011. Ricardian comparative advantage and geographical concentration[J]. Review of Development Economics, 15(4):620-637.

Okubo T, Picard P M, Thisse J F, 2010. The spatial selection of heterogeneous firms[J]. Journal of International Economics, 82(2):230-237.

Okubo T, Picard P M, Thisse J F, 2014. On the impact of competition on trade and firm location[J]. Journal of Regional Science,54(5):731-754.

Okubo T, Tomiura E, 2012. Industrial relocation policy, productivity and heterogeneous plants: Evidence from Japan[J]. Regional Science & Urban Economics, 42(1-2):230-239.

Orlando M J, 2004. Measuring spillovers from industrial R&D: On the importance of geographic and technological proximity[J]. Rand Journal of Economics,35(4):777-786.

Ottaviano G I P, 1996. Monopolistic competition, trade, and endogenous spatial fluctuations[J]. Regional Science & Urban Economics,31(1):51-77.

Ottaviano G I P, 2008. Infrastructure and economic geography: An overview of theory and evidence[J]. European Investment Bank Papers, 13(2): 8-35.

Ottaviano G I P, 2011. "New" new economic geography: Firm heterogeneity and agglomeration economies[J]. Journal of Economic Geography, 11 (2):231-240.

Ottaviano G I P, Tabuchi T, Thisse J F, 2002. Agglomeration and trade revisited[J]. International Economic Review, 43(2):409-436.

Pellenbarg P, Wissen V L, Dijk V J, 2002. Industrial Location Economics: Firm migration[M]. McCann, P. (ed.). Cheltenham: Edward Elgar Publishing.

Pennings E, Sleuwaegen L, 2000. International relocation: Firm and industry determinants[J]. Economics Letters, 67(2):179-186.

Pfluger M, 2004. A simple, analytically solvable, Chamberlinian agglomeration model[J]. Regional Science and Urban Economics,34(5):565-573.

Picard P M, Tabuchi T, 2010. Self-organized agglomerations and transport costs[J]. Economic Theory, 42(3):565-589.

Roberts M, 2007. The conditional convergence properties of simple Kaldorian growth models[J]. International Review of Applied Economics, 21(5): 619-632.

Robert-Nicoud R, 2002. A simple geography model with vertical linkages and capital mobility[C]. Mimeo, London School of Economics.

Saito H, Gopinath M, 2009. Plants' self-selection, agglomeration economies and regional productivity in Chile[J]. Journal of Economic Geography, 9 (4):539-558.

Sandler T, 2013. Public goods and regional cooperation for development: A new look[J]. Integration and Trade,36(17):13-24.

Schoenberger E, 1997. The cultural crisis of the firm[J]. Academy of Management Review, 23(2):360-362.

Singh J, 2005. Collaborative networks as determinants of knowledge diffusion patterns[J]. Management Science,51(5):756-770.

Singh J, 2007. A symmetry of knowledge spillovers between MNEs and host country firms [J]. Journal of International Business Studies, 38 (5): 764-786.

Staber U, Schaefer N V, Sharma B, 1996. Business Networks: Prospects for Regional Developments[M]. Berlin and New York: Walter de Gruyter.

Stensheim I, 2012. R&D practices and communities in the TNC-proximities and distances[J]. Journal of Economic Geography(12):651-666.

Storper M, Manville M, 2006. Behavior, preferences and cities: Urban theory and urban resurgence[J]. Urban Studies, 43(8):1247-1274.

Stuart T E, Sorenson O, 2005. Social networks and entrepreneurship[J]. Springer US, 28(1):1-22.

Syverson C, 2004. Market Structure and productivity: A concrete example [J]. Journal of Political Economy, 112(6):1181-1222.

Thirlwall A P, 2013. Commentary on Kaldor's 1970 regional growth model [J]. Scottish Journal of Political Economy, 60(5):492-494.

Topalova P, 2010. Factor immobility and regional impacts of trade liberaliza-tion: Evidence on poverty from India[J]. American Economic Journal Applied Economics,2(4):1-41.

Torre A, Rallet A,2005. Proximity and localization[J]. Regional Studies,39
(1):47-59.

Venables A J, 1993. Equilibrium location of vertically linked industries[J].
Cepr Discussion Papers,37(2):341-359.

Wagner U J, Timmins C D,2009. Agglomeration effects in foreign direct in-
vestment and the pollution haven hypothesis[J]. Environmental & Re-
source Economics, 43(2):231-256.

Wallsten S J,2001. An empirical test of geographic knowledge spillovers using
geographic information systems and firm-level data[J]. Regional Science
& Urban Economics,31(5):571-599.

Wenting R,2008. The evolution of a creative industry: The industrial dynam-
ics and spatial evolution of the global fashion design industry[D]. U-
trecht: Utrecht University.

Woodward D, Figueiredo O, Guimaraes P,2006. Beyond the Silicon Valley:
University R&D and high-technology location[J]. Journal of Urban Eco-
nomics, 60(1):15-32.

Xiaokai Y,2001. Economics: New Classical Versus Neoclassical Frameworks
[M]. New Jersey: Wiley-Blackwell.

Yeaple S,2009. Firm heterogeneity and the structure of U. S. multinational ac-
tivity: An empirical analysis[J]. Journal of International Economics, 78
(2):206-215.

Zeller C,2004. North Atlantic innovative relations of Swiss Pharmaceuticals
and the proximities with regional biotech arenas[J]. Economic Geogra-
phy, 80(1):83-111.

Zeng D Z, Zhao L,2010. Globalization, interregional and international inequal-
ities[J]. Journal of Urban Economics, 67(3):352-361.